Friedrich Wilhelm Dörpfeld

Gesammelte Schriften

1.-12. Band

Friedrich Wilhelm Dörpfeld

Gesammelte Schriften
1.-12. Band

ISBN/EAN: 9783744664684

Hergestellt in Europa, USA, Kanada, Australien, Japan

Cover: Foto ©ninafisch / pixelio.de

Weitere Bücher finden Sie auf **www.hansebooks.com**

Gesammelte Schriften

von

Friedrich Wilhelm Dörpfeld.

Dritter bis fünfter Band: Zur speciellen Didaktik.

Vierter Band.

Realunterricht.

Erster Teil.

Der Sachunterricht als Grundlage des Sprachunterrichts.

Zweiter Teil.

Die Gesellschaftskunde.

Gütersloh.
Druck und Verlag von C. Bertelsmann.
1895.

Der Sachunterricht

als

Grundlage des Sprachunterrichts.

Von

Friedrich Wilhelm Dörpfeld.

Gütersloh.
Druck und Verlag von C. Bertelsmann.
1895.

Vorwort.

Der vorliegende vierte Band von Dörpfelds Gesammelten Schriften betrifft den Realunterricht. Aber nur der zweite Teil, die Gesellschaftskunde, zielt auf ein bestimmtes Gebiet des Realunterrichts, das der Geschichte, welches dem Verfasser einer besonderen Reform und Ergänzung bedürftig schien. Im übrigen war es ihm nach seiner Art mehr um die principielle Beleuchtung des Ganzen und um den Gewinn zu thun, der den einzelnen Fächern aus solcher Betrachtung im großen Stil zufällt. Das, was sich ihm aus solcher eindringenden Untersuchung und Vergleichung für die Zusammengehörigkeit von Sach- und Sprachunterricht ergeben hat, ist in der zeitgenössischen Pädagogik schwerlich schon hinreichend anerkannt und verwertet worden. Daher hielten es die Herausgeber für angemessen, nicht nur die drei Hauptartikel hierzu aus dem 16. Jahrgang des Ev. Schulblattes hier aufzunehmen, sondern auch noch drei kleine ergänzende Aufsätze aus seinem Nachlaß, von denen nur die beiden ersten von dem Entschlafenen eigenhändig aufgezeichnet sind, während der letzte auf seine Veranlassung und unter seinen Augen von Hauptlehrer Lambeck niedergeschrieben ist. Namentlich wird diese als Anhang bezeichnete kurze Zusammenfassung der hierhergehörigen grundlegenden Gedanken Dörpfelds manchem Leser zur schnellen Orientierung willkommen sein.

Möge der große Gedanke von der unauflöslichen Ehe von Sach- und Sprachunterricht durch diese neue Veröffentlichung befruchtend fortwirken!

Bielefeld, August 1895.

Dr. G. von Rohden.

Inhalt.

Seite

Erster Teil.

Anhang.

Zweiter Teil.

I.

Bemerkungen über den Unterricht in der heimatlichen Naturkunde.

Zunächst ist es ein äußerer Umstand, der uns veranlaßt, gerade jetzt einige Bemerkungen über den naturkundlichen Unterricht den Lesern vorzulegen. Es wurde uns nämlich eine Schrift zur Beurteilung eingesandt, die unser besonderes Interesse zu sehr rege machte, als daß wir uns mit einer bloß pflichtschuldigen Recension begnügen dürften. Sie geht zwar ihrer ganzen Anlage nach weit über das Gebiet der Elementarschule hinaus, ist also in diesem Betracht nicht jedem Lehrer zu empfehlen. Da aber die darin vorgeführten didaktischen Grundsätze ganz allgemein, für alle eigentlichen Bildungsanstalten gelten sollen, so ist auch die Volksschule zur Prüfung derselben aufgefordert.

Nehmen wir nun das Buch zur Hand. Mit den Eigenschaften und Ansichten, welche den Verfasser zu einem Vorsteher der sog. frei-dissidentischen Gemeinde in Leipzig qualificiert haben, brauchen wir uns hier zunächst nicht zu befassen. Wir haben es vorderhand nur mit dem naturwissenschaftlichen Fachmanne und seinen didaktischen Grundsätzen zu thun. Der Titel der Schrift lautet:

Der naturgeschichtliche Unterricht. Gedanken und Vorschläge zu einer Umgestaltung desselben, und Anleitung zur Beschaffung naturgeschichtlicher Lehrmittel. Von E. A. Roßmäßler. Leipzig 1860, bei Fr. Brandstetter.

In den Kreisen, wo man sich gern mit den Werken Gottes in der Natur beschäftigt, ist der Verfasser als ein kundiger und geschickter Führer durch dieses Gebiet bekannt. Die eminente Gabe, seinen Gegenstand auch für den Laien in der Naturkunde faßlich, anziehend, und doch wissenschaftlich korrekt darzustellen, hat seinen Schriften weithin Leser erworben, selbst da, wo man sich von der darin zu Tage tretenden materialistischen Naturanschauung mit Trauer und Entrüstung abwendet. Welcher Naturfreund kennte z. B. nicht seine „Jahreszeiten“? — Mit dem oben genannten Schriftchen betritt er nun auch das pädagogische Feld., und zwar so festen Fußes, daß er wohl auch hier Beachtung finden wird. Der Leser muß freilich in diesem, wie in seiner Zeitschrift „die Heimat“, neben guter Belehrung über die eigentliche Sache auch wieder vieles in den Kauf nehmen, was nicht dahin gehört z. B. begeisterte Lobreden auf Alex. v. Humboldt, der nicht bloß der umfassendste Forscher, „sondern auch der edelste Mensch“ gewesen sein soll; — ferner Anpreisung der Natur, nicht bloß als Mittel zur Bildung der Sinne und der Intelligenz, sondern auch als Pflegerin der Liebe, wie sie sich in Sanftmut, Selbstverleugnung u. s. w. bethätigt. Also, wie gesagt, eine ziemliche Reihe ungehöriger und abergläubischer Ideen muß der Leser mit in den Kauf nehmen. Darunter leidet freilich die Schrift als Ganzes; aber über die Sache selbst, den naturkundlichen Unterricht, bietet sie auch so treffliche Ratschläge, daß man jene Gebrechen einstweilen wohl übersehen darf.

Nun zur Sache, zu dem pädagogisch-didaktischen Inhalte des Buches.

Fürs erste ist es uns nicht wenig erfreulich gewesen, daß Professor Roßmäßler die Eigentümlichkeit des Unterrichts in den reinen Bildungsanstalten gegenüber den Fachschulen kräftig und scharf hervorhebt. Diese Unterscheidung ist nicht weniger wichtig an sich, als auch zeitgemäß nötig. Der Elementarschule droht in manchen Gegenden eine nicht geringe Gefahr, nämlich die, zu einer Art von landwirtschaftlicher oder handwerklicher Berufsschule degradiert zu werden, oder wenn das nicht, doch neben solchen Fachschulen unterschätzt zu werden. Die höhern reinen Bildungsanstalten (Realschulen und Gymnasien) sind diesem Übel in der neusten Zeit weniger ausgesetzt; dagegen leiden sie an dem ebenso großen, daß sie zwar nicht Fachschulen heißen, aber es doch in manchem Betracht sind, indem der Unterricht in einzelnen Fächern doch fast ganz so erteilt wird, als ob die Schüler dieses Fach zu ihrem Lebensberuf machen wollten. Prof. Roßmäßler behauptet nun, daß in fast allen höhern Bildungsanstalten der naturkundliche Unterricht genau diesen Charakter an sich trage. Indem er dagegen mit guten Gründen auftritt, gilt also die polemische Seite seiner Schrift vorzugsweise den höhern Schulen. Solange aber dort das Fachlehrersystem in der bisherigen Ausdehnung beibehalten wird, dürften Roßmäßlers Vorschläge wenig Eingang finden. Die Elementarschule ist günstiger gestellt; sie ist für Reformen ungleich zugänglicher, wenn anders der Lehrer sich um Verbesserungen wirklich bekümmert. Im Vergleich zu den Lehrern an den höhern Schulen ist der Elementarlehrer, namentlich an einer einklassigen Schule, in diesem Betracht wirklich ein Freiherr.

Den Ausgangspunkt für die Feststellung des Lehrganges und der Methode im naturkundlichen Unterricht nimmt der Verfasser von einem Ausspruche von Humboldts, worin derselbe das Hauptziel seiner Arbeit bezeichnet. Er lautet: „Was mir den Haupttrieb gewährte, war das Bestreben, die Erscheinungen der körperlichen Dinge in ihrem allgemeinen Zusammenhange, die Natur als ein durch innere Kräfte bewegtes und belebtes Ganze aufzufassen.“ Darin sieht Roßmäßler auch die Aufgabe des naturkundlichen Unterrichts in den reinen Bildungsanstalten (Elementarschule, Realschule, Gymnasium) vollaus vorgezeichnet, wenn nur noch hinzugefügt werde: der Schüler solle in der Natur sich heimisch fühlen, sie lieb gewinnen lernen. (Daß bei dem Elementar-Schüler dieser Blick ins Ganze der Natur durch die Gesamtaufgabe der Elementarschule seine bestimmten Grenzen erhält, versteht sich von selbst.)

Von diesem Standpunkte aus verwirft der Verfasser natürlich die beliebte Trennung der naturwissenschaftlichen Fächer in: Naturbeschreibung, Naturlehre und Chemie, wobei es für den Schüler den Anschein hat, als ob diese verschiedenen Zweige einander nichts angingen; er verwirft ferner die Anhäufung von Einzelkenntnissen in den einzelnen Zweigen, wobei die Schüler den Wald vor lauter Bäumen nicht sehen, oder gar zu Käfer- und Schmetterlingsjägern herangebildet werden; drittens endlich weist er auch die ins Detail sich verlierende Beschreibung der einzelnen Naturkörper in die rechten Schranken zurück. Durch diese drei — bekanntlich sehr breiten — Irrwege werde nicht nur die allgemeine Bildung, als worauf jene Schulanstalten berufen sind, nicht gefunden; sondern auch der andere wichtige Zweck, den Schülern die Natur lieb zu machen, nicht erreicht.

„Aber“ — fragt Roßmäßler — „auf welchem Wege und in welcher Form muß diese Erkenntnis (der heimatlichen Natur) dargeboten und erstrebt werden? **Auf geschichtlichem Wege, in geschichtlicher Form.**“ (Der Leser merkt jetzt, warum der Titel der vorliegenden Schrift, die den Unterricht in der gesamten Naturkunde behandelt, gegen die herkömmliche Bezeichnung lautet: „Der **naturgeschichtliche** Unterricht.“) —

„Wie weit man aber noch entfernt ist von einer einheitlichen Auffassung der gesamten Naturwissenschaft, lehrt ein Blick auf jeden beliebigen Schulplan, wo „Naturlehre“ und „Naturgeschichte“ als zwei einander gar nichts angehende Wissenschaften nebeneinander paradieren, während sogar die mit jedem Tage untrennbarer werdende Halbschied der Naturlehre: die Chemie, höchstens auf den höheren Stufen in ihrer kalten Vereinsamung flüchtig berücksichtigt wird. Als ob es nicht hundert

Jahre hinter der Gegenwart zurücksein hieße, Physik und Chemie zu trennen, und als ob die Lehre vom Schall, der Wärme, dem Lichte, der Elektricität, dem Magnetismus vorgetragen werden könnte, ohne alle Augenblicke nötig werdende Beziehung auf die lebendigen Wesen, also auf das, was man in der sonderbarsten Auffassung par excellence „Naturgeschichte" nennt!" —

„Wenn wir auf dem Stundenplan das Wort „Naturgeschichte" finden, so wird in 99 von 100 Fällen anzunehmen sein, daß dabei das die Halbschied davon bildende Wort „Geschichte" gegen alle sonstige Auffassung dieses Wortes angewendet, ja vielmehr ganz unberücksichtigt gelassen wird. Ich frage die „Lehrer der Naturgeschichte", ob das, was sie lehren müssen, Naturgeschichte oder nicht vielmehr in den meisten Fällen bloß Naturbeschreibung ist? — In dem Unterrichte über deutsche Geschichte beschränkt man sich doch wahrhaftig nicht darauf, die deutschen Völkerschaften zu beschreiben nach Körperform, Kleidung, Wohnung, Sitte, Gewerbthätigkeit u. s. w. Wenn es uns die Zeit erlaubt, so scheiden wir dies als „Völkerkunde" aus dem Geschichtsunterrichte aus; oder wir verflechten es im andern Falle als einen Nebenanteil mit diesem. Mit äußerst wenigen Ausnahmen ist aber unser Naturgeschichtsunterricht nichts weiter, als Völkerkunde, nur daß die „Völker" Tiere und Pflanzen und Steine sind. Aber das geschichtliche Element ist darin nicht zu finden." —

„Wenn man bei dem naturgeschichtlichen Unterricht die geschichtliche Seite der Naturerscheinungen unberücksichtigt läßt und nur auf die Außenseite, auf den sinnlichen Eindruck derselben sieht: so erzieht man recht eigentlich eine oberflächliche Kenntnis, bei der ein Ding das andere, eine Erscheinung die andere verdrängt; weil man den innern geschichtlichen, d. h. ursächlichen Zusammenhang zwischen ihnen nicht zur Kenntnis bringt. Dies ist ein fernerer und ein sehr großer Nachteil der gewöhnlichen Unterrichtsweise der Naturgeschichte. Man wendet sich dabei fast ausschließend an das Gedächtnis für Form, Zahl, Maß, Gewicht u. s. w., an das Interesse für Ungewöhnliches, Nützliches, Schädliches, Fremdländisches u. s. w. — Es ist daher kein Wunder, wenn Leute, welche in der Jugend „viel Naturgeschichte gehabt haben", doch ganz fremd in der Natur, selbst in ihrer vaterländischen, sind."

„Die Kinder freuen sich in der Regel am meisten auf die „naturgeschichtlichen" Unterrichtsstunden, weil es da oft etwas zu sehen giebt und ihnen eine Menge das Gemüt in irgend einer Art erregende Dinge erzählt werden. Neben dem Gemüt wird das Gedächtnis am stärksten beteiligt und wenn auch für den Verstand etwas geboten wird, so geschieht es doch meist in einer solchen Form, daß dabei der innere gesetzliche Zusammenhang der ganzen Natur so gut wie gar nicht hervortritt. Man lehrt eine Menge unzusammenhängender Einzelheiten, die mehr im Gedächtnis als im Verständnis wurzeln; und welch ein unzuverlässiger Wurzelboden das Gedächtnis ist, wissen wir alle."

„Die Menschen leiden gar sehr an Gedankenleere. Da aber auch hier der horror vacui (Furcht vor dem leeren Raum) sich geltend macht, so dringt in den leeren Raum von allen Seiten ein, was eben auf dem kürzesten Wege zur Hand ist, gar viel läppisches und nichtsnutziges Zeug. — Damit Kinder nicht auf böse Gedanken kommen, sind wohl naturgeschichtliche Stücklein ganz gut. Aber die Kinder bleiben nicht Kinder, und die für sie berechnete Gedankenfülle mundet, wie ganz natürlich, dem reiferen Alter nicht mehr, aber eignet sich auch nicht, Angemessenes daran zu knüpfen. — — Die jämmerliche Blasiertheit unserer Jugend spricht sehr wenig für die Verdienste unserer modernen Schule. Wahrlich, da ist mir doch der biderbe Köhlerglaube unserer kernigen Vorfahren lieber gewesen, als die schauerliche Leere in Herz und Geist namentlich unserer vornehmen Jugend, wo weder Glaube noch Wissen heimisch ist." — (Trotz des vielgepriesenen ausgedehnten Unterrichts in der Naturkunde? Wer hätte das gedacht? Was mögen die Lehrer an den Schulen für die „vornehme Jugend" dazu sagen? D.) Auch ist — — „der jetzt die Regel bildende naturgeschichtliche Unterricht nicht im stande, in dem Schüler ein für sein ganzes Leben nachhaltiges Bedürfnis und Verständnis für einen freudevollen Verkehr mit der Natur zu gründen. Die meisten gehen ohne Verständnis und daher ohne bewußte Freude durch die Natur; ihre Freude beschränkt sich auf den erquickenden Gegensatz zu dem Einerlei des Geschäftslebens und zu dem beengenden Druck der Mauern. — — Das ist eine Versündigung ihrer Jugendbildung."

Fürwahr, eine scharfe Censur für den hochgerühmten modernen naturwissenschaftlichen Unterricht, auf deren Empfang seine eifrigen Vertreter schwerlich gefaßt gewesen sind, und namentlich nicht gefaßt gewesen sind, gerade von dieser Seite ein solches Urteil hören zu müssen! Aber so kann's gehen unter dem Monde. —

Prof. Roßmäßler dringt nun auf einen einheitlichen naturkundlichen Unterricht, und zwar auf einen solchen, bei welchem das geschichtliche Element (das Naturleben in seinem ursächlichen Zusammenhange) die Basis bildet; nicht aber bloß „Basis" in dem Sinne, wie auch der alte und der moderne(!) kirchliche Religionsunterricht die biblische Geschichte als Basis für die weitere Unterweisung betrachtet, als etwas, was auf der Elementarstufe ein für allemal zu absolvieren sei, um dann erst dem eigentlichen Religionsunterricht par excellence Platz zu machen; — sondern als eine solche Grundlage, welche allein die notwendige Einheitlichkeit ermöglicht, welche darum auf keiner Stufe aufgegeben werden darf, wenn nicht zugleich auch die Einheit preisgegeben werden soll. Freilich, wenn der Verfasser der in Rede stehenden Schrift mit seinen Besserungsvorschlägen bei seinen Zunftgenossen nicht mehr Gehör findet, als die schon seit langem gemachten Besserungsvorschläge anderer auf dem religionsunterrichtlichen Gebiete bei der Kirche gefunden haben, so wird er seine Hoffnungen auf praktischen Erfolg wohl auf etliche Jahrzehnte — und wer weiß, auf wie lange noch! — vertagen müssen.*)

In betreff der praktischen Fingerzeige für Lehrgang, Methode und Lehrmittel, welche Prof. Roßmäßler giebt, müssen wir die Leser, welche sich für diesen Gegenstand interessieren, auf die Schrift selbst verweisen. Nur die regelnden Hauptgrundsätze seien hier noch kurz erwähnt. Wir können sie genau in denselben Worten geben, mit welchen der Direktor Zahn — (in seinem Vortrage in der Lehrer-Konferenz bei Gelegenheit des Barmer Kirchentages) — die leitenden Grundsätze

*) Das Evangel. Schulblatt hat an seinem Teil ebenfalls wiederholt auf die Notwendigkeit eines einheitlichen und auf geschichtlicher Grundlage ruhenden Religionsunterrichts hingewiesen. Wir verweisen hier nur auf einige Artikel: „Ein pädagogisches Original" (Nr. 4 u. 5. 1859); „Bemerkungen und Wünsche in betreff der Regulative, besonders hinsichtlich des Religionsunterrichts" (Nr. 4. 1860; vgl. Ges. Schriften, 3. Bd. S. 188 ff); „Bericht über die Lehrerversammlungen bei Gelegenheit des Kirchentages in Barmen" (Nr. 10. 11. 12. 1860). Aus dem letzten Artikel erlauben wir uns eine direkt hierher gehörige Bemerkung anzuführen:

„Daß nur eine Kombination der verschiedenen religionsunterrichtlichen Lehrstücke den pädagogischen Geboten gemäß und der Sache würdig ist: das will den lieben Schulmännern weithin noch nicht begreiflich werden. Man könnte sich darüber wundern; aber es liegt noch näher, sich herzlich darüber zu betrüben. — Nachdem ein bewährter Schulmann (Zahn), dessen Name durch seine „Biblische Historien" in ganz Deutschland bekannt ist, ein ganzes Menschenleben hindurch durch Bücher und Zeitschriften dahin gearbeitet hat, einen Religionsunterricht anzubahnen, der „etwas Ganzes vom Evangelium" geben könne, und sich nachgerade fast müde geschrieben hat: so sollte man doch denken, es müßten wenigstens die Grundideen seiner Anschauung bei einem großen Teil des Lehrerstandes und der Schulinspektoren zum Gemeingut geworden sein. Aber die Meinung würde sehr fehl gehen. Es will mir beim Anblick der meisten religionsunterrichtlichen Lehrbücher und namentlich derer, welche seit dem Erlaß der Regulative erschienen sind, manchmal vorkommen, als hätte jener Schulmann in einem ganz verborgenen Winkel der Erde gelebt und den einer echt biblischen christlichen Unterweisung in Haus, Schule und Kirche kurz ausdrückte. Im Anschluß an das treffliche Wort des General-Superintendenten Dr. Hoffmann auf dem Frankfurter Kirchentag über „Bibelsitte“ und „Bibelgewöhnung“ führte Zahns Vortrag die Sätze durch:

1. Die Schule (ebenso das Haus und die Kirche) muß einen Elementar-Lehrgang haben. „Elementar“ — d. h. es müssen in demselben die Grundthatsachen der Offenbarung Gottes in der geschichtlichen Reihenfolge, wie sie Gott in seinem Wort selbst gegeben, vorgeführt werden.

2. Dieser Gang muß derart sein, daß er sich fort und fort — in konzentrischen Kreisen — erweitert. — An die heilige Geschichte und deren Grundthatsachen schließt sich an: das heilige Lied (Psalm), der reiche Inhalt der Lehrschriften, das neuere Kirchenlied u. s. w.

3. Dieser Gang muß sich jährlich wiederholen. Soll das christliche Volk und seine Jugend sich in Gottes Wort hineinleben, soll es zur heiligen Gewöhnung im Gebiet der biblischen Anschauungs-, Denk- und Sprechweise kommen, so ist es eine unerläßliche Bedingung: daß bei aller Erweiterung der Bibelerkenntnis in ihrer un-

---

Wolken gepredigt. Und wo etwa doch bei den Lehrern eine bessere Einsicht Raum gewonnen hat, da drängt sich einem oft der andere traurige Gedanke auf, daß seit 30—40 Jahren Schule und Kirche durch eine chinesische Mauer voneinander getrennt gewesen und das, was dort die Gemüter bewegt hat und bewegt, hier ganz unbekannte Sache geblieben ist. Da müssen denn wohl endlich die Steine schreien, wenn die Berufenen stumm bleiben, und die Erforscher des Erdreichs die Schriftgelehrten weisen, wie man die Lehre vom Himmelreich recht lehren soll. In einer neuen Schrift über den naturkundlichen Unterricht (von Roßmäßler) geht der Verfasser der herkömmlichen Teilung dieses Faches in Naturgeschichte, Physik, Chemie und wieder in die Unterabteilungen: Zoologie, Botanik u. s. w. aufs ernstlichste zu Leibe und fordert — natürlich für Bildungsanstalten, nicht für Fachschulen — eine totale Umgestaltung des Lehrganges in diesem Gegenstande. Und merkwürdigerweise, — der stoffanbetende Materialist, der aber sein Fach kennt und sich auf das Unterrichten darin versteht, trifft nun mit dem Theologen und Schulmann, dessen Vortrag wir heute gehört haben, in der formellen Darstellung des Lehrziels, der regelnden Grundsätze für den Lehrgang und in der Würdigung des Geschichtlichen (Genetischen) in einer so auffälligen Weise zusammen, daß man wahrhaft staunen muß.“

„Es ist das erfreulich; aber die Sache hat auch eine sehr betrübende Seite. Ich will offen sagen, was ich denke: Weil es also steht, daß so viele Lehrer des Volks in Schule und Kirche, trotz oder vielmehr vermöge all ihrer Klügelei, Gottes Lehrmethode aus seinem Wort nicht lernen können, so will er ihnen nach seiner Herablassung noch einmal „im Gleichnis“ predigen lassen. Daß er dazu einen „Materialisten“ gebraucht, wird ihm hoffentlich niemand übel nehmen.“ —

erschöpflichen Mannigfaltigkeit doch ein Lehrgang (Bibel-Lesegang) sich jahraus jahrein wiederhole. —

„Das wird eine herrliche Zeit für die Schule werden," — so schloß der Vortrag, — „wenn das, was sie inmitten der Unmündigen täglich treibt, einen lebendigen Mittelpunkt in der Familie hat, und wenn zu dem, was Schule und Haus im Innersten bewegt, die Kirche im Hause des Herrn das Siegel aufdrückt!"

Wenn der Leser diese Sätze von dem Gebiete der Heilsoffenbarung auf das der Werke Gottes in der Natur und in dessen Sprache überträgt: so hat er im wesentlichen die Grundsätze des naturgeschichtlichen Unterrichts nach Roßmäßler. Freilich muß diese Übersetzung cum grano salis vorgenommen werden, d. h. hier: eingedenk dessen, daß die Geschichte der Menschen immer noch etwas anderes ist als die Geschichte der Natur, und dann, daß wir dort eine Bibel, eine legitimierte Geschichtschreibung haben, ein Etwas, das in anerkannter Vollendung hier erst zu beschaffen ist.

Über die Forderung, daß in den allgemeinen Bildungsanstalten nicht Naturwissenschaften, sondern Naturwissenschaft, als ein einheitliches Ganze, gelehrt werden muß, und daß diese Einheit nur durch die Zugrundelegung des geschichtlichen Moments möglich ist: darüber haben wir bereits Roßmäßlers eigene Worte gehört. Auch über den regelnden Grundsatz für den Lehrgang wollen wir ihn noch kurz selber reden lassen.

„Ist man darüber mit sich einig, was das wesentliche Ziel aller naturgeschichtlichen Unterweisung sein müsse, so fällt das Schwanken über den richtigen Anfangs- und Ausgangspunkt des Lehrgangs von selbst weg; dann macht man nicht etwa Botanik zu einem Unterklassen- und Mineralogie zu einem Oberklassen-Lehrfache. Dann fängt man mit dem Anfang an, über welchen keine Wahl ist, ebensowenig wie die Universalgeschichte mit den Europäern oder mit den Asiaten angefangen werden kann, sondern mit dem Beginn des Menschengeschlechts."

„Ich würde meine Befugnis und die Grenzen meiner Befähigung überschreiten, auch mehr zu geben versuchen, als mein Titel versprach, wenn ich es nun unternehmen wollte, den gesamten Lehrgang der Naturgeschichte nach Klassenkursen zu gliedern. Das habe ich erfahreneren Schulmännern zu überlassen. Nur das kann ich nicht entschieden genug betonen, denn es beruht darin mein Lehrgrundsatz:

Daß man das naturgeschichtliche Lehrmaterial nicht etwa nach vier Klassen in vier Kurse zerspalte, sondern daß in jedem Kursus der **ganze** Lehrgang durchzunehmen ist, nur in einem jeden vollständiger entwickelt, als in dem nächsten vorhergehenden.

Was in der untersten Klasse eine oberflächliche, aber zusammenhängende Farbenskizze des Ganzen der Natur ist, das ist in der obersten Klasse ein durchgeführtes Bild, was gewissermaßen nach der ersten Entwerfung in den folgenden Klassen einer wiederholten Übermalung unterworfen wird. Bei dem farbigen Bilde, welches etwa einer reichbelebten Landschaft zu vergleichen ist, macht sich zuletzt jede Einzelheit geltend, wenn auch die einen mehr als die andern."

„Eine Gliederung nach den einzelnen sogenannten Naturwissenschaften muß wohl hervortreten, aber nicht die eine von der andern scharf abgegrenzt, sondern verwandtschaftlich verbunden. In dieser Auffassung von Physik, Geologie, Botanik, Zoologie ꝛc. als Teilganze der großen Gesamtheit der Naturgeschichte liegt ja das Wesen der Naturgeschichte."

Nachdem wir die Grundsätze, durch welche Professor Roßmäßler den naturkundlichen Unterricht geregelt wissen will, möglichst treu dargelegt haben, bleibt uns nun noch übrig mitzuteilen, wie er den Stoff gruppiert hat, damit ein wirklicher einheitlicher Lehrgang herauskomme.

Der Lehrer wird ja verstehen, daß die nachstehende Skizze nur eine auf Einheit abzielende Gruppierung des naturwissenschaftlichen Wissens, also gleichsam ein idealer Lehrgang sein soll, ein Versuch, „in dem bisherigen Irrgarten des naturgeschichtlichen Unterrichts einen leitenden Faden zu geben." Daß der Zusammenhang der Naturgeschichte, als einer unteilbaren Naturwissenschaft, klar hervortrete, war dem Verfasser die Hauptsache.

Wir lassen Herrn Prof. Roßmäßler nun selbst reden.

„Ich habe schon gesagt, daß ich den Anfang mit dem Anfange mache und nicht irgendwo in der Mitte."

„Die Erde ist ein Himmelskörper und als solcher ein Glied des Sonnensystems; ihre Stellung in diesem, Zahl, Bewegung, Größen- und Dichtigkeitsverschiedenheit der Planeten. Gesamtvolum-Verhältnis derselben zu dem der Sonne."

„Mutmaßlicher Ursprung der Erde wie der übrigen Planeten und (mutmaßliche) Beschaffenheit der Erde, Übergang in den gegenwärtigen Zustand. Gegenwärtig ist sie Trägerin und Ernährerin einer reichen belebten Welt."

„Sie ist dies durch ihre Beziehungen zur Sonne (zu verschiedenen Jahreszeiten und in ungleichen Zonen in ungleichem Maße), und durch die sie bildenden Stoffe mit Hülfe der diesen inwohnenden Eigenschaften und Zustände (Kräfte)."

„Der Mond, Einfluß desselben auf die Erde."

„Beschreibung des gegenwärtigen Zustandes der Erde in folgender Ordnung:

„Ihre Gestalt und Größe, Axendrehung, Bahn, Pole ꝛc., Luftmeer, Verhältnis des Festen zum Flüssigen der Erdoberfläche."

„Die Stoffe, welche die Erde und alles, was auf ihr ist, bilden: die 63 Elemente. Wie sich die Elemente finden. Charakteristik derselben (Form, Verbindung, Verwandtschaft, Atom ꝛc.)."

„Allgemeine Eigenschaften des Stoffes (die bekannten physikalischen, wobei man das „Phantom der Imponderabilien" bekämpft)."

„Besondere Zustände und Kräfte der Stoffe: Licht (Farben), Wärme, Elektricität, Magnetismus, Aggregatzustände ꝛc., Äther."

„Chemische Erscheinungen."

„Einfachheit und innerer Zusammenhang dieser physikalischen und chemischen Kräfte und Erscheinungen. Bewegung und allgemeine Erscheinungsform derselben."

„Wirkungen dieser Zustände, Eigenschaften und Kräfte des Stoffes:

a) Im Luftmeere. Zusammensetzung und Eigenschaften desselben. Meteore und Meteorologie (Verweisung auf b). Einfluß des Luftmeeres auf die Erde und ihre Bewohner.

b) Auf der flüssigen Erdoberfläche; Elemente der physikalischen Geographie des Meeres (Zurückbeziehung auf a) und der Binnengewässer.

c) Auf der festen Erdoberfläche. Bau der Erdrinde, frühere Umgestaltungen derselben. Elemente der Geologie (im engern Sinne), Geognosie und Versteinerungskunde, Vulkanismus. Oberflächengestaltung, Gletscherthätigkeit. Mineralogie.

d) Auf das organische Leben. Organisch und Unorganisch. Lebenskraft und Leben (nichts von den chemischen und physikalischen Kräften besonders Verschiedenes).*) Bedingungen des Bestehens des organischen Lebens. Pflanze. Tier."

„Das Pflanzenreich. Verteilung der Pflanzen über den Erdkreis. Höhere und niedere Pflanzen. Äußerer Bau des Pflanzenkörpers; innerer Bau, Leben der Pflanzen. Anordnung des Pflanzenreichs. Natürliche Verwandtschaft. System des Pflanzenreichs. Einfluß des Pflanzenreichs auf

---

*) Woher der Herr Professor das wissen mag? aus der Naturwissenschaft unzweifelhaft nicht, sonst würden Naturforscher von mindestens gleichem Range, wie A. Wagener, Schleiden u. a. auch etwas davon wissen. Schleiden, der bekanntlich noch lange kein „Pietist" ist, setzt diese materialistische Idee der Form nach mit den Ideen der Tollhäusler auf eine Linie. D.

die Erdoberfläche, auf die klimatischen Erscheinungen, auf das Tierreich und den Menschen. Beschreibung und Unterscheidung der Pflanzen. Pflanzenphysiognomik. Praktische Pflanzenkunde. Paläontologische Rückblicke."

„Das Tierreich. Der Lehrgang hierüber gestaltet sich in der Hauptsache wie bei dem Pflanzenreiche."

„Der Mensch. Ob eine oder mehrere Arten. Verwandtschaftsverhältnis desselben zum Tier. Klassifikation. Abhängigkeit von der Außenwelt u. s. w."

„Rückblick: Die Erde ein einheitlicher Organismus und unsere Heimat."

Nach Prof. Roßmäßlers Ansicht hätte nun der Lehrer einer Schulklasse, in welcher der naturkundliche Unterricht exakt beginnen soll, aus diesem großen Kreise, der sozusagen die ganze Naturwissenschaft umspannt, sein bescheiden Teil herauszunehmen. Dieser Teil soll aber nicht ein beliebiges Stück, sondern wieder für sich ein kleinster Kreis, ein Ganzes sein. Jeder Jahreskursus auf den verschiedenen Unterrichtsstufen hätte also die Reihenfolge der obigen Gruppen anzuhalten, was aber selbstverständlich nicht so zu fassen ist, als ob nun bei den Kleinen mit dem Satze zu beginnen sei: „Die Erde ist ein Himmelskörper." Bis dahin reicht das Auge eines Kindes, wenigstens eines 8—10jährigen Kindes noch nicht. Der praktische Lehrer hat eben zu bemessen, was in den Anschauungskreis des ihm überwiesenen Schülers fällt, und dieses soll dann in der angegebenen Reihenfolge im Jahreslaufe behandelt werden. — Von der Aufstellung obiger Skizze eines idealen Lehrganges bis zur Darlegung eines bestimmten, ausgeführten Lehrganges für jede Schulklasse ist allerdings noch ein sehr weiter Weg. Der Verfasser hat also sehr recht, sein Buch mit dem Satze zu schließen: „Es ist abzuwarten, ob sich vielleicht jemand finde, der nach diesem Lehrgange ein Handbuch oder ein Lehrbuch für den naturgeschichtlichen Unterricht — eine Naturgeschichte für Schulen — verfaßt und sich damit sicher kein gemeines Verdienst erwerben wird."

An einem Beispiel hat der Verfasser auch zu zeigen versucht, wie solche Abschnitte aus der Naturkunde, welche gemeinhin erst auf oberen Stufen vorgenommen zu werden pflegen, ganz gut schon mit kleinen Kindern behandelt werden können. Er giebt zu dem Ende einen Vortrag über die Auflösung des Wassers in Dampf- und Wassergas und glaubt, daß der Inhalt dieses Vortrages schon für 5—6jährige Kinder sich eignen werde, wenn der Lehrer die Sache katechetisch richtig zu behandeln verstehe. In der Abschätzung der Bildungsstufe, für welche jener Vortrag geeignet sein soll, ist ohne Zweifel dem Verfasser etwas Menschliches begegnet; was einem Mann, der mit dem schulmäßigen Unterricht der Kleinen nicht betraut und vertraut ist, auch nicht so hoch angerechnet werden darf. Solche Fehler wird der praktische Lehrer zu vermeiden wissen und doch auch von einem Professor für seine Praxis etwas lernen können. Zu diesem Zwecke sei auch noch die nachstehende Bemerkung empfohlen.

„Ich sage nicht, daß solche Mitteilungen (aus Physik und Chemie) dem angehenden Schulkinde vielleicht besser zusagen werden, als tändelnde Erzählungen von Vögelchen und Bäumchen, — ich sage nicht vielleicht, nein, ich sage gewiß. Ich weiß es aus Erfahrung, daß solche Aufklärungen über sinnliche Wahrnehmungen für Geist und Gemüt des Kindes die angenehmste und auch die gedeihlichste Nahrung sind, und somit behaupte ich nicht, sondern weiß ich, daß Naturgeschichte und zwar Naturgeschichte den allerbesten Lehrstoff für den ersten Unterricht giebt." (Was der Herr Professor hier ausgelassen hat, weil er es nicht kannte, wird der christliche Leser hinzuzudenken wissen.) „Die Physik und die Chemie sind es mehr als Botanik, Zoologie und Mineralogie, was sich am besten für den ersten Unterricht eignet; und zwar einfach aus dem Grunde, weil eine Menge nach ihren Gesetzen verlaufende Erscheinungen das Kind tagtäglich umgeben. „Warum?" ist ja die stehende Frage im Kindesmunde. Nun, hier hat man es mit lauter Warums zu thun. — Zu den früher entwickelten Gründen für die geschichtliche Behandlung des naturgeschichtlichen Unterrichts kommt uns jetzt noch ein neuer hinzu und zwar ohne Zweifel der schlagendste von allen. Er liegt eben in der Kindesfrage „Warum?" Auf eine Pflanze, auf ein Tier wird man diese nicht leicht bezogen finden, sondern auf ein Ereignis in der uns umgebenden Natur oder im Alltagsleben. Das Kind selbst weist seinen Lehrer durch diese Frage auf den rechten Weg; es will wissen, weshalb dies oder jenes so oder so ist. Worauf anders deutet das, als auf Geschichte? — diese überaus wichtige Geistesrichtung des kleinen Kindes wird durch den (herkömmlichen) „Anschauungsunterricht" nur sehr unvollständig befriedigt. Es gehört dazu immer noch die Erklärung des Kausalnexus, die geschichtliche Begründung des Angeschauten. (Referent pflegt zu sagen: die genetische Anschauung.) Das Auge bedarf und verdient allerdings schon als Sinneswerkzeug eine geflissentliche und planmäßige Pflege und Übung, aber man darf dabei nie unterlassen, es auch zugleich als Vermittler des Verständnisses zu üben. Das alleinige, immer wiederkehrende Vorzeigen und Unterscheiden von körperlichen Dingen, wenn auch den schönsten und überraschendsten, langweilt das Kind bald."

Irren wir nicht, so können die vorstehenden Äußerungen dem Leser Anlaß zu fruchtbarem Nachdenken geben. Was Herr Roßmäßler gegen den gewöhnlichen „Anschauungsunterricht" (etwa am Tintenkrug, Tisch ꝛc.)

und für die Betrachtung geschichtlicher Natur-Ereignisse sagt; — darin hat er ohne Zweifel recht. Und wenn der botanische und zoologische Unterricht hauptsächlich auf ein Vergleichen, Unterscheiden und Klassificieren hinausläuft, so hat er auch recht, wenn er das für die Kinder auf die Dauer langweilig findet. Übrigens hat Referent auch einige besondere Gründe zu Gunsten des Pflanzen- und Tierreichs als Unterrichtsgegenstand geltend zu machen. Es sind dies freilich Gründe, die Herr Roßmäßler nicht wissen kann, da er Pflanzen- und Tierleben nur als besondere Erscheinungen und Formen des „Stoffwechsels“ kennt, und von der christlichen Anschauung, die in dem Naturreich einen Gnomon ins Himmelreich sieht, nicht einmal eine Ahnung hat. Doch davon wird im folgenden Aufsatz zu reden sein.

II.

Über den naturkundlichen Unterricht in der Volks- und Bürgerschule.

Vorbemerkung. In dem nachstehenden Aufsatze kommt nicht zur Sprache, ob die Volksschule naturkundlichen Unterricht zu erteilen habe. Diese Frage gilt mir theoretisch als erledigt, d. h. als bejaht. Meine Gründe — es sind ihrer zwei, die enge zusammengehören — lassen sich schnell sagen. Darum mögen sie hier kurz erwähnt sein.

Es giebt drei grundverschiedene Objekte, an denen der Mensch sich bilden kann: die Natur, die Menschenwelt und die religiöse oder übersinnliche Welt. In jedem dieser Lehrfächer steckt ein Bildungsvermögen eigentümlicher Art. Da somit keins das andere vertreten kann, so entsteht immer eine unersetzliche Lücke, wenn eins ausfällt. Das ist der eine Grund, warum eine allgemeine Bildungsanstalt auf den naturkundlichen Unterricht nicht verzichten darf. — Der zweite Grund wiegt noch schwerer. Die genannten drei Gebiete stehen dem Menschen nicht als bloße Bildungsmittel gegenüber: er ist vielmehr mit seiner gesamten Existenz — nach Leib, Seele und Geist — in sie hineingepflanzt; er lebt von ihnen, wie die Pflanze vom Erdboden, vom Luft- und vom Lichtreiche lebt. Kurz: die Mittel seiner Bildung sind zugleich die Grundlagen seiner Existenz, die Bedingungen und Faktoren seines Wohls und Wehes; und wie dort bei jedem Gebiete das Bildungsvermögen eigentümlicher Art ist, so ist hier auch das Wohl oder Wehe, das mit jedem zusammenhängt, eigentümlicher Art. Bei dem religiösen Gebiete handelt es sich um die Güter, welche wir Seelenheil und Seelenfrieden, oder kurz Heilsgüter nennen; bei dem humanistischen Gebiete um das, was wir in die Ausdrücke Kultur, Civilisation, Gesittung und Geselligkeit zusammenfassen; bei der Natur um die leibliche Gesundheit und alle sogenannten wirtschaftlichen Güter. Aber es steht damit nicht so, wie es häufig irrtümlich gefaßt wird, als ob von jedem dieser Lebenskreise nur die ihm eigentümlichen Wohlthaten abhingen. Diese sind nur die unmittelbaren, die charakteristischen; mittelbar greift jeder Kreis auch in die beiden andern hinein, so daß seine Güter gleichsam wiederum die Grundlage der andern bilden. Das will wohl gemerkt sein. — So ist es also nicht bloß ein theoretisches (wissenschaftliches und künstlerisches Bildungs-) Interesse, welches den Menschen an jene drei Gebiete weist, sondern auch ein eminent praktisches: er muß sich um sie bekümmern, und zwar um alle drei, wenn er seine Existenz und sein Wohl sichern will. Ob das menschliche Leben beschränkt oder reich, gebunden oder frei, geschädigt oder glücklich sei, hängt ganz und gar davon ab, wie die Menschheit im ganzen und der einzelne insbesondere diese Bedingungen ihrer Existenz kennen, sich darin zurechtfinden und ihnen gemäß zu leben verstehen. Und das gilt gleichmäßig von den natürlichen, wie von den menschlichen und den göttlichen Dingen. Zwar mißt sich der Anteil, welcher dem einzelnen von jenen Wohlthaten zufällt, nicht lediglich danach ab, wie weit er für seine Person in Kenntnis, Verständnis und Lebensweise fortgeschritten ist; denn wenn die Volksgemeinschaft, der er angehört, in ihrem Kern diese Fortschritte gemacht hat, so fällt dem einzelnen vieles ohne sein Verdienst und seine Würdigkeit zu. Das größere oder geringere Maß hängt jedoch wesentlich auch von dem persönlichen Lernen, Arbeiten und Verhalten ab, vielfach sogar ausschließlich. Durch diese objektiv gegebene Lage der Dinge sind der Bildungsarbeit in der Hauptsache die Wege gewiesen. Es steht nicht in ihrem Belieben, an irgend einem der drei Lehrfächer vorbeizugehen, weder an diesem, noch an jenem, — weil, wie wir nun kurz zusammenfassen, jedes Fach sowohl einen eigentümlichen Bildungswert, als einen eigentümlichen Faktor des menschlichen Wohls einschließt. Eine Schule in beschränkten Verhältnissen, wie es die Volksschule zumeist ist, schränke sich ja ein, aber nach allen Seiten wesentlich gleichmäßig, — nicht so, daß eins dieser Gebiete ganz oder fast ganz ausfällt, denn die andern leiden mit darunter. Auf zwei kurzen Beinen, wenn sie gleichmäßig kurz sind, läßt sich immer noch besser marschieren, als auf einem langen und einem kurzen. Darum sage ich: in der Volksschule soll neben dem religiösen und dem humanistischen Gebiete auch die Naturkunde vertreten sein, — und was aus der Naturkunde vorkommt, sei es wenig oder viel, muß so ausgewählt und so nach allen Regeln des Bildungserwerbs durchgearbeitet werden, daß die erlangte theoretische Bildung sich zugleich als praktische Lebensausrüstung erweist. Meint jemand, daß in den Schulen, wo nur die Elemente der Naturkunde gelernt werden können, weniger daran gelegen sei, ob dieser Gegenstand vorkomme, als in den höheren Schulen, — so lasse er sich sagen, daß gerade das Gegenteil wahr ist: das Elementare —

wenn es das recht Elementare, nämlich das Anschauliche, das Populäre ist — enthält in allen Fächern die meiste Bildungskraft.

Das sind meine Gründe. Wer nun diesem entschiedenen Ja ein ebenso entschiedenes Nein entgegensetzen will, für den ist der nachfolgende Aufsatz nicht lesbar.

Sollte es aber vielleicht noch eine dritte Ansicht geben? Auf den ersten Blick will es einem zwar vorkommen, als ob neben Ja und Nein kein Drittes denkbar wäre. Und doch — es existiert in der That eine Ansicht, die aus Ja und Nein einen Durchschnitt ziehen zu können meint, und dieses halbe Ja und halbe Nein gerade für das Richtige hält. Wie sie sich formuliert, werden wir weiter unten sehen, wo wir uns näher mit ihr befassen müssen.

Wenn ein Leser, der in der einklassigen Volksschule oder überhaupt in beschränkten Schulverhältnissen arbeitet, bei den Eingangsthesen den Eindruck bekommen sollte, den Schulen dieser Art werde zu viel zugemutet — quantitativ zu viel — so wolle er sich erinnern, daß auch von der mehrklassigen Volksschule und von der Bürgerschule die Rede sein muß, und wolle einstweilen in Geduld weiter lesen. Der einklassigen Volksschule soll am Schlusse noch besonders gedacht werden. Nichts liegt mir ferner, als den Schulen eine Last aufbürden zu wollen, die sie nicht tragen können. Wer für seine Verhältnisse an dem angedeuteten Quantum des Lehrstoffes glaubt abziehen zu müssen, der ziehe getrost ab. Anders ist es mit der Durcharbeitung des einmal übernommenen Lehrmaterials. Da sind meine Ansprüche im äußersten Maße zudringlich und überdies so eigensinnig, daß sie sich auch nicht ein Strichlein abziehen lassen, — wenigstens nicht eher, bis man mich eines Besseren belehrt. — Man verstehe mich aber recht. Mit dem Irrtum, der so häufig an die Betonung der sogen. „formalen“ Bildung sich anhängt: wenn der Geist nur tüchtig geschult werde, so sei es gleichgültig, an welchem Stoffe dies geschehe, — mit diesem Irrtum will ich schlechterdings nichts zu thun haben. Mein erster Grund für den naturkundlichen Unterricht in der Volksschule geht ja davon aus, daß jedes Lehrfach seine eigentümliche Bildungskraft besitze, — daß es also nicht gleichgültig sei, an welchem Material der Geist geschult werde. Jedes der drei Hauptlehrgebiete muß im Bildungsunterricht vertreten sein. Diese Forderung ist absolut. Die Frage, wie viel aus jedem dieser drei Lehrgebiete vorkommen soll, ist weniger erheblich; sie beantwortet sich nach den verschiedenen Bildungsanstalten verschieden: sie ist eben relativ. Es darf nicht mehr ausgewählt werden, als die Schule verarbeiten kann, — aber auch nicht minder. Was aber ausgewählt ist, das soll nach allen Regeln der Didaktik durchgearbeitet werden. Diese

Forderung ist gleichfalls absolut. Es giebt indessen verschiedene Stufen innerhalb jeder Schule — Unter-, Mittel- und Oberstufe — und sie unterscheiden sich nicht bloß durch das Quantum des Lehrmaterials, sondern auch durch die Art und den Grad der dort vorzunehmenden Durcharbeitung. In der Anwendung auf diese Stufen wird also jene absolute Forderung wieder relativ. — Wenn nun ein Leser aus der einklassigen Volksschule genau sich merkt und streng festhält, was in den nachstehenden Forderungen absolut und was relativ ist, so wird er, wie ich denke, den Aufsatz ohne Anstoß zu Ende lesen können.

Die Thesen erstrecken sich nicht auf alles, was beim naturkundlichen Unterricht in Betracht kommt. Manche Fragen sind seit langem durch die verdienstlichen Arbeiten von Diesterweg, Stern, Gabriel, Dellmann, Eichelberg, Lüben, Krüger u. a. mehr oder weniger ins reine gebracht; — so insbesondere solche, welche sich auf die Behandlung der einzelnen Fächer, auf das Fortschreiten vom Einfachen zum Zusammengesetzten u. s. w. beziehen. Diese berühre ich nicht. Nicht wenige andere Punkte, die namentlich bei der Volksschule schwer ins Gewicht fallen, sind aber bisher entweder übergangen oder im Zwielicht stehen gelassen worden. Dahin rechne ich z. B. die nähere Bestimmung der Einheitlichkeit und der qualitativen Vollständigkeit des Lehrmaterials, die Charakterisierung der Unterrichtsstufen, die Unterscheidung der Lernstadien, die Durcharbeitung des Lehrstoffes, das Verhältnis des Sprachunterrichts zum Sachunterricht, die notwendigen Eigenschaften und die Stellung des Lern- und Lesebuches u. s. w. Diese unerledigten Fragen sind es, womit meine Thesen und Bemerkungen sich beschäftigen.

Erstes Stück: **Thesen und Bemerkungen.**

Um dem Leser thunlichst entgegenzukommen, stehe hier voran eine kurze Inhaltsübersicht der nachfolgenden Thesen und Bemerkungen.

1. Der naturkundliche Unterricht halte sich streng auf dem Boden der Anschauung.
2. Die Stoffauswahl — sei sie auch noch so begrenzt — strebe etwas Ganzes (Einheitliches, Abgerundetes) an.
3. Unter den naturkundlichen Einzelfächern gebührt den Individualkörpern (den sog. drei Naturreichen) ein Übergewicht.
4. Die Lehraufgabe ist eine doppelte: einmal gilt es, die Natur an sich zu betrachten und sodann ihr Verhältnis zum Menschenleben.
5. Einige Individualkörper sind ausführlich zu beschreiben, bei andern genügt ein notizmäßiges Kennenlernen.
6. Der naturkundliche Unterricht beginne schon auf der Unterstufe.
7. Auf allen Stufen müssen die Erfahrungskenntnisse der Kinder angelegentlich und sorgfältig mit verwertet werden.

8. Die Unterweisung geschehe stets zuerst durch das mündliche Wort. — (Erstes Stadium der Lektion.)
9. Dem mündlichen Unterricht muß ein (Real-) Lesebuch zur Seite stehen. — (Zweites Lernstadium.)
10. Zu dem mündlichen Wort und dem Lesebuche gehört — als drittes im Bunde — eine sorgfältige Auswahl von Fragen, auf der Oberstufe ein Frageheft (Repetitorium). — (Drittes Lernstadium.)

---

11. Unterstufe: Hier, wo der Unterricht hauptsächlich auf das mündliche Wort sich stützen muß, folge er der Weise des sogen. „Anschauungs- und Sprechunterrichts", aber mit einer bestimmten sachlichen Lernaufgabe.
12. Mittelstufe: Hier, wo auch das Lesen eine namhafte Hülfe gewähren kann, doch aber noch der fleißigen Übung bedarf, gelte es als ein Hauptanliegen, das Lesebuch allseitig — sachlich und sprachlich — auszunutzen.
13. Oberstufe: Hier, wo die volle sachliche und sprachliche Durcharbeitung des von unten auf Gelernten eintreten kann und muß, bilde für dieses Durcharbeiten das Frageheft (Repetitorium) den Mittelpunkt des Unterrichts.

1.

These: Der naturkundliche Unterricht halte sich streng auf dem Boden der Anschauung.

Bemerkung: So geschieht es auf dem mathematischen Gebiete, wo die Volksschule nur elementares Rechnen — nicht Arithmetik und Geometrie in wissenschaftlicher Form — zu treiben hat. So gilt es auf dem religiösen Gebiet, wo die Schule nur religiösen Anschauungsunterricht — nicht Religionslehre in dogmatischer Form — kennt resp. kennen sollte. So geschehe es auch in der Naturkunde. „Elementare Naturbetrachtung" oder „naturkundlicher Anschauungsunterricht" möchte deshalb wohl der passende Name für dieses Fach und seine Lehrweise in der Volksschule sein.

Die vorstehende These ist übrigens nicht deswegen an die Spitze gestellt, um die Haupteigenschaft des Lehrverfahrens (Anschaulichkeit) hervorzuheben — denn das muß in nachpestalozzischer Zeit als ausgemacht gelten — sondern um einen leitenden Anhaltspunkt für die Stoffauswahl zu gewinnen. Sie sagt nämlich, daß derjenige Stoff ausgeschlossen sei, der nicht vollständig zur Anschauung gebracht werden könne. Machen wir eine kleine Anwendung. — Es wird gewöhnlich angenommen, die drei Reiche der Individualkörper seien eigentlich das Feld, auf welchem die

Volksschule ihre naturkundliche Aufgabe zu lösen habe; Physik und Chemie gehörten dagegen in die höhern Schulen und auch da erst auf die obern Stufen. Sieht man davon ab, daß hier die Himmelskunde und die sog. physische Geographie vergessen sind, — so ist diese Annahme im ganzen richtig; aber aus unserer These folgt sie noch nicht so ohne weiteres. Denn einerseits giebt es bei den Individualkörpern vieles zu schauen, was doch nicht in den Lehrkreis der Volksschule gehört, — (z. B. viele Eigenschaften der Mineralien und zwar nicht bloß physikalische und chemische, sondern auch morphologische; ferner alles das, was mikroskopisch besehen werden muß); und umgekehrt giebt es in der Physik und Chemie manches, was für einen elementaren Anschauungskursus sich eignet. Wenn nun dennoch aus der Chemie so gut wie nichts und aus der Physik nur weniges in die Volksschule aufgenommen werden kann, auch aus der Himmelskunde fast alles, was Lehre (Theorie) heißt, ausgeschlossen bleiben muß: so liegt der Grund nicht darin, daß sich das überhaupt nicht elementarisch veranschaulichen ließe, sondern darin, daß diese Veranschaulichung, weil sie meist durch künstliche Apparate vermittelt werden muß, zu umständlich ist und obendrein in den Volksschulen an der großen Schülerzahl ein Hindernis hat. Also: was im Anschauungsbereiche liegt und zwar so, daß es der Beobachtung leicht zugänglich gemacht werden kann und zwar für alle Schüler, — das werde ausgewählt. So meint es die These. Für das Tellurium z. B., und für solche physikalische Apparate, die umständliche Erläuterungen nötig machen, wobei dann viele Worte vorfallen und doch wenig gelernt wird — hat sie daher in der Volksschule keinen Raum. Auch muß deshalb von diesem Lehrstoffe abgeraten werden, weil er vielem andern, was ebenso nützlich ist und leicht gelernt werden kann, den Platz rauben würde.

Die These würde indessen schwer mißverstanden werden, wenn man meint, daß der naturkundliche Unterricht sich rein auf Beschreibung beschränken und die Reflexion ausgeschlossen sein solle. Wie am elementaren Rechnen und am elementaren Religionsunterricht zu sehen ist, braucht die Reflexion nicht ausgeschlossen zu sein, — weder diejenige, welche die Kenntnisse ordnet (systematisiert), noch diejenige, welche nach Grund und Folge und Zweck fragt. Es soll nur gesagt sein, daß der Unterricht seinen Schwerpunkt im Beobachten zu suchen habe, — daß mithin das Reflektieren nur in gewissen Schranken auftreten könne. Wo diese Schranken sind und warum sie da sind, muß der Lehrer bestimmt wissen. — Machen wir nach dieser Seite ebenfalls eine Anwendung. Das Exempel, was ich im Sinne habe, betrifft einen Punkt, wo in der Volksschule noch viel gesündigt wird. Ich denke an das schulgerechte Definieren der Begriffe, was vielen als das Ziel und die Krone auch des elementaren Unterrichts gilt. Da geht es z. B. im Religionsunterricht nicht ab ohne die Fragen: Was ist wahre Buße? Was ist wahrer Glaube? u. s. w. — beim Rechnen heißt es: Was ist ein Bruch? eine gemischte Zahl? Was heißt Multiplicieren? Dividieren? u. s. w. — im naturkundlichen Unterricht: Was ist ein Naturkörper? ein Gebirge? ein Fluß? ein Wirbeltier? u. s. w. Merkenswert ist dabei, daß manche Lehrer, die gern einen gründlichen Unterricht geben möchten, hierin mit angehenden oder ungeschickten Lehrern genau zusammentreffen: bei beiden spielt die Definitionsfrage eine große Rolle. Natürlich aus sehr verschiedenen Gründen: bei jenen, weil sie meinen nur auf diesem Wege den Schülern zu klaren Begriffen verhelfen zu können; — bei diesen, weil ihnen dies die bequemste Frageform ist. Schon dieses Zusammentreffen kann darauf aufmerksam machen, daß beide Teile mutmaßlich nicht auf dem rechten Wege sind. Und so ist es. Unzweifelhaft hat der Unterricht überall auch die Aufgabe, die erworbenen Kenntnisse zu ordnen; die Vorarbeit dazu ist das Klären der Vorstellungen und Begriffe. Die Klarheit des Verständnisses hat aber verschiedene Stufen. Die muß der Lehrer (aus der Psychologie) kennen und ihnen gemäß zu fragen verstehen. — Hier kann ich auf diesen Punkt nur hindeuten; die nähere Auseinandersetzung gehört an einen andern Ort.

2.

These: Die Stoffauswahl — sei sie auch noch so begrenzt — muß, so viel thunlich, etwas Ganzes von Naturanschauung anstreben, — aber nicht um möglichst viel und vielerlei zu lehren, sondern um auch ein angehendes Auffassen der Einheitlichkeit des Naturlebens anzubahnen.

Bemerkung: Diese These hat es ebenfalls mit der Stoffauswahl zu thun; aber es handelt sich wiederum nicht um die Quantität des Lehrstoffes, sondern um die Qualität. Die geforderte Qualität ist, wie der Leser verstehen wird, zunächst für die Stoffauswahl des Gesamt-Lehrplans (für das Lehrmaterial der ganzen Schulzeit) gemeint. Eine zweite Anwendung der These, die wir kennen lernen werden, greift aber auch in den Lehrgang hinein.

Betrachten wir vorab die Anwendung auf den Gesamt-Lehrplan, und wie demgemäß die Stoffauswahl anzugreifen ist. Gesetzt, dem naturkundlichen Unterricht in der Volksschule seien folgende Einzelfächer einigermaßen zugänglich (These 1): Mineralkunde, Pflanzenkunde, Tierkunde, sogen. physische Geographie, Himmelskunde und Naturlehre (Physik). Im Sinne der vorstehenden These soll dieses gesamte Gebiet gleichsam als ein Kreis betrachtet werden, von dem jede Einzeldisciplin einen Ausschnitt bildet. Will nun eine Schule ihr naturkundliches Lehrmaterial auswählen — sei es wenig oder viel — so muß gesorgt werden, daß dasselbe immer einen Kreis (d. i. etwas Ganzes, Abgerundetes) darstelle, oder mit andern Worten: daß in ihrem Lehrstoffe jedes dieser sechs Einzelfächer vertreten sei. Hat sie wenig Zeit für diesen Gegenstand übrig, so wähle sie aus jedem Fache wenig; hat sie viel Zeit verwendbar, so dehne sie ihren Kreis weiter aus, aber, so viel thunlich, nach allen Seiten gleichmäßig. — Man könnte hier das Bedenken erheben: bei diesem Streben nach etwas Ganzem von Naturanschauung liege die Gefahr nahe, daß des Stoffes doch auch quantitativ zu viel werde. Gewiß, diese Gefahr liegt nahe, — man muß eben zusehen. Wenn einer in den Krieg zieht, so liegt auch die Gefahr nahe, daß er totgeschossen werde; aber jedermann weiß, daß mit der Hinweisung auf diese Gefahr die Kriegsfrage nicht aus der Welt geschafft wird. So bleibt denn trotz aller Gefahr auch jene Frage von der rechten Stoffauswahl stehen; und sie will, wie jede andere Aufgabe, nicht durch Bedenklichkeiten, sondern durch Anfassen gelöst sein. — Übrigens hat die Sache noch eine andere, eine günstigere Seite. Gerade der Blick auf das Ganze, was auszuwählen ist, bewahrt am besten vor dem Fehler, im einzelnen Fache zu weit zu gehen; — und das ist ein Fehler, dem selbst einsichtige Arbeiter auf diesem Gebiete nicht entgangen sind. (Vgl. z. B. Lübens „Naturgeschichte für Kinder in Volksschulen. 1. Teil: Mineralkunde, 2. Teil: Pflanzenkunde, 3. Teil: Tierkunde." — Hätte Lüben — um etwas Ganzes von Naturkunde zu geben — sich vorgesetzt, auch noch ein 4. Heft für Himmelskunde, ein 5. für physische Geographie und ein 6. für Physik zu bearbeiten: so würde die große Zahl sechs ihn gemahnt haben, daß der Lehrstoff in jenen ersten drei Heften beträchtlich eingeschränkt werden müßte.)

Dem Sinn unserer These ist aber noch keineswegs genügt, wenn im Gesamtlehrplan der Schule (also innerhalb der ganzen Schulzeit) alle zugänglichen Einzelfächer vertreten sind, etwa so, daß auf den unteren Stufen die drei Naturreiche, und auf der Oberstufe die übrigen Fächer vorkommen. In dieser Weise nämlich so, daß im Verlauf der Schulzeit nach und nach etwas Ganzes von Naturanschauung sich bilde, ist der naturkundliche Unterricht seit langem in den größeren mehrklassigen Volks- und Bürgerschulen betrieben worden. Das ist der Lehrgang der höheren Schulen. Die obige These denkt sich den Lehrgang anders, — sie fordert, daß im Lehrkursus jeder Stufe die zugänglichen Fächer vertreten sein sollen, soweit es möglich ist. Da ich übrigens, wie die Leser wissen, in der Volksschule für einjährige Kurse stimme und zwar in allen Gegenständen, so heißt diese Forderung genauer: in jedem Jahre soll etwas Ganzes von Naturanschauung geboten werden, oder mit andern Worten: der Unterricht soll in konzentrischen Jahreskursen vorschreiten. (Bekanntlich halten manche Schulmänner die zweijährigen Kurse für zweckmäßiger, wenigstens auf der Oberstufe. Über diesen Punkt wollen wir daher einstweilen nicht streiten; wer mit den einjährigen Kursen sich nicht befreunden kann, der möge meinetwegen „Stufenkurse" lesen, wo ich „Jahreskurse" schreibe.)

Welches sind aber die Gründe für die Forderung, daß auf jeder Stufe etwas Ganzes von naturkundlicher Anschauung erstrebt werden soll? Ich denke, der Leser weiß sie ebenso gut, wie ich sie ihm sagen kann, da im Religionsunterricht bereits seit langem ganz in dieser Weise verfahren wird. Was wir in der Schulsprache „Religionsunterricht" nennen und was dort mehr oder weniger als eine Einheit sich darstellt, tritt auf dem Boden der theologischen Wissenschaft in einer langen Reihe von Einzelfächern auf. Ich will nur an die erinnern, welche auch auf dem Lehrplan der Volksschule vertreten sind: bibl. Geschichte und Kirchengeschichte, Dogmatik (und zwar einerseits in der Form des Katechismus, andrerseits in der Form der didaktischen biblischen Schriften), Hymnologie, Gebete, Kirchenjahr. Bekanntlich kommt aus allen diesen Fächern nicht bloß auf der Mittelstufe schon etwas vor, sondern auch auf der Unterstufe. Was unsere These wünscht, ist also hier bereits da: wenigstens etwas Ganzes in äußerlicher Einheit. Daß aber dieser verschiedenartige Lehrstoff auf jeder Stufe so viel als möglich in eine innere Verbindung gebracht und so das äußerlich Vereinte auch als ein innerlich Verbundenes, als ein organisches Ganzes sich darstellen soll, — das wird dermalen wohl ebenfalls nicht mehr bezweifelt, obwohl der rechten Ausführung freilich noch manche sachliche und traditionelle Hindernisse im Wege stehen. Wie man nun dort auf dem religiösen Gebiete thut, so thue man auch auf dem naturkundlichen. Wo dort die aufeinander folgenden Perioden der biblischen und Kirchengeschichte stehen, da stehen hier die nebeneinanderliegenden Zweige der beschreibenden Naturbetrachtung (Mineralkunde u. s. w.); der Dogmatik dort entspricht hier die Naturlehre (Physik u. s. w.); der Hymnologie die religiöse und ästhetische Naturbetrachtung (Naturlieder u. s. w.); dem Kirchenjahre das Naturjahr. Ist es nun dort möglich, den Lehrgang in konzentrischen Kreisen vorschreiten zu lassen, d. h. auf jeder Stufe etwas Ganzes zu geben: so wird es auch hier möglich sein. Hat dieses Verfahren dort seine guten Gründe, so wird es sie auch hier haben; wer jene weiß, der weiß auch diese, denn es sind genau dieselben. Was dann dort gutgeheißen wird, das heiße man auch hier gut, und was man gut heißt, das thue man gut: dann sind wir fertig.

Wie richtig und wichtig die obige These in meinen Augen ist, weiß ich nicht besser auszudrücken, als wenn ich noch beifüge, daß sie von Rechts wegen auch in den höheren Bildungsanstalten (Realschulen und Gymnasien) gelten sollte. Die Anwendung auf die höheren Mädchenschulen ist ohnehin selbstverständlich. Durch einen vergleichenden Blick auf die höheren Schulen wird am besten verständlich, wohin und wogegen die Spitze der These sich richtet. — Indem sie auf allen Stufen — unten wie oben, und oben wie unten — etwas Ganzes fordert, hat sie nicht etwas Großes, sondern etwas Einheitliches im Sinne. Das ist Eins. Sie will ferner davor warnen, die Einzelfächer zu weit und zu systematisch zu treiben, weil dies erfahrungsmäßig in den Bildungsanstalten doch nur dahin ausläuft, daß es viel Geschrei und wenig Wolle giebt. Aber mehr: sie will dazu nötigen, diesen alten Irrweg zu verlassen; und das leistet sie in der That, denn wo man sich bestrebt, etwas Ganzes, etwas durchgearbeitet Einheitliches zu lehren und darin den Hauptbildungswert sieht, da finden sich die Beschränkung und der rechte Weg in den Einzelfächern von selbst. Sie will endlich recht deutlich machen — was bisher noch immer nicht überall hat deutlich werden wollen, daß die allgemeinen Bildungsanstalten (Volksschule, Realschule, Gymnasium) nicht bloß im Lehrstoffe, sondern auch im Lehrgange und im Lehrverfahren einen durchgreifenden Unterschied zwischen sich und den Fachschulen (Fakultäten und polytechnischen Schulen) anerkennen müssen. Der hier gemeinte Unterschied ist der: die Bildungsanstalten dürfen auf allen drei Gebieten (Natur, Menschenleben und Religion) sich niemals mit Einzelfächern befassen — denn dies ist die Aufgabe der Fachschulen, — sondern für sie gilt es, aus den Einzelzweigen jedes Gebietes etwas Ganzes zu formieren und dieses Ganze als eine Einheit zu lehren. Oder mit andern Worten: die Schulwissenschaften sollen etwas anderes sein als die Fachwissenschaften; jene sind Wissenskomplexe, wie die Pädagogik sie fordert, — diese sind Einzelfächer, wie die Wissenschaft sie fordert. Wird das begriffen und auf allen drei Gebieten durchgeführt, so werden unsere Bildungsanstalten außerordentlich gewinnen, namentlich in dem Stücke, wovon sie den Namen tragen. — Wem verdankt z. B. der Religionsunterricht in der Volksschule den vielseitig bildenden Einfluß, der ihn bisher vor den andern Lehrgegenständen auszeichnete? Unstreitig auch dem Umstande, daß auf allen Stufen etwas Ganzes gelehrt wurde und nun eine auf das einheitliche Erfassen hinzielende Durcharbeitung erstrebt werden konnte.

Wem verdankt das Gymnasium den hervorragenden Bildungswert seiner humanistischen Fächer? Unstreitig auch dem Umstande, daß dieselben in dem fremdsprachlichen Unterricht ein Centrum hatten, das sie zu einer gewissen Einheit verband und eine vielseitige Durcharbeitung des Stoffes ermöglichte. Und warum hat in der Realschule und im Gymnasium der naturkundliche Unterricht noch nie und nirgend den Bildungsertrag geliefert, den man von ihm gehofft hat, ja nicht einmal den Gewinn an Kenntnissen, den er von Rechts wegen liefern sollte? (Vgl. hierüber, namentlich über den letztern Mangel, das harte, aber dokumentarisch belegte Urteil eines Fachmannes in: Der Anschauungsunterricht in der Naturlehre von Dr. Rudolf Arendt, Leipzig 1869, bei L. Voß.) Meines Erachtens wesentlich mit deshalb, weil die Naturkunde nicht als eine einheitliche Schulwissenschaft gefaßt, sondern in eine Reihe von Einzelfächern, und dem äußern Zuschnitt nach gerade wie in einer Fachschule betrieben wird, — nämlich mit so viel Wissenschaftlichkeit und Systematik beladen, daß des Schülers Kraft und Lust notwendig darunter erdrückt werden muß, — ungerechnet, daß zu einer vielseitigen Durcharbeitung des Stoffes die Zeit fehlt. Wollte man eine Radikalkur vornehmen, — nämlich die Naturkunde als ein Ganzes fassen und betreiben, so würde diese Änderung des Lehrganges nötigen, auch im Lehrverfahren und in der Durcharbeitung des Gelernten eine bessere Bahn zu suchen. Ich weiß wohl, daß mein Vorschlag den Fachlehrern an den höhern Schulen höchst spaßhaft klingen wird. Denselben Rat hat aber auch eine naturwissenschaftliche Autorität, Prof. Roßmäßler, ausgesprochen, ein Mann, der sich zugleich im hohen Maße auf das Unterrichten verstand. (Vergl. seine Schrift: „Der naturgeschichtliche Unterricht, Leipzig 1860, bei Brandstetter.“) Ist nun die Forderung, daß jeder Kursus etwas Ganzes von Naturanschauung bieten soll, in den höhern Schulen berechtigt, so muß sie es in der Volksschule doppelt und dreifach sein.

In der oben vorgekommenen Bemerkung, daß die Einzelfächer so viel als möglich „gleichmäßig“ vertreten sein sollen, wolle man den Zusatz „so viel als möglich“ nicht übersehen. Einige der nötigen Modifikationen werden bei der folgenden These zur Sprache kommen.

3.

These: In der Volksschule, besonders auf den unteren Stufen, müssen die drei Fächer der Individualkörper (Mineralkunde, Pflanzenkunde und Tierkunde) überwiegen.

Bemerkung: Die Umstände, welche dieses Überwiegenlassen teils anraten, teils notwendig machen, sind folgende.

Die zu betrachtenden Mineralien, Pflanzen und Tiere können den Schülern vorgezeigt und somit unter unmittelbarer Anschauung besprochen werden. Bei der physischen Geographie und der Himmelskunde dagegen stehen die zu betrachtenden Gegenstände während des Unterrichts nicht unmittelbar vor Augen; die Besprechung muß daher ein gewisses Maß von Anschauungen als bereits erworben voraussetzen. Dieser Unterschied zwischen den genannten Fächern fällt namentlich für die unteren Stufen ins Gewicht, weil hier nur ein geringes Maß von Erfahrungskenntnissen vorausgesetzt werden kann. Ganz beiseite lassen darf man die physische Geographie und Himmelskunde auf den untern Stufen jedoch nicht; ein Weniges muß jedenfalls vorkommen, schon deshalb, damit die Kinder angeregt werden, das, was ihnen aus diesen Gebieten draußen in die Augen fällt, sich auch zu merken. Hauslehrer sind in diesem Stücke günstiger gestellt als die Schullehrer, weil sie ihre Schüler leichter in die freie Natur hinausführen und dann auf das, was an der Erdoberfläche und am Himmel beachtet werden soll, aufmerksam machen können.

Einen zweiten Grund für das Vorwiegenlassen der drei Naturreiche (auch auf den oberen Stufen) werden wir bei These 4 nebenbei erfahren.

Unter den Individualkörpern verdienen wieder die Pflanzen und Tiere ein Übergewicht, weil sie vermöge ihrer ausgeprägteren Gestalt und ihres Formenreichtums instruktiver sind als die Mineralien, — und unter jenen beiden wiederum die Pflanzen, weil sie leichter in natura zu beschaffen sind.

Der Physik möchte ich unter allen Umständen einen größeren Raum in der Volksschule wünschen, als man ihr bisher durchweg gegönnt hat. Nicht aber, um viele Apparate heranzuziehen, sondern um die Schüler zum Nachdenken über die vielen physikalischen Vorgänge, die ihnen im sogen. täglichen Leben begegnen, anzuregen.*)

---

*) Die Körper der sogen. drei Naturreiche nennt man Individualkörper oder Einzelwesen, weil sie in einer bestimmten, ausgeprägten Gestalt auftreten. Genau genommen gilt dies bei den Mineralien jedoch nur von den krystallisierten; die

4.

These: Zur qualitativen Vollständigkeit des naturkundlichen Unterrichts in der Volksschule (wie in allen allgemeinen Bildungsanstalten) gehört ferner, daß er sich eine zwiefache Lehraufgabe stelle, nämlich einmal die Natur an sich zu betrachten, und sodann ihr Verhältnis zum Menschenleben.

Bemerkung: Diese These stützt sich auf die Thatsache, daß die Natur dem menschlichen Forschen zwei Seiten darbietet, und fordert demgemäß, daß der naturkundliche Bildungsunterricht gleichsam eine doppelte (materiale) Lehraufgabe sich stellen solle: einmal die eine hergebrachte Aufgabe, und sodann die andere, etwas davon verstehen zu lehren, was die Natur für das Menschenleben ist, oder genauer: wie das Menschenleben nach seiner leiblich-irdischen Seite auf ihr ruht, an ihr seine Unterlage hat. Die Verbindung des Menschenlebens mit der Natur

---

amorphen haben eben keine bestimmte Gestalt und würden somit (wie Luft und Wasser) zu den Massenkörpern zu rechnen sein. Zieht man außer der Gestalt auch das Leben in Betracht — was unzweifelhaft das richtigere ist — so müssen die Mineralien sämtlich aus der Reihe der Einzelwesen ausscheiden, da es bekanntlich nur bei den Pflanzen, Tieren und Menschen eine Wissenschaft der Physiologie (Lehre vom Leben) giebt. In der Volksschule, wo von den Krystallen nur im Vorbeigehen Notiz genommen werden kann, wird es daher das angemessenste sein, Luft und Wasser und Mineralien als Massenkörper und nur die Pflanzen, Tiere und Menschen als Einzelwesen zu bezeichnen.

Bei den drei Naturreichen schleppt man unbegreiflicherweise noch immer den alten verrückten Namen „Naturgeschichte" mit herum. Falsche Namen sind immer ein Stück einer verkehrten Theorie, — hier ein Stück aus einer verkehrten Einteilung der Wissenschaften. Man kann sich zwar auch bei falschen Namen das Richtige denken; allein es geschieht nicht immer. Man schaffe sie also weg, sie verführen. Der falsche Name „Naturgeschichte" hat thatsächlich in der Didaktik mehr als einen Irrtum stützen helfen, wie sich leicht zeigen ließe, wenn dazu Raum wäre. Selbst der bessere Name „Naturbeschreibung" ist (auf die drei Naturreiche allein angewandt) nicht richtig; denn jede naturkundliche Disciplin (die Lehre von der Luft, vom Wasser, von den Mineralien u. s. w. bis hinauf zur Physik, Chemie und Physiologie) enthält, wenn sie Wissenschaft geworden ist, zwei Teile: nämlich einen beschreibenden Teil (der freilich nicht überall Gestaltbeschreibung ist), und einen erklärenden. In der Volksschule, die ihren Lehrstoff vornehmlich aus dem beschreibenden Teile der naturwissenschaftlichen Disciplinen zu nehmen hat, könnte man den naturkundlichen Unterricht allenfalls „Naturbeschreibung" nennen, — aber dann den gesamten, nicht den von den drei Naturreichen allein. Weil jedoch auch einiges aus dem erklärenden Teil vorkommen soll, so wird es besser sein, den allgemeineren Namen „Naturkunde" zu gebrauchen, — schon deshalb, damit die Fragen nach Warum und Wozu nicht in Vergessenheit geraten.

reicht bekanntlich außerordentlich weit. Dahin gehört nicht bloß dies, wie beim einzelnen Menschen der Geist mit dem Leibe verknüpft ist, in demselben seine Behausung und an ihm seine Organe hat, — wie das geistige Leben gelähmt ist, wenn das leibliche krankt, und wie der Mensch für die Erde nur so lange da ist, als der Leib lebt, — auch nicht bloß dies, wie sehr die menschliche Gesellschaft in ihren Verhältnissen, Zuständen und Unternehmungen von Luft und Wasser, von Klima und Bodenbeschaffenheit u. s. w. abhängig ist; — sondern namentlich auch dies, wie der Mensch es verstanden hat, zahllose Naturkörper als Güter zu benutzen, und wie diese Naturgüter nun allen menschlichen Bedürfnissen, den geistigen wie den leiblichen, zu gute kommen: dem Landesschutze und dem Rechtsschutze, der Volkswirtschaft und der Gesundheitspflege, dem Bildungswesen und der religiösen Seelenpflege. — Man könnte daher die beiden Lehraufgaben auch so ausdrücken, wie es ein schöner Spruch schon vor Jahrtausenden gethan (Ps. 104, 24):

einmal zu betrachten, wie die Werke Gottes so groß und viel
und alle so weislich geordnet sind,
und sodann, wie die Erde voll seiner Güter ist.*)

Diese zweite Seite der naturkundlichen Bildung ist bisher fast ganz vernachlässigt worden. Eine Pädagogik, die den vollen Bildungsbegriff hat, wird für beide Seiten die gleiche Berücksichtigung fordern müssen.

---

*) In dem Psalmspruche ist auch noch ein anderes Stück, was zu einer allseitigen qualitativ vollständigen Naturbetrachtung gehört, angedeutet, nämlich die religiöse Betrachtungsweise, der dann wieder die ästhetische zur Seite steht. Wie sich alle diese Stücke zu einander stellen, läßt sich an dem folgenden logischen Schema schnell übersehen.

Hinsichtlich der Vollständigkeit des Lehrmaterials ist zu unterscheiden:

A. **die quantitative V.**, — welche in den verschiedenen (niedern und höhern) Bildungsanstalten verschieden sein muß.

B. **die qualitative V.**, — welche in den verschiedenen Bildungsanstalten formell gleich — (etwas Ganzes) — sein muß.

Dabei ist eine zwiefache Betrachtungsweise möglich:

1. die objektive (materiale), — die sich bezieht
   a) auf die Natur an sich,
   b) auf ihr Verhältnis zum Menschenleben;
2. die subjektive (formale), — und zwar
   a) die ästhetische,
   b) die religiös-ethische.

Die subjektive Betrachtungsweise, soweit sie in der Sprache sich darstellt, muß in der Volksschule im belletristischen (schön-sprachlichen) Teile des Lesebuches mit vertreten sein: die ästhetische durch naturkundliche Schilderungen, Gedichte u. s. w., — die ethisch-religiöse durch Gleichnisse, Fabeln, Lieder u. s. w. Die letztere kommt außerdem in der Bibel und im Gesangbuche vor.

Vielleicht leuchtet diese Forderung doch nicht jedem sofort ein, — sei es, daß die theoretische Frage noch im Wege steht: ob denn in den allgemeinen Bildungsanstalten die bezeichnete zweite Lehraufgabe neben jener ersten in der That berechtigt sei, d. h. ob sie wirklich einen Teil der naturkundlichen Bildung in sich schließe, — oder, wo diese bereits bejaht ist, die praktische: ob denn die Volksschule für die zweite Lehraufgabe auch Raum habe. — Darauf kann hier nur Folgendes bemerkt werden.

Was die theoretische Frage, die von der Berechtigung, betrifft, so verweise ich einfach auf die Thatsache, daß die Natur eben die bezeichneten zwei Seiten hat. Damit gilt mir diese Frage für erledigt. Die andere, die praktische Frage, läßt sich erst dann entscheiden, wenn auch die übrigen Thesen über Stoffauswahl, Lehrgang und Lehrverfahren gehört worden sind.

Es liegt mir jetzt noch ob, ein paar schiefe Auffassungen abzuwehren, die bei der geltend gemachten neuen Lehraufgabe sich einschleichen könnten.

Weil mehrfach von „Nutzkörpern" und „Nutzbarkeit" die Rede sein wird, so wäre es nicht unmöglich, daß einer auf den Gedanken fiele, ein Unterschied der beiden Lehraufgaben sei der, daß bei der einen ideale Bildung und bei der andern Nützlichkeit das letzte Ziel sei. Irrtum! Mit einer aparten Nützlichkeit hat die eine Lehrarbeit ebensowenig etwas zu thun, als die andere mit einer aparten Bildung. Alles, was in der Schule getrieben wird, soll Bildung vermitteln, — und zwar eine solche, die unzweifelhaft nützlich ist. Ein Lehrgegenstand, von dem bloß das eine und nicht zugleich auch das andere gesagt werden könnte, würde gar nicht hinein gehören. Beide Stücke gehören zusammen, gerade wie „materiale" und „formale" Bildung zusammengehören, weil sie nur in der Vereinigung ein Ganzes machen, was Wesen und Wert hat.*)

Von einer andern Seite her könnte jemand auf ein ähnliches Mißverständnis geraten. Die Natur an sich zu erforschen, ist bekanntlich die Aufgabe der reinen Naturwissenschaften: die Mineralogie, Botanik, Zoologie, Geologie, Astronomie, Physik u. s. w. Mit der Benutzung der Naturdinge, genauer: damit, wie diese Benutzung geschehen könne,

*) Nebenbei. Es giebt bekanntlich Leute, die gern und viel von „idealer Bildung" reden. Das mag hingehen. Wenn sie aber dabei auf das „Nützlichkeitsprincip", wie sie es nennen, schelten, so wird man sie doch an Zweierlei erinnern dürfen. Einmal daran, daß ein richtiges pädagogisches Denken es verstehen muß, „Bildung" und „Nützlichkeit" begrifflich zusammenzubringen. Sodann daran, daß sie vergessen, wie sie tagtäglich vom „Nützlichkeitsprincip" leben, und daß ihnen übel zu Mute werden würde, wenn sie auf die Wohlthaten seines Fortschrittes verzichten müßten. — Daß eine Sache oder ein Bildungsstück nützlich heißt, ist kein Tadel, sondern ein Lob, wie denn ein Apostel dasselbe sogar von der Gottseligkeit aussagt (1. Tim. 4, 8).

beschäftigen sich die angewandten Naturwissenschaften: die Medizin, die Fächer der polytechnischen Schulen, die Landwirtschaftskunde, der naturkundliche Teil der Kriegswissenschaft u. s. w.; und hinter ihnen stehen dann noch die Praktiker ungezählter Art, die das ausführen, was jene lehren. Nun könnte einer meinen, unsere zweite Seite des naturkundlichen Schulunterrichts habe es mit diesen angewandten Naturwissenschaften und ihrer vielgestaltigen technischen Ausführung zu thun. Irrtum! Sie hat es mit der Thatsache zu thun, daß ein Verwerten der Naturdinge geschieht, und damit, bei welchen Körpern es geschieht, — nicht aber damit, wie es geschieht. Sie wird z. B. sagen, daß aus Roggen Mehl gemahlen und aus diesem Mehl Brot gebacken wird; sie wird sich aber nicht darauf einlassen zu lehren, wie man Mühlen baut und was der Müller zu wissen nötig hat, oder wie die Backöfen einzurichten sind und was der Bäckerlehrling zu lernen hat. Sie muß den Nutzkörper zeigen, wie er in der freien Natur erscheint, und muß ihn wiederum zeigen, wie er als brauchbares Kunstprodukt erscheint, — aber sie kann sich nicht darum bekümmern, auf welchem Wege das eine aus dem andern geworden ist. Summa: die Lehrarbeit, von der wir reden, gehört zum naturkundlichen Bildungsunterricht, nicht zum naturkundlichen Fachunterricht, — die Volksschule ist eine allgemeine Bildungsanstalt, nicht eine polytechnische Schule. — Der Begriff unserer zweiten naturkundlichen Lehraufgabe ist nun, wie ich denke, auch nach dieser Seite gegen Mißverständnisse sicher gestellt. Wenn daher die Lesebücher mitunter Lesestücke bringen, worin gewerbliche Arbeiten ausführlich beschrieben sind — z. B. wie man aus Salzwasser Salz gewinnt, wie das Glas verfertigt wird u. s. w. — so brauche ich wohl kaum zu bemerken, daß solche Lesestücke mit unserer zweiten naturkundlichen Lehraufgabe nichts zu thun haben, von ihr nicht verlangt werden. Ob sie aus andern Gründen im Volksschul-Lesebuche Platz finden können, und in welches Lehrfach sie eigentlich gehören, — das zu untersuchen ist hier nicht der Ort.

Es wird dagegen hier eine passende Gelegenheit sein, darüber etwas zu bemerken, wie die Volksschule zu den Fach- und Standes-Interessen sich zu stellen hat. Wo eine Schule inmitten einer Bevölkerung steht, die ausschließlich oder überwiegend von der Landwirtschaft lebt, da wird sie allerdings wohl thun, in ihrem Unterricht die gegebenen Verhältnisse einigermaßen zu berücksichtigen, — nämlich gerade so, wie sie es bei einer vorwiegend bergmännischen, oder bei einer vorwiegend industriellen, oder bei einer vorwiegend Schiffahrt treibenden Bevölkerung thun würde. Denn durch diese Rücksichtnahme, wodurch die Schule mit dem Leben draußen enger verknüpft wird, kann der Unterricht nur an Belebung gewinnen;

hier kommt also das Fachinteresse nicht nur mit dem allgemeinen Bildungsinteresse nicht in Kollision, sondern es dient ihm vielmehr. Davon abgesehen, hat aber die Volksschule alle Ursache, aufdringliche Zumutungen von seiten der Fachinteressen — seien es landwirtschaftliche oder industrielle, theologische oder militärische — von sich abzuwehren. Denn so viel das eine Fach, z. B. die Landwirtschaft, beim Schullehrplan mitsprechen dürfte, so viel würden auch die andern Fächer: die Urproduktion, die Industrie, der Handel, das Transportwesen, die Landeswehr, die Gesundheitspflege &c. mitzusprechen haben. Wenn aber diese alle sich ans Reden gäben, so möchte doch ein babylonischer Knäuel herauskommen, der schwer zu entwirren wäre. Das Richtige ist einfach dies. Die Bildungsanstalten — das Gymnasium, die Realschule und so auch die Volksschule — sind auf allgemeine Bildung berufen, und in dem in Rede stehenden Gegenstande, in der Naturkunde, auf naturkundliche Bildung, und bei der naturkundlichen Bildung wieder auf die Doppelaufgabe: einmal die Natur an sich kennen zu lehren und sodann ihre Bedeutung für das Menschenleben. Der letztere Gesichtspunkt hat aber, wie wir gesehen, ebensowenig mit Fachinteressen etwas gemein wie der erstere.

5.

These: Einige Naturkörper (aus den drei Naturreichen) sind eingehend zu betrachten, bei andern genügt ein notizmäßiges Kennenlernen.

Bemerkung: Dieser Satz steht, wie der Leser merken wird, in Verbindung mit der vorhergegangenen 4. These. Dort wurde eine doppelte Lehraufgabe gefordert: hier eine doppelte Reihe des Lehrmaterials und ein doppeltes Lehrverfahren.

Das notizmäßige Lernen, wovon hier als einem Zweiten die Rede ist, wolle man zunächst verstehen als einen guten Rat, wie die dort gestellte zweite Lehraufgabe, — Betrachtung der Nutzkörper — innerhalb der drei Naturreiche am leichtesten ausgeführt werden kann. Besehen wir dies näher.

Bei der Betrachtung der Natur an sich wird die Volksschule, weil ihr Lehrmaterial quantitativ sehr beschränkt ist, um so mehr auf sorgfältige Durcharbeitung desselben, also vornehmlich auf die Übung im naturkundlichen Beobachten und Vergleichen sich legen müssen. Ein solches Üben ist aber nur bei einer genauen, eingehenden Betrachtung der Naturkörper möglich, — woraus dann bei der knappen Zeit, über welche die Volksschule zu verfügen hat, weiter folgt, daß eine eingehende Beschreibung nur an wenigen Körpern vorgenommen werden kann.

Die Betrachtung der Natur in ihrem Verhältnis zum Menschenleben wird in der Volksschule vornehmlich in die Frage sich zuspitzen, wie die Naturkörper von den Menschen wirtschaftlich verwertet (benutzt) werden. Für diesen Zweck ist dann aber — umgekehrt wie vorhin — die Vorführung recht vieler Körper wünschenswert, natürlich solcher, die durch ausgedehnten oder durch eigentümlichen Nutzen sich auszeichnen. Um eben dieses Zweckes willen brauchen die Schüler dieselben aber auch nur notizmäßig (nach einigen wenigen Eigenschaften) zu lernen, d. h. nur soweit zu kennen, um sie unterscheiden und ihre wirtschaftliche Benutzung sich merken zu können.

Wo man nun beide Lehraufgaben gleichmäßig berücksichtigen will, da wird somit das Lehrmaterial in folgende zwei Reihen geschieden werden müssen:

1. Reihe: wenige Körper, die möglichst instruktiv sind und recht eingehend betrachtet werden sollen;
2. Reihe: recht viele Körper, die besonders nutzbar sind und nur notizmäßig gelernt werden sollen.

Nimmt man jene beiden Lehraufgaben (These 4) in Verbindung mit dieser zwiefachen Lernweise (These 5) in den naturkundlichen Unterricht auf, so wird manches, was bisher auf diesem Gebiet unklar war, sich wie von selbst klären, und manches Hindernis, das einem befriedigenden Arbeiten im Wege stand, wie von selbst wegfallen. Wir wollen das an einem Beispiele besehen.

Bekanntlich ist je und je in pädagogischen Schriften und in Konferenzen die Forderung laut geworden, daß im naturkundlichen Unterricht besonders die Kulturpflanzen berücksichtigt werden müßten; in neuerer Zeit waren es vornehmlich die Freunde der Landwirtschaft, die sie geltend machten. Soviel ich habe wahrnehmen können, sind aber trotz des vielen Redens wenig erhebliche Thaten geschehen; — und wenn etwa die in den Lesebüchern vorkommenden Beschreibungen der Kulturgewächse dafür gelten sollen, so ist zu bemerken, daß gerade sie hier am wenigsten am Platze sind. Die Freunde eines bildenden naturkundlichen Unterrichts waren einer besondern Berücksichtigung der Kulturpflanzen nicht geneigt; die meisten andern Lehrer gingen an ihnen vorbei, weil sie überhaupt an der Naturkunde vorbeigingen; und diejenigen, welche sich mit ihnen befaßten, schienen es mit geteiltem Herzen und mit halber Befriedigung zu thun. Alles erklärlich! Die Forderung war mit Unklarheiten behaftet, zu wenig didaktisch durchgedacht. Daß Unklarheit im Spiele war, ging schon daraus hervor, daß die Forderung gleichsam im Namen der Landwirtschaft erhoben wurde. Angenommen, die Landwirtschaft habe hier etwas mitzusprechen, so würde dies doch nur bei den Landschulen der Fall sein; die Landkinder lernen aber die Kulturgewächse schon von selber kennen, jedenfalls besser als die Stadtkinder sie durch die Schule kennen lernen können. Wenn daher die Landschulen ein wenig landwirtschaftliches Fachwissen aufnehmen wollten, so würde es sich um etwas ganz anderes handeln, als um eine besondere Berücksichtigung der Nutzpflanzen. In unserm Falle, wo wir vom naturkundlichen Unterricht überhaupt reden, also von Stadtschulen so gut wie von Landschulen, — da kann zunächst auf die Wünsche der Landwirtschaft ebensowenig gehört werden, als auf die der Industrie, des Bergbaues, des Handels u. s. w. Es sollen ja die Nutzgewächse besonders berücksichtigt werden, aber auch die Nutzmineralien und die Nutztiere, — desgleichen: wie Wind und Wetter, wie Boden und Klima in das Menschenleben eingreifen, und wie die physikalischen Kräfte benutzt werden; aber das alles nicht, weil dieses oder jenes Gewerbe sich dafür interessiert, sondern lediglich deshalb, weil es zur naturkundlichen Bildung gehört und weil diese naturkundliche Bildung in allen Ständen nützlich und dienlich ist, — mit der selbstverständlichen Einschränkung: soweit es zur naturkundlichen Bildung gehört und soweit es allen Ständen nützlich und dienlich ist. Wir sehen hieraus, worin die erste Unklarheit lag, womit jene Forderung behaftet war: man hatte eben nicht erkannt, daß die Kultur es nicht bloß mit den Kulturgewächsen, sondern mit allen Nutzkörpern, ja mit der gesamten Natur zu thun hat, — didaktisch ausgedrückt: von unserer zweiten Lehraufgabe des naturkundlichen Unterrichts war nur ein Partikelchen aufgegriffen worden. — Eine zweite Unklarheit kam beim Lehrverfahren zum Vorschein. Wenn man nämlich einen Fürsprecher der Kulturpflanzen fragte, wie denn dieselben in der Schule behandelt werden sollten, so hieß es häufig ganz verwundert: „ei, so wie die Pflanzenkunde überhaupt traktiert werden soll." Erinnerte man nun daran, daß die Naturkunde vor allem das Beobachten zu üben habe, und daß dazu eingehende Besprechungen gehören, daß aber diese bei den Kulturpflanzen nur stattfinden können, wenn jedes Kind ein Exemplar in Händen hat, und dieses wieder nur möglich ist — wenigstens in Städten, — wenn die umwohnenden Bauern ihre Gärten und Felder zu botanischen Plünderungen hergeben wollen: so zeigte es sich, daß jene Forderung einstweilen in eine Sackgasse führte. Die Beschreibungen der Kulturgewächse in den Lesebüchern — wenn sie eingehender Art sind — zeigen aber überdies, daß man diese Sackgasse nicht einmal gemerkt hat. Das Hemmnis ist jedoch lediglich durch das unklare pädagogische Denken verschuldet.

Unterscheidet man bei der Behandlung der drei Naturreiche, wie These 5 thut, eine zwiefache Reihe des Lehrmaterials und eine zwiefache Lernweise, so läßt sich in der Praxis alles bequem ausrichten. Wo es gilt, die Naturkörper an sich und zwar genau zu betrachten, da hat die Auswahl nur nach solchen zu fragen, die instruktiv und leicht zu beschaffen sind; auf das Merkmal der Nutzbarkeit kommt nichts an. Und wo es gilt, Nutzkörper kennen zu lernen, nämlich bloß notizmäßig, da genügt es, wenn ein solcher Körper in einem Exemplar vorliegt. Das ist dann ebenfalls leicht zu beschaffen. — An der Weise, wie bisher die Nutzkörper in den Schulen behandelt wurden, klebte aber noch eine dritte Unklarheit. Wenn es eine bestimmte Aufgabe sein soll, von der Bedeutung der Natur für das Menschenleben etwas verstehen zu lehren, so genügt es nicht, bei den einzelnen Nutzkörpern, wie sie der Reihe nach vorkommen, im Vorbeigehen zu erwähnen, welchen Nutzen sie haben; auch das ist noch nicht das Rechte, wenn bei einigen wenigen dieser Körper — wie es in den Lesebüchern gewöhnlich geschieht — davon umständlich geredet wird. Das eine muß geschehen und das andere mag auch geschehen, aber es muß noch mehr geschehen: es müssen besondere Lektionen eingerichtet sein, worin eigens von der Verwertung der Naturgüter gehandelt wird und der Lehrstoff nach wirtschaftlichen Gesichtspunkten geordnet ist. (Vgl. die betreffenden Paragraphen in meinem „Repetitorium".) — Was jene Forderung und ähnliche Wünsche hinsichtlich der Nutzkörper im Sinne hatten, ist also, wie wir gesehen haben, in unsern beiden Thesen sicher untergebracht; aber mehr: These 4 giebt dieser Lehraufgabe nicht nur den vollen Begriff, sondern erwirkt ihr auch eine berechtigte Stellung; und These 5 zeigt den rechten Weg zur Ausführung.

Über den Zweck der beiden Reihen des Lehrmaterials (These 5) muß jetzt noch etwas nachgeholt werden, was vorhin, um den Leser nicht zu verwirren, absichtlich zurückgehalten wurde. Dort wurde nämlich gesagt, daß die erste (kleinere) Reihe um der ersten Lehraufgabe (Kenntnis der Natur an sich) willen, und die zweite (größere) Reihe um der zweiten Lehraufgabe (Kenntnis der Naturbenutzung) willen nötig sei. Das ist wahr, aber es ist nicht die ganze Wahrheit. Die zweite Reihe soll nämlich keineswegs bloß Nutzkörper enthalten, sondern sie soll auch der ersten Aufgabe dienen. Wenn also die zweite Aufgabe, Kenntnis der Naturbenutzung, gar nicht bestände, so würde es dennoch nötig sein, neben der Reihe der genau zu betrachtenden Körper, auch eine Reihe von notizmäßig zu lernenden aufzustellen. Während jene Reihe vornehmlich den Zweck hat, die Schüler im sorgfältigen Beobachten zu üben, soll diese das Mittel bieten, um die Naturkenntnis zu erweitern. Allein sie leistet noch mehr: sie wird, wie wir uns überzeugen werden, auch die Übung im Beobachten unterstützen, nämlich dadurch, daß sie häufigere Vergleichungen möglich macht. Bei der Aufstellung dieser zweiten Reihe ist es mithin nicht statthaft, in die Masse der Körper beliebig hineinzugreifen; die Auswahl muß vielmehr nach einem bestimmten Plane geschehen. Außer den Nutzkörpern werden zuvörderst solche zu berücksichtigen sein, wodurch neben den Klassen auch die Ordnungen und Familien — soweit sie gekannt sein sollen — repräsentiert sind. Man wird ferner solche hineinnehmen, die durch ein Merkmal eigentümlicher Art sich auszeichnen, — so (aus dem Pflanzenreich) z. B. den Weißdorn und die Rose, um an ihnen den Unterschied zwischen Dornen und Stacheln verstehen zu lehren; — oder das kletternde Labkraut nebst dem Epheu, dem Weinstocke, der Erbse und der Winde, um daran zu zeigen, wie es für schwache Wesen, die zum Hinkriechen am Boden verurteilt scheinen, doch mancherlei Mittel geben kann, um sich in der Welt in die Höhe zu arbeiten. Auch werden diejenigen Pflanzen hier untergebracht werden müssen, die nur in wenigen Exemplaren zu finden sind, — desgleichen (mit etwa ein bis zwei Ausnahmen) sämtliche Bäume und Sträucher, weil bei ihnen sogar die Zweige, durch die sie sich vertreten lassen müssen, meistens schwer abkömmlich sind. Von den Tieren sind alle die in diese zweite Reihe zu weisen, welche nur in Abbildungen betrachtet werden können — ausgenommen etwa die bekannten Haustiere; — die Mineralien wohl allesamt, da eine genau Beschreibung, die den Namen verdient, in der Volksschule so gut wie unmöglich ist. In diesem Sinne geordnet und behandelt, wird die zweite Stoffreihe bei der ersten Lehraufgabe sehr bedeutend mithelfen. Hiernach können wir nun deutlich übersehen, wie die beiden Reihen des Lehrmaterials zu den beiden Lehraufgaben stehen:

1. die Reihe der genau zu betrachtenden Körper — die kleinere — ist um der ersten Aufgabe willen notwendig; sie dient der zweiten Aufgabe nur gelegentlich, wenn der zu betrachtende Körper gerade auch zu den Nutzkörpern gehört;
2. die Reihe der notizmäßig zu lernenden Körper — die größere — ist um beider Aufgaben willen notwendig; die Auswahl muß also nach beiden Zwecken sich richten.

Schließlich noch eins. Es gehört zwar eigentlich zur 4. These, konnte aber hier erst mit voller Deutlichkeit gesagt werden.

Wir haben es im naturkundlichen Unterricht mit zwei begrifflich scharf geschiedenen Lehraufgaben zu thun. Nichtsdestoweniger gehören diese beiden Lehraufgaben zusammen, begrifflich und praktisch. Begrifflich sind sie dadurch verbunden, daß beiderseits der Lehrstoff lediglich aus der Natur stammt, — daß sie vereint den einen naturkundlichen Unterricht bilden. Praktisch zeigen sie sich dadurch als zusammengehörig, daß — wie wir vorhin sahen — die beiden Stoffreihen mehr oder weniger beiden Aufgaben dienen und im Blick auf beide Zwecke ausgewählt werden müssen. Man hüte sich also, die zwei Lehraufgaben zu sehr zu trennen oder gar zu isolieren, — halte vielmehr streng fest, daß beide zusammen den einen naturkundlichen Unterricht ausmachen. — Dafür spricht aber noch ein besonderer Grund; und der ist es eigentlich, um deswillen wir diese Bemerkung noch beifügen. Die zweite Aufgabe, die es mit dem Verhältnis der Natur zum Menschenleben zu thun hat, grenzt nämlich an einen Teil des humanistischen Gebietes, an den Abschnitt von der Volkswirtschaft (Nationalökonomie). Wird nun nicht streng festgehalten, daß jene zweite Lehraufgabe zur Naturkunde gehört und warum sie dahin gehört, und wie sie sich demnach gegen das humanistische Gebiet scharf abzugrenzen hat: so ist man bei der Auswahl und Behandlung des Lehrstoffes immer in Gefahr, in das benachbarte Gebiet der Volkswirtschaft sich zu verirren und den Schülern ein verwirrendes Gemisch aus beiden Fächern aufzutischen, — wie die dermaligen Lesebücher nur zu häufig zeigen. Und umgekehrt, wenn es einen vollständigen humanistischen Realunterricht in den Schulen gäbe, d. i. neben der Geschichte auch eine elementare Betrachtung des gegenwärtigen Menschenlebens, so würde man — falls jene Grenzscheide nicht deutlich erkannt ist — in der Behandlung des volkswirtschaftlichen Abschnittes immer in Gefahr stehen, in das benachbarte Gebiet von der Naturbenutzung zu geraten. Die Warnung vor jener ersten Gefahr hat schon jetzt Bedeutung, da es einen vollständigen naturkundlichen Unterricht giebt oder wenigstens geben soll. Die andere Gefahr liegt einstweilen noch nicht vor, weil es außer der Geschichte einen geordneten humanistischen Realunterricht nicht giebt und, wie es scheint, auch noch wenigen eingefallen ist, daß es einen solchen geben könnte. Nur ein Stückchen, ein Abschnitt, ist davon vorhanden — in dem Fache, was man „politische Geographie" nennt. Aber die wassersüchtige Anschwellung desselben, — dieser bunte Mischmasch von ein wenig reeller Menschen- und Gesellschaftskunde und viel politischer Statistik und archäologischen Kuriositäten und Reisebeschreibungsnotizen u. s. w. zeigt nur zu deutlich, wie es um die Klarheit des pädagogischen Denkens steht und was zu erwarten wäre, wenn eine Pädagogik, die solchen Mischmasch gut heißt, die Bearbeitung eines vollständigen humanistischen Realunterrichts unternehmen wollte. Kein Wunder, daß gesunde Naturen, die sich an dem geographischen Gemenge den Appetit verdorben haben, nur mit einer Art Schrecken von einem vervollständigten humanistischen Realunterricht reden hören. Und doch wird man sich endlich daran geben müssen. So gewiß die Volksschulen wie die höhern Bildungsanstalten einen religiösen Anschauungsunterricht nötig haben, und so gewiß der rechte elementare Religionsunterricht eins der besten Bollwerke gegen Unfehlbarkeitsdogmen, gegen Atheismus und andere seelenmörderische Lügen ist — denn das Elementare, das Anschauliche ist überall das Durchschlagende, das nachhaltig Wirksame, das wahrhaft Populäre —: ebenso gewiß hat der gebildete wie der gemeine Mann einen elementaren Anschauungsunterricht vom gegenwärtigen Menschenleben und seinen gesellschaftlichen Verhältnissen nötig. Unzweifelhaft wird der Tag kommen, wo man gerade so gut über den elementaren humanistischen Realunterricht verhandeln wird, wie man jetzt über den elementaren Religionsunterricht und über den elementaren naturkundlichen Unterricht verhandelt. Ich wenigstens bin des guten Willens, diese Lücke im humanistischen Unterricht der höhern und niedern Schulen demnächst eingehend zur Sprache zu bringen — selbst auf die Gefahr hin, vor der Hand nur vor tauben Ohren oder vor schüttelnden Köpfen zu reden. In dem 2. Teil meines „Repetitoriums des naturkundlichen und humanistischen Realunterrichts" liegt sogar schon ein vollständiger Lehrgang des humanistischen Anschauungsunterrichts vor. Wenn einem ein solcher Lehrgang, sei er anfänglich auch noch sehr unvollkommen, vor der Seele steht, — erst dann fällt einem auch recht in die Augen, wie viel ungehöriger, fremder Stoff in die sog. politische Geographie eingedrungen ist. Erst auf diesem Standpunkte wird einem auch völlig klar, warum der bisherige naturkundliche Unterricht einseitig war und durch die Lehraufgabe vom Verhältnis der Natur zum Menschenleben ergänzt werden muß, nämlich auch deshalb, weil das menschliche Leben ohne Kenntnis seiner Naturunterlage nicht verstanden werden kann, — wie aber dennoch diese zweite naturkundliche Lehraufgabe von den angrenzenden Teilen des humanistischen Gebiets streng geschieden bleiben muß.

6.

These: Der naturkundliche Unterricht muß (wie der Religionsunterricht und das Rechnen) schon auf der Unterstufe beginnen, — wenn er einen nennenswerten Ertrag liefern soll.

Bemerkung: Vieles in diesem Lehrfache ist gerade eine sehr passende Lektion für die unteren Stufen. Soll nun das, was dort am Platze sein würde, erst auf der Oberstufe vorgenommen werden, so kommt es den Schülern langweilig vor und verleidet ihnen den Gegenstand. Das hat dann die weitere Folge, daß jetzt auch hier wenig gelernt wird.

In der Volks- und Bürgerschule hat der Bildungserwerb auf dem naturkundlichen Gebiete viel Ähnlichkeit mit dem Vermögenserwerb des Bauers und der Kleinwirtschaft überhaupt. Auf große geschäftliche Unternehmungen und Spekulationen, wo mit einem Schlage und mit verhältnismäßig geringer Mühe bedeutende Summen gewonnen werden können, darf sich der Bauer nicht einlassen. Er muß das Kleine — den Groschen, ja den Pfennig — zu schätzen wissen; und sein Weg ist der, auf das Erwerben im kleinen und kleinsten und ebenso auf das Sparen (Behalten) im kleinen und kleinsten bedacht zu sein. Das ist zwar bei allen Wirtschaftsarten nützlich, aber beim Kleingewerbe ist es notwendig. Ein Bauer, der das nicht weiß oder nicht befolgt, wird nie auf einen grünen Zweig kommen. Gerade so ist es in den niedern Schulen mit dem naturkundlichen Unterricht. Hier gilt es, von unten an auf unterrichtlichen Kleingewinn bedacht zu sein, und denselben bis oben hinauf sorgfältig zusammenzusparen. Geschieht das nicht und zwar von unten an, so ist es beinahe gleichgültig, ob man auf der Oberstufe sich mit Naturkunde befaßt; denn was dann hier noch geschehen kann, ist kein eigentliches Lernen, keine Bildungsarbeit, sondern gleichsam ein Spazierengehen durch einige Partieen der Natur. Das mag amüsant sein, oder — wenn par force nachgeholt werden soll, was in Vorsorge und Ausdauer versäumt worden ist — vielleicht auch beschwerlich genug: aber ein Bildungsgewinn ist weder in dem einen, noch in dem andern Falle zu hoffen. Umgekehrt, wenn der Kleinerwerb von unten auf sorgsam getrieben und das Erworbene sparsam zusammengehalten und mit Überlegung didaktisch-wirtschaftlich verwertet worden ist: so wird sich schließlich ein Kenntnis- und Bildungskapital ergeben, das sich sehen lassen darf und vielleicht ansehnlicher ist als in jedem andern Lehrfache.

7.

These: Beim naturkundlichen Unterricht müssen mehr, als es bisher geschehen ist, die Erfahrungskenntnisse der Kinder mit verwertet werden.

Bemerkung: Die Naturkunde hat vor allen andern Lehrfächern einen namhaften Vorteil. Es ist der. Außerhalb der Schule sind die Kinder mitten in die Natur hineingestellt — auch was man „Stadt“

nennt, gehört materiell zur Natur, nur sind diese Naturdinge durch die Hände der Menschen hindurchgegangen —: wenn sie daher halbwegs offene Sinne haben, so lernen sie vieles ohne Lehrer und Unterricht. Das kommt zwar hinsichtlich der „freien“ Natur vornehmlich den Landkindern zu gut; doch auch die Stadtschüler gehen nicht leer aus, denn hinsichtlich der mannigfachen Verwertung der Naturgüter stehen gerade sie im Vorteil. Der bisherige naturkundliche Unterricht hat diese Eigentümlichkeit seines Lehrfaches nicht genug beachtet. Gerade da, wo er ernstlich betrieben wurde, legte man allen Fleiß auf schulmäßig-genaue Einzelbeschreibung und regelrechte Klassifikation, vielleicht in der Oberklasse auch noch auf mühsames Erklären astronomischer und physikalischer Erscheinungen. Das war eben eine zu einseitige Verfolgung der ersten Lehraufgabe, Betrachtung der Natur an sich: dabei fehlte zur Verwendung der Erfahrungskenntnisse sowohl die passende Gelegenheit, als der nötige Raum. Wo man dagegen auch die zweite Lehraufgabe, Betrachtung der Naturbenutzung, gebührend berücksichtigt und dann für beide Aufgaben auch das notizmäßige Lernen mit zu seinem Rechte kommen läßt: so wird sich zeigen, daß hier nicht bloß in der Schule für das Leben, sondern auch im Leben für die Schule gelernt werden kann. Und wenn die Heranziehung der Erfahrungskenntnisse von unten an geschieht, und die Beobachtungsgabe durch das schulmäßige Lernen fortwährend geschärft wird, so kann es nicht fehlen, daß das Erfahrungslernen noch bedeutend sich steigert. Ich glaube in der That, daß der Beitrag, den das Erfahrungslernen zu leisten vermag — ein richtiges schulmäßiges Lernen daneben vorausgesetzt — nicht leicht zu hoch angeschlagen werden kann. Um diesen Beitrag wirklich zu bekommen und recht zu verwerten, dazu sind freilich auch geeignete Lehrhülfsmittel erforderlich: das Lesebuch und das Frageheft müssen für diesen Dienst sorgfältig eingerichtet sein. Wer mein „Repetitorium“ genauer geprüft hat, wird ihm das Zeugnis nicht versagen, daß diese wichtige Seite seiner Aufgabe mit allem Fleiß berücksichtigt worden ist.

Zur Belebung des Erfahrungslernens möchte ich im Vorbeigehen folgende Einrichtung empfehlen. Man weise die Kinder an — auch die auf der Unterstufe — unbekannte Pflanzen und Mineralien, die sie finden und gern kennen lernen wollen, mit zur Schule zu bringen und dann vor Beginn des Unterrichtes oder in der freien Viertelstunde oder nach Beendigung der Schulstunden sich vom Lehrer den Namen sagen zu lassen. Zuweilen mag von größeren Schülern auch ein Tier (Käfer, Schmetterling u. s. w.) mitgebracht werden; — aus mancherlei Gründen ist jedoch hierin Maß zu halten, namentlich auch deshalb, damit nicht eine Käfer- und

Schmetterlingsjägerei entsteht. Die schreibfertigen Kinder haben von den auf diese Weise gelernten Naturkörpern ein Verzeichnis anzulegen; die geförderteren fügen dem Namen auch irgend ein Merkmal bei. Dieses Lernen muß aber möglichst als ein freiwilliges behandelt werden; nur bei den entschieden Trägen mag ein imperativer Druck angebracht sein, etwa so, daß wenigstens ein Minimum von ihnen gefordert wird. Ferner ist darauf zu achten, daß die Kleineren und Schwächeren jedesmal nicht mehr als einen einzigen Naturkörper mitbringen; auf den höheren Stufen und bei den Begabteren kann ein größerer Spielraum gewährt werden. Wenn dieses nebenhergehende freiwillige Lernen einmal im Gange ist — von unten auf — so wird der Lehrer die erfreuliche Wahrnehmung machen, daß er für seine zweite Stoffreihe (für das notizmäßige Lernen) eine bedeutende Hülfe bekommen hat, und ihm hier vielleicht nur übrig bleibt, hinsichtlich der Kulturpflanzen und der andern Nutzkörper etwas nachzuhelfen. Freilich gestaltet sich diese Einrichtung gleichsam zu einem fortgehenden Examen für den Lehrer selber; und wer nicht mehr Kenntnisse in den drei Naturreichen besitzt, als der Seminarunterricht mitzugeben pflegt, wird dabei schlecht bestehen. Daraus will aber nicht gefolgert sein, daß dieses freiwillige Lernen überflüssig sei, sondern daß der Präparanden- und Seminarunterricht verbessert werden müsse. — Einen wichtigen Umstand dürfen wir bei dieser Einrichtung nicht übersehen. Mancher Leser wird vielleicht denken, in schülerreichen Klassen könne einem ein solcher Nebenunterricht doch zuweilen über den Kopf wachsen. Im Anfang kann es allerdings vorkommen, daß mitunter die Zeit des Lehrers etwas stark in Anspruch genommen wird: dann nehme er getrost eine Unterrichtsstunde zu Hülfe. Im Verfolg, namentlich vom zweiten Jahre an, nimmt indessen die Sache eine Wendung, an die wohl nicht jeder sofort gedacht hat, obwohl sie eigentlich auf der Hand liegt. In dem Maße nämlich, als die älteren und eifrigeren Schüler in der Natur ihrer Gegend bewandert werden, kommt unter den Kindern selbst ein Lehren und Lernen in Gang, indem die Fragenden sich zunächst an ihre kundigeren Mitschüler wenden. Ist dieses Stadium erreicht, so wird der Lehrer sich verhältnismäßig wenig behelligt sehen. Diese Wirkungen der Einrichtung — nämlich der Lehrverkehr unter den Kindern und dann die größere Freude an der Sache, die sich bald spürbar macht — wollen mir fast ebenso wichtig scheinen als der positive Kenntniserwerb, obwohl der letztere mitunter recht erfreulich ausfällt. Es sind mir Schüler vorgekommen, die im ersten Sommer über 100 und im zweiten über 200 Pflanzenspecies auf diesem Nebenwege kennen gelernt hatten; andere waren freilich über den Minimalsatz nicht hinausgekommen.

8.

These: Die Unterweisung geschehe stets zuerst durch das freie mündliche Wort, nicht durch ein Buch; — kein Stück Papier, sondern eine lebendige Person soll Lehrer sein.

Bemerkung: Die Naturkunde will bekanntlich nicht durch Hörensagen, sondern aus der Natur, durch eigenes Anschauen gelernt sein. Die Unmündigen bedürfen aber zu diesem Lernen der Anleitung, und wenn dasselbe nicht auf bloße Kenntnisse, sondern auf Bildung zielt, so muß die Anleitung zu dem sich erweitern, was wir kurzweg schulmäßigen oder bildenden Unterricht nennen.

In der naturkundlichen Unterrichts- und Lernarbeit lassen sich (wie bei jedem andern Wissensfache) innerhalb jeder Lektion drei Stadien unterscheiden: das der Anschauung, das der Einprägung und das der freien Reproduktion.

Im ersten Stadium besteht die Lehrthätigkeit im Vorführen und Erklären des Lehrstoffes — durch Zeigen und Zeichnen, durch Sprechen und Sprechenlassen. Das Ziel ist: anschauliches Verständnis. Um einen kurzen Ausdruck zu haben, wollen wir diesen ersten Teil der Lektion das Stadium der Anschauung nennen. (Vielleicht läßt sich ein besserer Name dafür finden; wenn aber Schleiermacher recht hat, daß „wahre Wissenschaft" nichts anderes als „vollendete Anschauung" sei, so wird jener Ausdruck wohl passieren können.)

Im zweiten Stadium besteht die Lehr- und Lernarbeit vornehmlich im Wiederholen; das Ziel ist: Befestigung des im ersten Stadium Gelernten. Dabei braucht nicht ausgeschlossen zu sein, daß nebenbei der Blick noch etwas geklärt oder erweitert werde. Der Hauptzweck ist aber das Einprägen, und die Hauptarbeit das Wiederholen: daher läßt sich dieses Stadium als das der Wiederholung oder des Einprägens charakterisieren.

Im dritten Stadium soll sich zeigen, ob das Gelernte wirklich ein freies Eigentum des Schülers geworden ist. Die Arbeit fällt daher hauptsächlich dem Schüler zu und besteht wesentlich in der freien Reproduktion des Gelernten. Des Lehrers Thätigkeit beschränkt sich auf die Prüfung und etwaige Korrektur. Das Reproduzieren kann in verschiedener Gestalt auftreten; material verschieden: indem entweder das Gelernte schlichtweg wiedergegeben, oder aber in irgend einer Weise durchgearbeitet und umgeformt wird; formal verschieden: entweder in zusammenhängender Darstellung, oder antwortweise, — mündlich, oder schriftlich.

Dieses dritte Stadium wird sich demnach als das der Reproduktion bezeichnen lassen.

Die obige These hat es mit dem ersten Stadium zu thun. Sie behauptet: soweit hier durch Worte gelehrt werden muß, soll es in mündlicher, freier Rede geschehen, nicht durch ein Buch. Der Grund ist einfach der, daß der eigentümliche Zweck dieses Stadiums, das anschauliche Verständnis, eine lehrende Person fordert, und wenn dies richtig ist, daß dann diese lehrende Person in der charakteristischen persönlichen Thätigkeit, im Sprechen, sich nicht durch ein Stück Papier vertreten lassen darf. In den beiden folgenden Stadien, wo die Thätigkeit des Schülers mehr und mehr in den Vordergrund tritt und die Thätigkeit des Lehrers zurücktritt, — da werden denn auch lehrende Hülfsmittel (Lesebuch und Frageheft) zweckmäßig verwendet werden können.

9.

These: a) **Dem mündlichen Unterricht muß — im zweiten Stadium — ein (Real-) Lesebuch zur Seite treten.**

b) **Die naturkundlichen Lesestücke müssen dem Inhalt nach genau berechnet, in der Darstellung anschaulich-ausführlich und sprachlich leicht verständlich sein.**

Bemerkung: ad a) Diese These bezieht sich, wie schon angedeutet, auf das zweite Lernstadium — auf das der Repetition oder der Einprägung. Sie hebt aber von dem, was hier in Betracht kommt, nur eins hervor: das zunächst und durchaus erforderliche Lehrhülfsmittel, das Lesebuch.

Dieses Lehrhülfsmittel wird vorab gefordert durch die Aufgabe, womit es dieses zweite Lernstadium zu thun hat: das im ersten Stadium Gelernte fester einzuprägen, — und zwar aus mehr als einem Grunde. Die Repetition gilt nämlich nicht bloß der Befestigung des sachlichen Inhalts, sondern auch — was häufig übersehen wird — dem Einprägen des sprachlichen Ausdrucks. Denn dieses letztere bringt einen doppelten Vorteil: einmal den, daß mit dem Wort auch die Sache besser behalten wird, und sodann den andern, daß die Sprachbildung einen merklichen Gewinn erhält. Ein Repetieren in diesem Sinne kann aber auf keine leichtere und zweckmäßigere Weise vorgenommen werden als durch Lesen. — Das Lesebuch kommt überdies jener andern vorhin erwähnten Forderung entgegen, daß in diesem zweiten Stadium die Thätigkeit des Schülers mehr hervortreten solle. Das Lesen ist eben wesentlich eine Thätigkeit des Schülers, wobei aber wieder die hübsche Steigerung eintritt, daß beim Lesen in der Schule der Lehrer noch mitwirkt, während beim häuslichen Wiederholen der Schüler auf sich selbst angewiesen ist. — So wird also der Gebrauch eines (Real-) Lesebuches von allen Seiten empfohlen. Ohne ein solches lassen sich die genannten Zwecke nicht erreichen. In Summa: das (Real-) Lesebuch hat im naturkundlichen Unterricht genau die Stelle, welche das biblische Historienbuch im biblischen Geschichtsunterricht einnimmt.

Die Forderung der These, daß der mündliche Unterricht durch Lesen unterstützt werden müsse, gilt natürlich für alle Stufen — auch für die Unterstufe, sobald dort die nötige Lesefertigkeit erworben ist.

ad b) Die notwendigen Eigenschaften guter naturkundlicher Lesestücke lassen sich aus den vorbezeichneten Zwecken des Lesebuches leicht erkennen.

Soll das, was im mündlichen Stadium vorgekommen ist, im Lesebuche wiederholt werden können und zwar genau: so müssen die Lesestücke zum mündlichen Unterricht passen und zwar so passen, wie der Rock zum Leibe. Daraus folgt weiter, daß das Lesebuch (d. h. der naturkundliche Teil desselben) im ganzen aus dem gesamten naturkundlichen Lehrplan heraus bearbeitet und somit auch das einzelne Lesestück inhaltlich genau berechnet sein muß, — berechnet zum Anschluß an die voraufgegangene mündliche Besprechung. Jedes Mehr wie jedes Minder ist ein Fehler. — Es wird ja statthaft sein, das mündlich Durchgesprochene zuweilen im Lesestücke zu ergänzen — wenn diese Ergänzungen sofort verständlich sind —; nur muß dann erwogen werden, ob die Erweiterungen auch der Zeit nach in den Lehrrahmen passen. Passen sie nicht, so ist es besser, gesonderte Lesestücke (zum gelegentlichen oder freiwilligen Lesen) daraus zu machen.

Anschaulich-ausführlich müssen die Lesestücke sein: einmal, weil das Durchgesprochene inhaltlich genau wiederholt werden soll, und sodann, weil mit der Sache auch der sprachliche Ausdruck in abgerundeter Form eingeprägt werden soll. Es ist sogar eine größere Ausführlichkeit zulässig, wenn die besprochene Sache dadurch noch anschaulicher wird. Wohlverstanden — diese ausführlichen Lesestücke sind auch die eigentlichen Lernstücke. Kompendienartige Darstellungen, schematische Gerippe — kurz, alle Arten der Auszüge sind für die genannten Zwecke völlig untauglich; — gerade wie im bibl. Historienbuche.*)

Verständlich, von allen sprachlichen Schwierigkeiten gereinigt müssen die Lesestücke sein, weil sie sonst etwas thun, was sie

*) Dabei bleibt natürlich unbestritten, daß schematische Übersichten und dergl. an einem andern Orte (im Fragehefte) nebenbei gute Dienste leisten können.

nicht thun sollen — nämlich sich zum Lehrer aufwerfen, — aber das nicht thun, was sie gerade thun sollen — nämlich nicht der Repetition dienen: sie fallen aus ihrer Rolle und greifen in ein fremdes Amt. Sind z. B. die Sätze kompliziert, oder die Ausdrücke zu fremdartig, so muß das Lesen zu häufig durch Erläuterungen unterbrochen werden, oder aber die Schüler gewöhnen sich durch das Verschlucken von Halbverstandenem an ein oberflächliches, gedankenloses Lesen. Die sprachlichen Erklärungen aber halten die Hauptarbeit, das Lernen der Sache, auf. Lesestücke mit sprachlichen Schwierigkeiten gehören samt ihren Erläuterungen an einen andern Ort — in das sprachliche oder belletristische Lesebuch und in die sprachliche Lesestunde. Hier, in der Lesestunde für den Sachunterricht, sind sie ein Hindernis. Je einfacher, schlichter und verständlicher die naturkundlichen (wie die andern realistischen) Lesestücke sind, desto besser sind sie. Hat ihr Stil neben diesen unerläßlichen Eigenschaften auch noch die andere, daß er künstlerisch-schön — oder wie man heutzutage gern sagt: „klassisch" — ist, so kann man das willkommen heißen; aber notwendig ist diese Eigenschaft nicht. Wenn jener alte Schulmann von der lateinischen Grammatik sagte, die trockenste sei die beste, so möchte ich zwar diesen Rat nicht für das Real-Lesebuch empfehlen; aber das stehe unbeweglich fest: künstlerisch-schön stilisierte Darstellungen, die jene unerläßliche Eigenschaft ohne Hülfe des Lehrers dem Schüler verständlich zu sein vermissen lassen, sind für das Real-Lesebuch unbedingt zu verwerfen.

10.

These: Dem mündlichen Wort und dem Lesebuche muß — als Drittes im Bunde — ein Frageheft zur Seite treten.

Bemerkung: Diese These bezieht sich, wie angedeutet, auf das dritte Lernstadium, — auf das der Reproduktion (und der Verarbeitung). Es wird von dem, was hier in Betracht kommt, wiederum nur eins hervorgehoben: das erforderliche Lehrhülfsmittel.

Diese Forderung will zunächst für die Oberstufe verstanden sein. Auf den unteren Stufen ist das Ansammeln von Kenntnissen und deren Befestigung die Hauptsache; die Durcharbeitung des Gelernten samt der schriftlichen Reproduktion muß hier — aus bekannten Gründen — mehr oder weniger zurücktreten, selbst noch auf der Mittelstufe. Wie jedoch das repetierende Lesen auf keiner Stufe fehlen darf, so darf auch das repetierende Abfragen nicht fehlen, — wie jedermann weiß. Bei den Kleinen kann dieses Abfragen nur mündlich geschehen; auf der Mittelstufe werden jedoch zugleich gedruckte Fragen mit auftreten können, — und zwar nicht nur solche, die an das einzelne Lesestück sich anschließen, sondern auch summarische über einen ganzen Abschnitt. Ihre Stelle ist im Lesebuche.

Nun zur eigentlichen Sache, zum Frageheft auf der Oberstufe.

Die These behauptet, die Aufgabe des dritten Stadiums lasse sich ohne dieses Lehrhülfsmittel nicht lösen. Früher war man der Meinung — und manche halten diese Meinung auch heute noch fest — der Reproduktionsaufgabe sei genügt, wenn der Schüler geübt werde, das Gehörte und Gelesene schlichtweg mündlich und schriftlich wiederzugeben. Das ist allerdings eine Weise der Reproduktion, eine von vielen; und sie ist die einfachste und wohlfeilste. Allein sie genügt nicht, sie genügt viermal nicht; denn es handelt sich um mehr als bloße Reproduktion, es handelt sich auch um eine denkende Verarbeitung des Stoffes, also zugleich um eine Art von Produktion. Fürs erste fehlt bei jener Weise die Anleitung zu einem denkenden Reproduzieren; zum andern fehlt bei ihr der Reiz der Mannigfaltigkeit, weshalb sie in ihrer Einförmigkeit auf die Dauer langweilig wird und leicht ins Mechanische umschlägt — wie das berühmt gewordene zusammenhängende Wiedererzählen der bibl. Geschichten zeigt; zum dritten fehlt das, was man mit dem Wort „Aufgaben“ im engern Sinne zu bezeichnen pflegt, die erweiternde Anwendung; und endlich fehlt die rechte Anleitung zur sprachlichen Umformung. Was hier nun vermißt wird, das leisten eben die Fragen, aber auch nur die Fragen.

Beim Rechnen sind bekanntlich die Fragehefte seit langem im Gebrauch; die sog. Aufgaben sind eben Fragen. Freilich enthalten sie nur eine Art von Fragen, Reflexionsfragen, und von diesen nur eine gewisse Sorte; die andern Arten der Reflexionsfragen und die reinen Wiederholungsfragen fehlen. Immerhin hätte man aber von dorther darauf aufmerksam werden können, daß ein Frage- und Aufgabenheft in allen Lehrfächern zweckmäßig ist. Nachgerade beginnt diese Einsicht auch immer mehr durchzudringen: es giebt schon viele naturkundliche und geographische Lehrbücher, wo den einzelnen Lektionen Repetitions- und andere Fragen beigegeben sind. Selbst das Lehrbuch der Logik, Ethik und Psychologie von Dr. Hollenberg, das für die obern Gymnasialklassen bestimmt ist, verschmäht dieses Hülfsmittel nicht; und im Vorwort bemerkt der Verfasser, anstatt irgend einen Grund für diese Einrichtung anzuführen, ganz einfach: „Es ist eine jetzt nicht mehr zweifelhafte Sache, daß man zu Nutz und Frommen der Schüler ihnen eine Anzahl von Fragen in die Hand zu geben hat.“ Denjenigen Lehrern, welche einige Jahre lang das biblische Enchiridion gebraucht haben, ist die Sache gewiß nicht mehr zweifelhaft.*)

Man wolle übrigens die obige These recht verstehen. Sie behauptet nicht bloß die Zweckmäßigkeit eines naturkundlichen Frageheftes für die Oberklasse — diese Einsicht wird vorausgesetzt, — sondern schlechthin die Notwendigkeit, falls man anders die volle Durcharbeitung und die volle sprachliche Verwertung des Lernstoffes im Sinne hat — und das sollte von Rechts wegen überall und immer der Fall sein. Jedes der genannten drei Lehrmittel — das mündliche Wort, das Lesebuch und das Repetitorium — hat seine eigentümliche Gabe und seine eigentümliche Aufgabe. Eine Stellvertretung des einen Mittels durch das andere ist nicht möglich; Äquivalente giebt es hier nicht. Das mündliche Wort dient vornehmlich dem richtigen Auffassen (Verstehen) der Sache, — das Lesebuch dem Wiederholen (Einprägen) des Gelernten, — das Frageheft zwar auch dem Einprägen, hauptsächlich aber der Durcharbeitung und Reproduktion. So hinsichtlich des sachlichen Lernens. Gerade so verhalten sich die drei Lehrmittel auch zu der an diesem Gegenstande zu erwerbenden Sprachbildung: jedes dient ihr in eigentümlicher Weise, — wobei dem Fragehefte die wichtige Aufgabe zufällt, das Hauptlehrmittel im freien Reden und Aufsatzschreiben zu sein. Es wird *manchem wunderlich* klingen und ist doch buchstäblich wahr: was man *so lange gesucht* hat — ein gutes Aufgabenbuch für die Sprachkunst in der Volksschule — aber innerhalb des isolierten sprachlichen Gebietes noch nicht zu stande gebracht hat und dort auch niemals zu stande bringen wird, das ist der Hauptsache nach in einem richtigen Fragehefte gleichsam von selbst gefunden. Natürlich meine ich nicht das naturkundliche Frageheft allein, sondern alle drei — das biblische, das humanistische und das naturkundliche — in ihrer vereinten Wirkung für die Sprachbildung.

Es mag mitunter Schulen geben, die aus Armut oder wegen anderer Hindernisse sich jene drei Lehrmittel nicht vollaus zu nutze machen können: hier gebricht die Zeit zu einer ausreichenden mündlichen Besprechung, dort fehlt ein gutes Lesebuch und an einem dritten Ort ein Repetitorium; — dann sind sie eben eingeschränkt. Wer keine Schuhe hat, muß barfuß gehen; und wer ein lahmes Bein hat, muß hinken: darüber ist nichts weiter zu sagen. Wo aber solche Hindernisse nicht vorhanden sind und doch von den genannten drei Lehrmitteln eins unberücksichtigt gelassen wird,

*) Eingehende Untersuchungen über diesen Punkt findet man in „Beiträge zur pädagog. Psychologie“, Ges. Schriften I, — und in: „Erstes und Zweites Wort zum Enchiridion der bibl. Gesch.,“ Ges. Schriften III, 2. Teil, Gütersloh, C. Bertelsmann.

— da muß irgendwo an der Einsicht etwas fehlen. Es ist ein schlimmes Zeichen für unsern vielgerühmten pädagogischen Fortschritt, daß noch so häufig für das volle Recht des freien mündlichen Lehrwortes plädiert werden muß — hier im Religionsunterricht, dort in der Naturkunde, hier gegen die irrende Praxis, dort gegen irrende Reglements u. s. w.; aber als ein noch bedenklicheres Zeichen will es mir scheinen, daß die Überzeugung von der Notwendigkeit eines Frage-Repetitoriums in allen Wissensfächern erst so spät und so langsam durchzudringen beginnt. In schulregimentlichen Anweisungen und Erlassen — deren wir doch fast übergenug haben — ist mir ein Hinweis auf die Zweckmäßigkeit eines Frageheftes noch niemals zu Gesicht gekommen.

---

11. Unterstufe.

These: Die Lehrweise sei die des sogen. Anschauungs- und Sprechunterrichts, aber mit einer bestimmten sachlichen Lernaufgabe.

Bemerkung: Was über die einzelnen Stufen — Unter-, Mittel- und Oberstufe — zu sagen ist, läßt sich nicht in eine einzelne These zusammendrängen. Hier wird vielmehr eine Reihe praktischer Ratschläge das angemessene sein. Die vorstehende These wolle man daher als den ersten aus einer Reihe von praktischen Winken betrachten. Dasselbe gilt von den an die Spitze gestellten Sätzen bei der Mittel- und Oberstufe.

a) Der Hinweis auf den sog. „Anschauungs- und Sprechunterricht" will sagen, daß das Lehrverfahren hier den Charakter des Vorbereitungs-Unterrichts an sich tragen soll. Das schließt vornehmlich Zweierlei in sich: erstlich muß die Besprechung nicht die Amtsmiene des exakten Unterrichts, sondern das freundlichere Gesicht der traulichen Unterhaltung zeigen. Im Zuschnitt und in der Einkleidung hat demnach das Lehrverfahren einen weiten Spielraum: die sachliche Unterweisung kann z. B. wo es paßt, an eine Erzählung sich anlehnen, oder in eine kleine Reisebeschreibung sich kleiden u. s. w. Nichtsdestoweniger muß der Lehrer stets eine bestimmte Lernaufgabe vor Augen haben, und der Lehrstoff muß ebenso genau ausgewählt sein wie auf den höheren Stufen. — Zum andern soll die Besprechung mit Fleiß darauf zielen, die Kinder zum Sprechen und zwar zum lauten, deutlichen Sprechen zu bringen. Das läßt sich aber nicht erreichen, wenn bloß der Lehrer viel spricht, auch noch nicht, wenn das einzelne Kind nur dann ans Sprechen kommt, falls es sich zum Wort meldet oder gerade die Reihe an ihm ist. Es muß vielmehr auch viel im

Chor gesprochen werden, häufig wortweise, zuweilen sogar silbenweise. Das Genauere gehört nicht hierher. Nur das sei noch bemerkt: über Pestalozzis Chorsprechen ist viel gelacht worden, und seine Stoffauswahl wie sein Verfahren mochte manches zu wünschen übrig lassen; aber es ist auch gewiß, daß dem Manne bei seinem Chorsprechen etwas im Sinne lag, was nicht alle seine Lacher begriffen haben.

Daß die Besprechung anschaulich sein und das Anschauen üben soll, versteht sich von selbst; — es versteht sich aber auch in allen Lehrgegenständen von selbst, weshalb ein gesonderter sog. „Anschauungs- und Sprechunterricht“ nicht nötig ist. Was auf den obern Stufen vorkommen soll, muß auch auf der Unterstufe vertreten sein: Religion, humanistischer Realunterricht und Naturkunde, — dazu Lesen und Singen, Schreiben und Zeichnen, Zahlen- und Raumlehre; und in allen diesen Dingen soll die Unterweisung hier den Charakter des vorbereitenden Unterrichts an sich tragen, d. h. der Form nach unterhaltend sein und auf Lösung der Zunge hinarbeiten. Wenn das nun wirklich geschieht, — welches Gebiet bleibt dann noch übrig, um dort einen besonderen sog. „Anschauungs- und Sprechunterricht“ etablieren zu können? Auf einem richtigen Lehrplan hat er keinen Raum, weil keinen Sinn: denn die Welt ist bereits verteilt. In der Geschichte der Pädagogik hat der sog. „Anschauungs-, Denk- und Sprechunterricht“ allerdings einen sehr guten Sinn, und die Männer, welche ihn seiner Zeit einführten und vertraten, haben sich um die Schule viele Verdienste erworben. Denn gerade ihr gesonderter „Anschauungs-, Denk- und Sprechunterricht“ ist es, dem wir die namhaftesten Verbesserungen in der Lehrarbeit verdanken, — zwar auf einem Umwege, aber sie sind doch da. Vorerst dies, daß die Kleinen von der Plage, sich ausschließlich mit Fertigkeitsübungen beschäftigen zu müssen, erlöst worden sind; sodann die Erkenntnis, daß die fleißige Schulung im Sprechen nicht bloß um der Bildung willen sich empfiehlt, sondern schon durch ihren fördernden Einfluß auf alles andere Lernen sich belohnt; drittens, daß die Schulmänner allmählich eingesehen haben, in allen Lehrfächern müsse die Unterweisung anschaulich sein und zum Denken und Sprechen anleiten; und viertens, daß, während der naturkundliche und humanistische Realunterricht vom Lehrplan ausgeschlossen war, doch unter der Firma „Anschauungsunterricht“ wenigstens etwas aus diesen Gebieten vorkam und zwar gerade auf der Unterstufe. Der letztere Umstand ist für unser Thema ungemein wichtig. Denn ohne Zweifel werden manche Leser über meine Forderung, daß auf der Unterstufe schon der naturkundliche und humanistische Realunterricht beginnen solle, sich nicht wenig verwundern; und doch fordere ich nichts anderes, als daß der Lehrstoff des sog. „Anschauungsunterrichts“

etwas sorgfältiger und planmäßiger ausgewählt und dann der Sache ihr richtiger Name gegeben werde. — Wo nun jene vier Fortschritte praktisch in Übung sind, da hat der isolierte „Anschauungs-, Denk- und Sprechunterricht" seinen Dienst gethan; wo das noch nicht der Fall ist, da muß man wünschen, daß er einstweilen als Ersatz und als Mahner seinen Platz behaupte.

b) Oben (in These 5) wurden im Lehrmaterial zwei Reihen unterschieden: genau zu beschreibende Körper und notizmäßig zu lernende, — auch für die Unterstufe. Das „genau" will natürlich hier nur vergleichungsweise verstanden sein: es kann sich ja nur um die auch den Kleinen augenfälligen Kennzeichen handeln. Wenn die gemerkt und behalten sind, so muß das genügen. — Bei diesem qualitativen Einschränken der Beschreibung wird es nun auch möglich, eine größere Anzahl von Naturkörpern durchzunehmen. Diese Vermehrung lasse man sich ja empfohlen sein, — weniger um der Kenntnisse willen als deshalb, damit das Lernen von vornherein einen gewissen Ruck erhalte. Denn wenn die Kleinen gewahren, daß sie vorwärts kommen, so wird Lust und Liebe zur Sache geweckt und auch dem freiwilligen Lernen noch mehr Antrieb gegeben.

c) Bei den genaueren Besprechungen muß der Lehrer neben dem einen Körper, der beschrieben werden soll, stets noch einen zweiten (zuweilen sogar noch einen dritten) zur Vergleichung heranziehen, d. h. vorzeigen. Erst die Vergleichung macht den Kindern unzweifelhaft klar, was gesehen werden soll, und was die neuen Ausdrücke, die sie hören, besagen wollen. So wird der Hauptzweck besser erreicht, der Unterricht wird lebhafter, interessanter, und die Schüler lernen zugleich mehr als einen Körper kennen.

d) Handelt es sich um die Auffassung von Formen, so muß der Lehrer stets die Kreide bei der Hand haben, um dieselben, wenn eben möglich an die Wandtafel zu zeichnen, namentlich dann, wenn es sich empfiehlt die Form in vergrößertem Maßstabe vorzuführen. Dieses Vorzeichnen ist beim naturkundlichen Unterricht eine große Hauptsache und sollte im Seminar mit Fleiß geübt werden. (So viel es geht, mögen sich auch die Kinder im Nachzeichnen versuchen.)

e) Für die schreibkundigen Schüler sind die vorgekommenen Namen und Eigenschaftsbezeichnungen jedesmal an die Wandtafel zu schreiben, um gelesen, abgeschrieben und so desto fester eingeprägt zu werden. Das ist der Anfang der naturkundlichen Aufsatzübung. Ob auch kleine Sätze gebildet werden können, mag der Lehrer selbst überlegen. Jedenfalls sind die naturkundlichen Lesestücke der Fibel zum Abschreiben und teilweise zum Auswendigschreiben zu benutzen.

f) Auch mit dem Ordnen der Kenntnisse muß auf der Unterstufe schon begonnen werden; nicht um etwas Sonderliches präsentieren zu können, sondern aus dem einfachen psychologischen Grunde, weil das Gelernte so besser behalten wird. (Einem Apotheker würde es selbst beim besten Gedächtnis übel gehen, wenn er seine zahlreichen Gläser, Töpfe und Schubladen nicht geordnet hätte. Was dort von den Sachen gilt, dasselbe gilt von den Vorstellungen im Kopfe: was in Ordnung eingereihet ist, läßt sich leicht wiederfinden.) Die volkstümlichen Klassen der Blütenpflanzen — Bäume, Sträucher, Kräuter, Gräser — hören die Kinder schon bei andern Gelegenheiten nennen. So mögen sie diese Namen auch bestimmt merken, deutlicher verstehen und zu dem genannten Zwecke gebrauchen lernen. Es steht nichts im Wege, mit den vier Klassen der Mineralien und den vier Klassen der Wirbeltiere es ebenso zu machen.

g) Noch eins, — was hier bei der Unterstufe schon erwähnt sei, aber auf jeder Stufe geschehen muß. Aus den Reproduktionsfragen, welche dem gesamten Lehrstoffe der Klasse gelten, wähle der Lehrer „Minimalfragen“ aus, d. h. solche Fragen, die auch die allerschwächsten Schüler wissen sollen und wissen können. Ihre Zahl muß daher auf das allergeringste Maß beschränkt werden. Der nächste Zweck dieser Minimalfragen ist, wie angedeutet, der, daß auch die letzten Schüler wenigstens etwas und zwar etwas Sicheres aus dem Unterricht mitnehmen. Allein auch für die begabteren und geförderteren haben sie eine Bedeutung: sie stellen sozusagen den „eisernen Kenntnisfond“ der Klasse dar, — ein festes Fundament, auf welchem das übrige Gelernte desto sicherer ruhen kann; sie sind im Gedächtnis gleichsam das, was die Nägel an der Wand sind, woran man allerlei aufhängt. Die Maßregel, wenn sie auf allen Stufen konsequent durchgeführt wird, hat überhaupt eine größere Tragweite, als es auf den ersten Blick erscheint. Grundbedingung ist jedoch, daß sie als Hebel wirken könne, nicht als Last sich fühlbar mache; — das will sagen: die Zahl der Fragen muß eine äußerst geringe sein, und wo eine solche Notiz im Verlauf des Unterrichts zuerst vorkommt, da muß sie ein für allemal fest eingeprägt werden. Je kleiner aber die Anzahl der Fragen sein soll, desto sorgfältiger geschehe die Auswahl. Auch ihre Form ist nicht gleichgültig: sie müssen kurz sein und eine knappe Antwort zulassen.*)

---

*) Von Rechts wegen sollte auch über die Veranschaulichungs-Hülfsmittel etwas gesagt werden. Eine These ist jedoch überflüssig, da niemand bezweifelt, daß die zu betrachtenden Naturkörper — wenn eben möglich — in natura vorgezeigt werden müssen. Was hier nötig wäre — nämlich eine genaue Angabe

12. Mittelstufe.

These: Während auf der Unterstufe der Unterricht hauptsächlich auf das mündliche Lehrwort sich stützen muß, kann auf der Mittelstufe auch das Lesen schon eine namhafte Hülfe gewähren; doch bedarf die Lesefertigkeit noch sehr der Übung, insbesondere auch deshalb, damit diese Hülfe später der Oberstufe vollaus zu gute kommen könne. Darum gelte es auf der Mittelstufe als ein Hauptanliegen, das Lesebuch allseitig — sachlich und sprachlich — auszunutzen.

Bemerkung: Was dieser Satz sagen will, wird noch deutlicher, wenn man auch die Oberstufe mit in Vergleich zieht, an der nämlich das charakteristisch ist, daß bei ihr auch das Frageheft in seiner vollen Bedeutung auftreten kann. Im ganzen stehen also die drei Stufen so zu einander. Obwohl um der bildenden Durcharbeitung des Lehrstoffes willen auf allen Stufen jede Lektion alle drei Lernstadien — Auffassen, Repetieren, Reproduzieren — durchmachen muß: so stehen doch nicht jeder Stufe alle drei Lehrmittel — mündliches Wort, Lesebuch, Frageheft — in gleichem Maße zu Gebote. Auf der Unterstufe ist mit gedruckten Fragen so gut wie nichts anzufangen; selbst die naturkundlichen Lesestücke beginnen nur allmählich und sehr langsam in Mitwirkung zu treten. Auf der Mittelstufe können zwar gedruckte Fragen schon ein wenig mithelfen, doch für ein Frageheft nach seiner vollen Bedeutung ist auch hier noch kein Raum; immerhin aber hat die Mittelstufe vor der Unterstufe den Vorzug, daß sie schon auf zwei Lehrmittel sich stützen kann, auf das mündliche Wort und auf das Lesebuch, — und zwar auf letzteres nach seiner ganzen Bedeutung, wenn der Lehrer diese Hülfe richtig auszunutzen versteht. Auf der Oberstufe endlich, wo auch das Frageheft auftritt, stehen nun dem Unterricht alle drei Lehrmittel zu Gebote. An dieser Sachlage will für die Praxis vor allem dies gemerkt sein, daß jede Stufe ein charakteristisches Lehrmittel hat, das insonderheit ausgenutzt werden muß, — nämlich das, welches dort zuerst nach seiner vollen Bedeutung sich darbietet. Auf der Unterstufe ist es das mündliche Wort, auf der Mittelstufe das Lesebuch und auf der Oberstufe das Frageheft.

Unsere These handelt von der Mittelstufe und zwar zunächst von ihrem Lesebuche.

---

der erforderlichen Veranschaulichungsmittel (für alle Stufen) und sodann guter Rat, wie dieselben beschafft werden können — läßt sich mit wenigen Worten nicht abmachen. Dieser Punkt bleibe daher einer besonderen Besprechung vorbehalten.

Es fragt sich nun, wie die Ausnutzung des Lesebuches (für den Realunterricht) geschehen kann, — genauer: welches die äußeren Bedingungen sind, und was beim Lehrverfahren zu beachten ist. In beiden Beziehungen trägt die landläufige Praxis schlimme Irrtümer und Fehler mit sich herum. Sie hängen mit der handwerksmäßigen (d. h. nicht auf Psychologie sich gründenden) Einführung in die Lehrkunst, worin unsere Seminare sich gefallen, zusammen. Nur das nötigste kann hier bemerkt werden, — was dann auch für die Benutzung des Lesebuches auf der Oberstufe gelten mag, da wir dort auf diesen Punkt nicht zurückkommen werden.

Die äußeren Bedingungen zur rechten Ausnutzung des Lesebuches (auf allen Stufen) sind, wie schon in These 9 erwähnt wurde, diese: Die realistischen Lesestücke müssen erstlich sachlich genau berechnet, d. i. im ganzen und einzelnen dem Lehrplan angepaßt, sodann anschaulich-ausführlich und drittens sprachlich leicht verständlich sein. Man sollte nun meinen, es gehöre nicht viel Überlegung dazu, um einzusehen, daß, wenn diese Bedingungen nicht erfüllt sind, das Lesebuch seinem Zwecke selbst im Wege steht. Nichtsdestoweniger lassen die meisten Lesebücher — um nicht zu sagen alle — in dem einen oder in dem andern Stücke viel zu wünschen übrig. Die realistischen Lesestoffe der Unter- und Mittelstufe fehlen vornehmlich gegen das erste und zweite Erfordernis (genauer Anschluß an den Lehrplan und anschauliche Ausführlichkeit). Die Lesebücher der Oberstufe dagegen leiden außerdem gewöhnlich noch an dem dritten Fehler, daß die realistischen Lesestücke mit zu vielen sprachlichen Schwierigkeiten behaftet sind. Das sind Thatsachen, die vor Augen liegen. — Allein es wird nicht nur unwissentlich gegen die genannten Bedingungen gefehlt, sondern an einer Stelle — bei dem dritten Erfordernis — geschieht es nicht selten mit vollem Bedacht: d. h. man weiß sehr wohl, daß sprachlich schwierigere Lernlesestücke nicht viel nützen können, läßt sich aber durch einen vom sprachlichen Gebiete herstammenden Irrtum verleiten, diesem besseren Wissen nicht zu folgen. Mit diesem Irrtum verhält es sich so. Um die Kinder in der Lesefertigkeit tüchtig schulen zu können, meint man vornehmlich verhältnismäßig schwierige Lesestücke nötig zu haben; die leichteren weist man ab, namentlich diejenigen, welche inhaltlich bereits bekannt — also doppelt leicht sind. In dieser Meinung stecken mehrere Fehler. Einmal scheint man nicht zu wissen, daß eine Seite der Lesefertigkeit, nämlich die richtige Betonung, gerade nur an leichteren Stücken gelernt werden kann und unter diesen wieder am besten an solchen, die dem Inhalte nach den Kindern gut bekannt sind. Zum andern wird nicht bedacht, daß die sprachlich schwierigeren Lesestoffe, soweit sie nötig sind, im sprachlichen (belletristischen) Teile des Lesebuches Raum genug haben. — Man sorge daher im realistischen Teile des Lesebuches für leicht verständliche Stücke: denn so und nur so können sie dem sachlichen Lernzwecke dienen und zugleich für die sprachliche Bildung leisten, was sie leisten sollen.

Über das rechte Lehrverfahren ist vor allem dies hervorzuheben, daß zuvor das erste Lernstadium treu absolviert sein muß, bevor zum zweiten geschritten werden darf; — mit andern Worten: daß erst die Kinder mit dem Inhalte des Lesestückes vertraut gemacht sein müssen, bevor das Lesen beginnen darf. Erst anschauen, verstehen, — dann lesen, einprägen. Kann etwas klarer und einleuchtender sein? Nichtsdestoweniger giebt es viele Lehrer, die regelmäßig mit dem Lesen beginnen und die Erläuterungen zwischenein schieben, — oder gar die letzteren erst dann eintreten lassen, wenn alles, was die Leseübung erfordert, abgemacht ist. Gelinde gesagt — ein höchst wunderliches Verfahren! Nach meiner Auffassung ist es (als Regel) nicht einmal beim belletristischen Teile des Lesebuches, in der eigentlichen Sprachstunde, statthaft, — geschweige bei realistischen Lesestücken. Wer die Geschichte dieser Unmanier nicht kennt, könnte leicht auf den argen Gedanken fallen, daß hier Bequemlichkeit oder daß etwas im Spiel sei. Er wäre aber — gewisse Fälle abgerechnet — im Irrtum. Man kann das schnell nachweisen — nämlich durch die Thatsache, daß jenes Verfahren auch bei Probelektionen, wo doch gewiß eine sorgfältige Präparation nicht gefehlt hat, zu sehen ist. Hier kommt es vor, daß der Lehrer erst das Lesestück lesen läßt, dann die Kinder auffordert, das Gelesene wiederzuerzählen, und nun zu guterletzt sich ans Erklären giebt.*) Da sind denn die drei Lernstadien allesamt gründlich verschoben: das zweite Stadium (das lesende Repetieren) ist zum ersten gemacht; das dritte (die Reproduktion) zum zweiten; und das erste (das Erklären) zum dritten. Man wolle übrigens nicht meinen, in diesem Exempel liege eine Ausartung vor. Im Gegenteil, diese Manier ist durchaus in dem einmal angenommenen Geleise geblieben. Darf das zweite Stadium zum ersten gemacht werden — ich meine: darf man, wie es so vielfach geschieht, bei realistischen Lesestücken mit dem Lesen beginnen — so ist es nur konsequent, das dritte (das Wiedererzählen) zum zweiten,

---

*) In der Sprachstunde, wenn gerade ein (sachlich und sprachlich) durchaus verständliches Stück vorliegt, und wenn die nachkommenden Erklärungen nicht eigentliche Erklärungen sind, sondern bei dieser Gelegenheit nur einige grammatische oder onomatische oder orthographische Bemerkungen angehängt werden sollen, — da ist dieses Verfahren für diesen bestimmten Fall zulässig; aber für gewöhnlich, zumal bei realistischen Lesestücken, hat es keinen Sinn.

und schließlich das erste (das Erklären) zum letzten zu machen. Freilich hätten die Fehler nun um so eher erkannt werden können. Daß es dennoch nicht geschehen ist, und daß auch die vorhin erwähnten Gebrechen der realistischen Lesestücke sich von Jahrzehnt zu Jahrzehnt fortschleppen, — weist offenbar darauf hin, daß hier etwas im Spiele sein muß, was den Leuten den Verstand still stellt, — jenes Etwas, das auch den Religionsunterricht in seinen ausgefahrenen Gleisen festhält: irgend eine von den Altvordern überkommene Tradition, der man auf Treu und Glauben folgt und die nun die Köpfe beherrscht. Und in der That, so ist es. Der deutsche Sprachunterricht, wieviel auch daran gebessert worden sein mag, steht trotz alledem unter der Herrschaft einer traditionellen falschen Ansicht von dem Wesen der Sprache und der Sprachentwicklung — die, weil sie fundamentaler Natur ist, überall verwirrend sich einmischt, namentlich auch im Realunterricht. Die erwähnten Fehler der realistischen Lesestücke und ihrer Behandlung sind nur einige praktische Ausläufer dieses traditionellen Irrtums. Weiter unten werden wir versuchen, denselben auf den Grund zu kommen. Hier muß es genügen, die praktischen Fehler gezeigt zu haben, und das Richtige zu sagen. Das Richtige ist einfach dies: Sollen die naturkundlichen Lesestücke für das sachliche wie für das sprachliche Lernen, also auch für die Leseübung, vollaus verwertet werden, so kann dies nur geschehen, wenn zuvor das mündliche Wort seine Schuldigkeit gethan hat.

Im übrigen gilt auf der Mittelstufe im wesentlichen auch das, was oben über die Unterstufe gesagt worden ist, — namentlich die Empfehlung des Vorzeichnens, des Schreibens an die Wandtafel, des Ordnens der Kenntnisse, und der Minimalfragen.

Aus dem, was auf der Mittelstufe anders sich gestalten muß, sei Folgendes angemerkt:

a) In dem Maße wie hier die Beschreibungen der Einzelkörper eingehender werden, muß sich die Zahl dieser Körper im Vergleich zur Unterstufe vermindern. Die Zahl der notizmäßig zu lernenden Körper wird dagegen bedeutend sich steigern müssen, — natürlich mit Hülfe des freiwilligen Lernens.

b) Auch aus der physischen Geographie und aus der Himmelskunde müssen ein paar Lektionen hinzutreten; doch nicht als etwas völlig Neues, denn die Unterstufe soll ebenfalls ein wenig davon Notiz nehmen.

c) Die schriftlichen Arbeiten werden hier mannigfaltiger und sollen ganz und gar in den Dienst des ordentlichen Sprachunterrichts eingehen, — d. h. einen wesentlichen Teil desselben bilden. Sofern es Beschreibungen sind, müssen sie allmählich eine aufsatzmäßige Gestalt annehmen.

13. Oberstufe.

These: Da hier die volle **Durcharbeitung** des von unten auf Gelernten eintreten kann, so muß für diese Durcharbeitung das **Frageheft** den Mittelpunkt des Unterrichts bilden, d. h. es gelte als Hauptanliegen, dieses Lehrmittel **allseitig** — sachlich und sprachlich **auszunutzen**.

Bemerkung: Warum auf der Oberstufe das Frageheft das charakteristische Lehrmittel ist und den Mittelpunkt des Unterrichts bilden soll, hat die Bemerkung über die Mittelstufe im allgemeinen schon auseinandergesetzt. Wer sich genauer davon überzeugen will, daß ein gutes Frageheft in der That diese centrale Stellung verdient — nicht das Lesebuch! — der braucht sich nur für einen Augenblick seine Bedeutung zu vergegenwärtigen. Sie setzt sich aus vier stattlichen Wertstücken zusammen.

Das erste Wertstück liegt in der allbekannten Bedeutsamkeit, welche das Fragen überhaupt beim Lehren und Lernen hat.

Das zweite darin, daß nicht etwa bloß das auf der Oberstufe neu hinzu Gelernte, sondern der naturkundliche Ertrag der gesamten Schulzeit verarbeitet werden soll, was nur mit Hülfe eines Fragehefte möglich ist.

Das dritte darin, daß die Fragen so gestellt sind, damit auch die Erfahrungskenntnisse vollaus sich geltend machen können.

Das vierte darin, daß das Frageheft als das Hauptlehrmittel für die Übung im freien Reden und Aufsatzschreiben angesehen sein will.

Im weiteren ist noch auf etwas aufmerksam zu machen, was besonders diejenigen Lehrer interessieren wird, welche befürchten, für die mündliche Unterweisung nicht Zeit genug übrig zu haben. In dem Maße wie die Schüler an Alter und Befähigung zunehmen, muß ihnen auch Raum und Gelegenheit zum selbständigen Lernen gegeben werden, — einmal damit alle ihre Kräfte in dieser Richtung wenigstens versuchen können und die Fleißigen das Lernen auch soweit lernen, daß sie nach den Schuljahren sich selbst fortzubilden imstande sind, und sodann damit auch die begabten Köpfe deutlich ans Licht kommen und ihre Gebühr empfangen.*) Auf der Oberstufe bildet daher die Anleitung zum selbständigen Lernen einen bestimmten Teil ihrer didaktischen Aufgabe. Das Frageheft kommt dieser Aufgabe in einem Maße entgegen, wie es keinem andern

*) Ich an meinem Teile glaube in der That, daß fähige und eifrige Köpfe durchweg besser in den einklassigen und wenig-klassigen Schulen untergebracht sind als in den großen Schulkasernen, wo jeder Jahrgang seine besondere Klasse hat;

Lehrhülfsmittel möglich ist. Sehr viele Fragen bedürfen eines voraufgehenden Durchsprechens nicht, — sei es, weil sie auf früher Gelerntes sich beziehen, oder weil sie Erfahrungskenntnisse herbeiholen wollen, oder endlich weil das begleitende Lesebuch die nötige Auskunft giebt.

So können denn die meisten Schüler, namentlich aber die begabteren, auch ohne Hülfe des Lehrers an der Beantwortung der Fragen sich versuchen, — sei es in schriftlicher Arbeit, oder zur Präparation. Das Frageheft ist also auch hierin dem Rechenbuche gleich. Wie nicht alle Aufgaben des Rechenbuchs im Klassenunterricht durchgesprochen zu werden brauchen, so auch nicht alle Fragen des Repetitoriums. Die fähigeren Schüler — und diese möchte ich noch einmal hervorheben — haben mithin den großen Vorteil, daß sie, von den schwächern ungehemmt, dem Klassenunterricht nach Herzenslust vorauseilen können. Es geht das zwar nicht ohne Arbeit für den Lehrer ab; allein dies ist dann auch eine augenfällig dankbare Arbeit.

Im besondern sei über die Oberstufe noch Folgendes bemerkt:

a) Der genauen Beschreibungen sollen nur einige wenige vorgenommen werden — etwa zwei bis drei Pflanzen und drei bis vier Tiere, keine Mineralien, — diese aber auch recht eingehend und vergleichend. Das muß in der Volksschule genügen. In der einklassigen Volksschule würde ich sogar eine Pflanzen- und eine Tierbeschreibung (dazu je eine ohne vorhergegangene Besprechung) für auskömmlich halten, wenn dabei viele Vergleichungen herangezogen werden. Bei solchen Beschreibungen liegt das Bildende mehr in der Genauigkeit und im Vergleichen, als in der größeren Anzahl. Erlaubt es die Zeit, so mögen aus solchen Pflanzen- und Tiergruppen, die auf den unteren Stufen nicht vorgekommen sind, einige kürzere Beschreibungen hinzutreten.

b) Was die notizmäßig zu lernenden Körper betrifft, so kann sich die Oberstufe im wesentlichen auf das freiwillige Lernen beschränken, und im übrigen auf das in den unteren Klassen Gelernte und auf die Erfahrungskenntnisse sich stützen. — Nur was hinsichtlich der Nutzkörper (und ihrer Fabrikate) rückständig geblieben ist, muß gelegentlich nachgeholt werden.

c) Alle aufsatzmäßigen schriftlichen Arbeiten, die ins Reinheft eingetragen sind, müssen (judiciös) memoriert, d. h. soweit eingeprägt werden, daß sie ziemlich geläufig frei vorgetragen werden können.

d) Um dem Leser eine ungefähre Anschauung von dem Lehrmaterial zu geben, was nach dem Sinne der vorstehenden Thesen auf der Oberstufe

---

dort können und müssen sie die eigene Flugkraft versuchen, während sie hier einerseits in die Masse der langsam fortschreitenden Schüler eingeklemmt sind und andrerseits vom Lehrer zu sehr am Gängelbande gehalten werden.

(also innerhalb der gesamten Schulzeit) vorkommen soll, will ich zum Schluß das Inhaltsverzeichnis des naturkundlichen Teils meines „Repetitoriums“ (in der Ausgabe für mehrklassige Volks- und Bürgerschulen) hierhersetzen.

Einleitung: § 1. Übersicht der Naturgebiete.

I. Vom Mineralreich:
§ 2. Beschreibung einzelner Mineralien.
§ 3. Die vier Klassen der Mineralien.
§ 4. Nutzen der Mineralien.

II. Vom Pflanzenreich:
§ 5. Beschreibung einzelner Pflanzen.
§ 6. Die Klassen der Pflanzen.
§ 7. Nutzen der Pflanzen.

III. Vom Tierreich:
§ 8. Beschreibung einzelner Tiere — nach ihrer äußern Gestalt.
§ 9. Etwas vom innern Bau des Tierleibes (Säugetiere).
§ 10. Etwas vom Leben der Tiere.
§ 11. Die Klassen der Tiere.
§ 12. Die Ordnungen der drei obern Wirbeltierklassen.
§ 13. Nutzen der Tiere.

IV. Von den Himmelskörpern:
§ 14. Der Horizont.
§ 15. Erscheinungen an Sonne, Mond und Sternen.
§ 16. Vom Kalender.

V. Von der naturkundlichen Geographie:
§ 17. Der heimatliche Anschauungskreis.
§ 18. Die Erdteile, Meere und Zonen.
§ 19. Luft und Wasser im Naturleben.

VI. Von den Kräften in der Körperwelt:
§ 20. Die physikalischen Erscheinungen im täglichen Leben.
§ 21. Erklärung einiger physikalischer Instrumente und Apparate.

Die Reihe unserer Thesen ist zu Ende. Sie bringen zwar nicht alles zur Sprache, was beim naturkundlichen Unterricht erwogen sein will, aber doch das wichtigste, — was mir am wichtigsten scheint. Auch ist bei den einzelnen Thesen durchweg nur das Nötigste bemerkt. Es werden übrigens sämtliche Kapitel der Methodik berührt: der Lehrstoff, der Lehrgang und das Lehrverfahren; und bei näherem Zusehen wird der Leser sich überzeugen, daß die Thesen auch ein geschlossenes Ganzes bilden. Nichtsdestoweniger ist es zulässig, dem einen oder andern Satze eine hervorragende Wichtigkeit beizulegen. Ich an meinem Teile sehe die wichtigste Stelle in dem Thesen-Kleeblatt (8. 9. 10.), das von der Durcharbeitung des Stoffes oder von den drei Lernstadien handelt, — nämlich einerseits von den drei Lernthätigkeiten: anschauen, einprägen und reproduzieren, und andrerseits von den drei entsprechenden Lehrmitteln: mündliches Wort, Lesebuch und Frageheft. Ihre hervorragende Bedeutung rührt daher, weil es sich hier um die unmittelbare Arbeit handelt. Was nützt es, daß die rechte Stoffauswahl und der rechte Lehrgang auf dem Papier stehen, wenn die Arbeit an diesem Stoffe und nach diesem Gange in dem einen oder andern Lernmomente mangelhaft ist. Die drei Lernthätigkeiten gehören zusammen, — keines darf unzulänglich sein oder gar fehlen; und damit keins unzulänglich sei, darum muß gesorgt werden, daß alle drei Lehrmittel da sind und vollaus Raum haben. Die Wichtigkeit der Thesen von den drei Lernstadien fällt aber noch mehr in die Augen, wenn man sich besinnt, daß das dort Gesagte allgemein, nämlich nicht bloß für die Naturkunde, sondern auch für das humanistische Gebiet und für den Religionsunterricht gilt.

Der Schluß dieses Aufsatzes wird noch drei gesonderte Betrachtungen bringen:

1. Die Hauptgebrechen des dermalen naturkundlichen Unterrichts.

2. Das Verhältnis des Sprachunterrichts zum Sachunterricht.

3. Der naturkundliche Unterricht in der einklassigen Volksschule.

Zweites Stück: Kritische Betrachtung.

Die Hauptfehler des bisherigen naturkundlichen Unterrichts.

Der erste Aufsatz hat dargelegt, was meine didaktische Anschauung über den naturkundlichen Unterricht positiv zu sagen weiß.

An der Beleuchtung der Sache würde aber etwas Wesentliches fehlen, wenn der positiven Darstellung nicht auch eine kritische Untersuchung — ein vergleichender Blick auf andere Lehrweisen — zur Seite träte. Das ist der Zweck dieses zweiten Aufsatzes.

Um der vielen und engen Beziehungen willen, welche zwischen dem Sachunterricht und dem Sprachunterricht bestehen, werden wir zwei kritische Gänge machen müssen: den einen in das Gebiet des Sachunterrichts, den andern in das Gebiet des Sprachunterrichts. Es soll jedoch nur von den Hauptfehlern die Rede sein. Diese werden uns ohnehin schon genug zu schaffen machen.

Ein vierter Aufsatz — der dann aber um so kürzer sein darf — wird das Ergebnis der positiven und kritischen Betrachtung auf die einklassige Volksschule anzuwenden versuchen.

Die Hauptfehler des bisherigen naturkundlichen Unterrichts.*)

Zuvörderst wäre wohl zu sagen, was unter der „bisherigen" Weise des naturkundlichen Unterrichts gemeint sein soll, da bekanntlich mehr als eine Lehrweise im Gebrauch ist. Statt dessen möchte ich jedoch den geneigten Leser bitten, vorderhand nur an die Weise zu denken, die in seiner Schule üblich ist. Liegt dann das, was hier als fehlerhaft nachgewiesen werden soll, bei ihm vor, so suche er sich die Kritik, wenn sie ihm einleuchtet, zu nutze zu machen, so gut es geht. Trifft sie nicht zu, so steht er sich desto besser.

Vergegenwärtigen wir uns zu dem Ende noch einmal die Einzelforderungen, welche die Thesen aufgestellt haben.

Man frage also:

A. hinsichtlich des **Lehrstoffes**: ist derselbe so ausgewählt,

1. daß er anschaulich-verständlich gemacht werden kann?
2. daß er einen Blick in die Einheit des Naturlebens eröffnet?

---

*) Anfänglich hatte ich die hier beginnenden kritischen Gänge in zwei ganz kurzen Betrachtungen ausgeführt: die Fehler waren zwar bestimmt bezeichnet, aber nur eilig beleuchtet. Ein näheres Zusehen hat mich jedoch überzeugt, daß diese knappe Form in mehrfachem Betracht unzulänglich gewesen wäre. Einerseits würden die Schwerter und Spieße, welche hinter den schlichten Thesen stecken, nicht deutlich zu Gesicht gekommen sein, und andrerseits würde es meiner Kritik an genügender Deckung gefehlt haben. Überdies mußte der kritischen Untersuchung über den Sprachunterricht, weil ihr keine positive Darstellung voraufgegangen war, eine solche eingeflochten werden. Zur rechten Zeit fiel mir auch der gute Rat ein:

Greif' niemals in ein Wespennest,
Doch wenn du greifst, so greife fest.

So sind denn aus den ursprünglichen kurzen Betrachtungen die vorliegenden eingehenden Untersuchungen geworden.

Für die Deutlichkeit ist das Mögliche geschehen; die festen Griffe wird man auch nicht vermissen.

Wie meine gesamte didaktische Ansicht, wenn sie sich ganz ausgesprochen hat, den Lesern behagen mag, kann ich natürlich nicht wissen. Eins aber wird man ihr hoffentlich zugestehen: daß sie nicht auf Aperçüs und Einfällen beruht, sondern auf reiflichem Durchdenken, Studieren und Probieren, — kurz, daß sie weiß, was sie will.

3. daß beides, die Natur an sich und ihr Verhältnis zum Menschenleben betrachtet wird?
4. daß sowohl die ausführliche Beschreibung, als auch das notizmäßige Lernen zur Anwendung kommt?
5. daß die Erfahrungskenntnisse der Kinder mit eingerechnet sind?

B. hinsichtlich des **Lehrganges**: ist derselbe so eingerichtet,
1. daß der naturkundliche Unterricht von unten auf betrieben wird?
2. daß auf jeder Stufe etwas Ganzes von Naturanschauung geboten wird?

C. hinsichtlich des **Lehrverfahrens**:
1. erstrebt dasselbe die volle Durcharbeitung des Stoffes (nach den drei Lernstadien):
   a) ein anschauliches Verstehen?
   b) ein sicheres Einprägen?
   c) ein denkendes Wiedergeben?

und sind für diese Zwecke die erforderlichen Lehrmittel im Gebrauch:
   a) ein wohlpräparierter mündlicher Unterricht?
   b) geeignete Lesebücher (auf allen Stufen)?
   c) geeignete Fragesammlungen (auf allen Stufen)?
2. Wie steht es um die Ausführung der separaten Ratschläge:
   a) um das Vorzeichnen (an die Wandtafel)?
   b) um das Vorschreiben neuer Ausdrücke?
   c) um das Ordnen der Kenntnisse?
   d) um die Minimalfragen (auf jeder Stufe)?

Ohne Zweifel wird jeder einräumen, daß ein Lehrer an der Hand dieser Fragen eine recht tüchtige Prüfung mit sich und seiner Lehrweise vornehmen kann, — vielleicht auch einräumen, daß einer, der diese Prüfung nicht scheut, in seinem naturkundlichen Unterricht, wenn derselbe der landesüblichen Weise folgt, auch ohne meine Hülfe eine stattliche Reihe von Gebrechen zu entdecken vermag.

„Sollen aber die vorstehenden Forderungen samt und sonders als Hauptsachen, und alle Fehler dawider als Hauptgebrechen gelten?“ — Wir wollen darüber nicht disputieren. Meine Meinung geht allerdings dahin, daß diese Forderungen allesamt wichtig sind, die vier separaten Winke am Schlusse nicht ausgenommen. An einem Uhrwerk wie an jeder andern Maschine müssen bekanntlich alle Teile genau zusammenwirken, wenn das beabsichtigte Resultat erzielt werden soll. Ein Lehrfach, das acht lange

Jahre hindurch in der Schule getrieben wird, ist mit seinem Lehrplan, seinen Lehrmitteln, seinen Lehr- und Lernthätigkeiten auch ein solch zusammengesetztes Werk, — nur viel komplizierter als eine Maschine. Jede didaktische Wahrheit, die dabei befolgt werden soll, bezeichnet gleichsam einen wesentlichen Werkteil, der da sein, d. i. eine unentbehrliche Kraft, die mitwirken muß. Nur der Mangel an einer psychologischen Begründung der Didaktik und die handwerksmäßige Einschulung der Seminaristen sind schuld daran, daß diese Auffassung — ich meine die Überzeugung, daß bei der Schularbeit eine gründliche Theorie und ein planmäßiges Betreiben notwendig sind — noch so wenig in unserm Stande Platz greifen will. Manche lassen sich von dieser Auffassung ablenken durch den an sich richtigen Gedanken, daß das Schulwerk doch etwas anderes sei als eine Maschine. Gewiß, die schulmäßige Lehrarbeit ist mehr als eine Maschine: die ersten mitwirkenden Kräfte sind lebendige Personen. Aber folgt daraus, daß hier die Theorie nichts zu schaffen habe, oder daß auf ein planmäßiges Verfahren nichts ankomme? Man hüte sich: hier liegen Fußangeln. Wenn an einer Maschine ein wesentliches Teilchen fehlt oder geschädigt wird, so ist es unmöglich, daß einer sich in die Täuschung einwiegen lasse, die beabsichtigte Wirkung werde sich doch finden: der Fehler macht sich eben sofort bemerklich, vielleicht dadurch, daß die Maschine völlig still stehen bleibt. Wenn aber in der Schule der Lehrer lehrt und die Kinder anscheinend lernen, so ist das Schulwerk zwar im Gange: aber es sind schlimme Täuschungen möglich. Der Lehrer lehrt, aber er lehrt vielleicht nicht anschaulich, — oder sorgt nicht für das Einprägen, — oder nicht für ein denkendes Wiedergeben. Und wenn es um diese Hauptstücke des Lehrverfahrens gut steht, so gebricht vielleicht etwas an der Stoffauswahl, oder an dem Lehrgange. So könnte viel, sehr viel fehlen und doch, weil die Schularbeit äußerlich ihren Gang geht, der Lehrer samt den Zuschauern eine Zeitlang der Meinung sich hingeben, am Resultat werde nichts fehlen. In Wirklichkeit wird es sich aber ganz anders verhalten: so viele didaktische Wahrheiten übersehen worden sind, so viele Kräfte bleiben außer Dienst, und so viele Lücken und Mängel werden im Ergebnis vorhanden sein, wenn es den Beteiligten auch nicht völlig zum Bewußtsein kommt. Es ist purer Leichtsinn oder Verstandlosigkeit, wenn ein Lehrer in einem Unterrichtsfache sich an die Arbeit giebt, ohne sich bemüht zu haben, alle wesentlichen didaktischen Wahrheiten sich klar zu machen und durch planmäßige Einrichtungen und Mittel für ihren Vollzug zu sorgen. Wie viel Kraft ist schon verloren, wenn in der Naturkunde z. B. bloß die erforderlichen Lesestücke oder die Minimalfragen fehlen! Wenn die Gewerbsleute, die ein Fabrikgeschäft beginnen wollen, sich so leichtsinnig und verstandlos ans Werk geben, wie es leider manche Lehrer in dem einen oder andern Fache thun, so würden sie in der allerkürzesten Zeit Bankrott machen. —

Ich halte daher dafür: man thut wohl, die vorbezeichneten Wahrheiten allesamt als Hauptsachen zu behandeln. Damit kann jedoch wohl bestehen, daß einige derselben eine größere Wichtigkeit haben als andere. So kommt gewiß den Sätzen, die von der dreifachen Durcharbeitung des Lehrstoffes und von den dazu erforderlichen drei Lehrmitteln handeln, die allererste Stelle zu, — wie auch schon im ersten Artikel erwähnt wurde. Wenn daher nachgewiesen würde, daß in den meisten Schulen einer Gegend z. B. das mündliche Lehrwort nicht zu seinem Rechte kommt, — sei es, daß die Seminaristen nicht genug darauf vorbereitet sind, oder daß die Lehrer sich nicht ausreichend darauf präparieren, oder daß es nicht an der rechten Stelle steht, oder daß ihm nicht die nötige Zeit gegönnt wird; — oder wenn nachgewiesen würde, daß dem Einprägen nicht sein Recht geschieht, — sei es, daß die einzelnen Stufen nicht mit den geeigneten Lesestoffen versorgt sind, oder daß die Lesestücke an einem der bezeichneten Gebrechen leiden, oder daß sie nicht gebührend benutzt werden; — oder wenn drittens nachgewiesen würde, daß das denkende Reproduzieren nicht zu seinem Rechte kommt, — sei es, daß die erforderlichen Reproduktionsfragen für die verschiedenen Stufen nicht beschafft sind, oder daß sie nicht in der rechten Weise verwertet werden: so würde damit unstreitig nachgewiesen sein, daß in dieser Gegend der naturkundliche Unterricht an wirklichen Hauptgebrechen krankt und deshalb in seinen Ergebnissen weit hinter dem wünschenswerten Ziele zurückbleiben muß.

Indessen — dies ist immer noch nicht genau das, was die Überschrift im Auge hat. Was ich meine, ist vielmehr dies.

Es können in einem Lande irrige didaktische Losungen im Kurs sein, von denen jede einzelne eine ganze Reihe von Wahrheiten verdeckt oder beiseite schiebt. Sie sind um so gefährlicher, wenn sie so klingen, als ob sie unantastbare Wahrheit enthielten. Auf dem Gebiete des naturkundlichen Unterrichts sind in der That solche starke Irrtümer im Umlauf. Sie werden nicht bloß geglaubt, sondern wie Heiligtümer bewacht.

Diese Irrtümer sind es vornehmlich, welche unsere Überschrift im Sinne hat. — Sollte dem einen oder dem andern Leser die Überraschung widerfahren, irgend einen seiner bisherigen Lieblingssätze hier auf den Index der didaktischen Ketzereien gesetzt zu sehen, so wird er hoffentlich weder der Wahrheit, noch ihrem Verkündiger zürnen.

---

1. Der erste Fehler.

Als die schlimmste jener irreführenden Losungen klage ich den allbekannten Satz an:

„Der naturkundliche Unterricht muß an das **Lesebuch** sich anschließen und darin seinen Mittelpunkt haben.“

Ohne Zweifel werden nicht wenige Leser über diese Anklage stutzen, und das um so mehr, da es ihnen vielleicht vorkommt, als ob die These 9 dasselbe gefordert hätte. (Letztere Meinung ist irrig, wie schon der Wortlaut zeigen kann, und wie weiter unten sich noch deutlicher zeigen wird.) Allerdings spricht jener Satz auch eine solide Wahrheit aus; — er will sagen: beim naturkundlichen Unterricht der Volksschule ist nicht ein kompendiöser „Leitfaden“, sondern ein Lehrbuch, das zugleich als Lesebuch dienen kann, das rechte Lehrmittel. Dieser einen Wahrheit verdankt er seinen guten Klang, und soweit stimmt er mit der These 9 überein. Daneben aber schiebt er andere, nicht minder wichtige Wahrheiten beiseite — und zwar nicht durch eine ungeschickte Ausdrucksweise, sondern mit Bewußtsein, mit Absicht. Mit einem Wort: hinter ihm steht eine grundverkehrte didaktische Anschauung von außerordentlicher Tragweite. Jener Satz ist nur eine praktische Spitze dieser Anschauung, einer ihrer Ausläufer. Aus seinem Wortlaute läßt sich daher sein voller Sinn nicht erkennen. Wir werden ihn aber bald finden, wenn wir uns nach seiner Genesis — d. i. nach seiner Herkunft und Verwandtschaft — erkundigen.

Er hat der Quellen zwei. Zur Hälfte stammt er aus einer Reflexion, die in ihrem Ausgangspunkte richtig war, aber auf ihrem weiteren Wege in die Irre geriet. Zur andern Hälfte stammt er aus einer alten, von Haus aus verkehrten Tradition.

Die Reflexion ist jüngern Datums und läßt sich am schnellsten sagen; darum wollen wir mit ihr beginnen.

Sie dreht sich in ihrem Ausgangspunkte um die Frage: ob die Volksschule naturkundlichen Unterricht zu erteilen habe. Die Autoren jenes Satzes haben sich mit Recht vorgehalten, daß in der Volksschule, namentlich in der einklassigen, für die Naturkunde wenig Zeit übrig sei. Zu einem resoluten Ja konnten sie sich daher nicht entschließen. Resolut Nein zu sagen, paßte ihnen auch nicht. So fielen sie denn darauf, zwischen Ja und Nein einen Mittelweg zu suchen, — oder vielmehr erst Ja und dann wieder Nein zu sagen. Ihre Formel lautete nun so:

„Die Volksschule, auch die einklassige, soll ja Naturkunde treiben, aber — nicht als **selbständigen** Lehrgegenstand.“

Von alters her geht das Sprichwort: Ja und Nein sei eine schlechte Theologie. Ich glaube, es läßt sich daraus auch keine gute Pädagogik machen. Die Formel lautet offenbar wie jener bekannte Rat: Wasche den Pelz, aber mache ihn nicht naß; — oder wie die berühmte Losung der Echternacher Prozession: Drei Schritte vorwärts und einen wieder zurück. Doch besehen wir die Formel genauer.

Wenn einer sagt: „die Volksschule soll ja Naturkunde treiben," — wie wird man von Rechts wegen diese Forderung verstehen müssen? Natürlich so: der naturkundliche Unterricht soll in der Weise erteilt werden, daß er Nutzen schafft, — nicht zum Spaß, sondern um der Bildung willen; kurz, wie jeder andere Lehrgegenstand. Wie werden denn die andern Lehrgegenstände — die Wissensfächer, die hier zunächst in Vergleich kommen können — betrieben? Es wird, wie z. B. am Religionsunterricht zu sehen, so viel Stoff ausgewählt, als die Schule glaubt verarbeiten zu können, und in solcher Beschaffenheit, wie ein elementarer oder Anschauungs-Lehrgang es fordert. Sodann wird der Unterricht von unten auf in Gang gebracht und der Lehrstoff auf jeder Stufe regelrecht durchgearbeitet — nämlich, wo man den vollen Begriff der Durcharbeitung gewonnen hat, durchs mündliche Lehrwort anschaulich-verständlich gemacht, mit Hülfe des Lesebuches fest eingeprägt und an der Hand geeigneter Fragen denkend reproduziert. In dieser Weise also würde die Naturkunde in der Schule auftreten müssen, wenn sie im Sinne eines bildenden Unterrichts betrieben werden soll.

Läßt sich da etwas ändern, ohne der Bildung Abbruch zu thun? — Meine Didaktik sagt Nein.

Was will es nun heißen, wenn jene Formel sagt: „die Naturkunde soll nicht als selbständiger Lehrgegenstand betrieben werden" —? So viel ist klar, daß dieser Zusatz eine Beschränkung im Sinne hat — daß an dem ordentlichen Betrieb etwas geändert, etwas abgezogen werden soll. Aber wo und was soll geändert werden? Etwa das Quantum des Lehrstoffes? Das kann nicht gemeint sein; denn der Begriff des Quantums ist ohnehin eine veränderliche Größe. Das Quantum des Lehrstoffes muß in jeder Lehranstalt und in jedem Lehrfache — auch im Religionsunterricht — genau nach der Zeit und der Leistungsfähigkeit der Schule bemessen werden; es darf nie darüber hinausgehen. — Soll denn vielleicht an der Qualität des Stoffes etwas geändert werden? Auch das kann füglich nicht gemeint sein; denn man wird schwerlich bestreiten wollen, daß der Lehrstoff anschaulich sein, die verschiedenen Naturgebiete zusammenfassen und die Benutzung der Natur berücksichtigen müsse. Beim ersten Entwurf eines Lehrplans mag es ja vorkommen, daß die Rücksicht auf die Qualitäten verleitet, das rechte Maß des Quantums zu überschreiten; aber wenn man den Fehler merkt, so steht nichts im Wege, ihn zu verbessern. Und je tiefer jemand den Begriff des Durcharbeitens faßt, desto mehr wird er darauf denken, sich kein Übermaß von Stoff aufzuladen. — Soll denn vielleicht am Lehrgange etwas geändert werden — etwa, daß die Naturkunde nicht von unten auf betrieben, oder daß auf jeder Stufe nicht etwas Ganzes geboten werden solle? Auch das läßt sich nicht annehmen; denn wenn man im Religionsunterricht mit diesen Forderungen fertig werden kann — warum nicht auch in der Naturkunde? In der Naturkunde empfiehlt sich aber das Betreiben von unten auf um so mehr, weil dadurch auch das Erfahrungslernen von unten auf in Gang kommt.

Wo kann man nun eine Beschränkung noch suchen wollen? Es bleibt nichts anderes übrig, als sie in der Durcharbeitung des Stoffes zu suchen. Aber was läßt sich da beschränken — das mündliche Lehrwort? oder das einprägende Lesen? oder die Reproduktion? Die Thesen 8—10 haben nachgewiesen, daß hier keine Subtraktion möglich ist. Die drei Lernoperationen sind — beim Kern des Lehrstoffes — absolut verbindlich: im bildenden Unterricht gehören sie samt ihren drei Lehrmitteln ebenso notwendig zusammen, wie beim leiblichen Ernähren und Wachsen die drei Organe des Verdauens, des Atmens und des Blutumlaufs. Man sollte also denken, die Autoren jener Formel vom „nicht selbständigen" naturkundlichen Unterricht würden an dieser Stelle stutzig geworden sein und gemerkt haben, daß hier für die gesuchte Beschränkung kein Durchkommen sei. Nichtsdestoweniger haben sie sich nicht abschrecken lassen: sie meinen in der That, einen Ausweg entdeckt zu haben. Sie sagen — und hier treffen wir denn endlich den oben angeklagten Satz — sie sagen:

> „der naturkundliche Unterricht soll an das Lesebuch sich anschließen und darin seinen Mittelpunkt haben."

Jetzt ist diese Losung uns schon um vieles klarer. Aus dem Vordersatze: „die Naturkunde soll nicht als selbständiger Lehrgegenstand betrieben werden," ging so viel hervor, daß er eine Beschränkung im Sinne hat. Was an dem rätselhaften Ausdrucke „nicht selbständig" noch dunkel war, hat der Nachsatz: „der naturkundliche Unterricht soll an das Lesebuch sich anschließen," dahin aufgehellt, daß diese Beschränkung an der Durcharbeitung des Stoffes gesucht werden soll, also bei den drei Lernstadien.

Jetzt wird sich auch unschwer ermitteln lassen, was in der Durcharbeitung des Stoffes gemindert werden soll.

bleiben soll, wie deutlich gesagt ist, das zweite Stadium, das Lesen. Dieses wird hervorgehoben, betont. Das Einprägen, soweit es vom Lesen abhängt, könnte demnach wohl seine volle Gebühr empfangen. -- Wie es mit dem dritten Stadium, dem denkenden Reproduzieren, gehalten werden soll, ist nicht deutlich zu ersehen. Wir dürfen jedoch annehmen, daß die Vertreter jener Losung es damit so gut gemeint haben, wie sie es verstanden. Freilich haben sie die Bedingungen des denkenden Reproduzierens nicht völlig verstanden, denn von einer Fragesammlung, wie sie doch hierbei nötig ist, hört man bei ihnen nichts. Die Annahme, daß sie zwar nichts davon gesagt, wohl aber daran gedacht hätten, ist nicht statthaft; denn wenn sie ja daran gedacht hätten, so würden sie in ihrer Formel nicht bloß das Lesebuch erwähnt, sondern dieselbe dahin erweitert haben: der naturkundliche Unterricht muß auf das Lesebuch und auf eine wohlberechnete Fragesammlung sich stützen. Es ist somit unbestreitbar, daß bei jener Formel die dritte Lernoperation empfindlich zu kurz kommt. — Am schlimmsten ergeht es jedoch dem ersten Lernstadium, dem anschaulichen Verstehen. Was zu dem Zwecke geschehen soll, darüber sprechen die betreffenden Schriften und schulregimentlichen Anweisungen unmißverständlich sich aus. Nicht die mündliche Unterweisung, sondern das Lesebuch soll das Hauptlehrmittel bilden; nicht das Hören, sondern das Lesen soll die Hauptthätigkeit des Schülers sein. Das mündliche Lehrwort hat — wie es z. B. im preußischen Regulativ I, S. 37 heißt — weiter nichts zu thun, als die Lesestücke zu „erläutern" und zu „ergänzen". Indem nun diese Erläuterungen und Ergänzungen zwischen die Leseübung sich einschieben — denn es soll ja Zeit gespart werden — so wird also das erste Stadium beim zweiten untergebracht: es fällt mit diesem in eins zusammen. —

Der Sinn des Losungswortes „Anschluß an das Lesebuch" ist jetzt vollständig klar. Es will eine Beschränkung und zwar eine Beschränkung in der Durcharbeitung des Stoffes, und will sie ermöglichen durch das Verschmelzen des ersten und zweiten Lernstadiums.

Damit ist auch klargestellt, daß zwischen dieser Losung und unserer These 9 eine große Kluft liegt. Diese These bezeichnet allerdings das naturkundliche Lesebuch für ein absolut notwendiges Lehrmittel, aber für das Einprägen — unter der Voraussetzung, daß das mündliche Lehrwort als erstes Lehrmittel voraufgeht und eine Fragesammlung als drittes Lehrmittel nachfolgt. Überdies weist die These 8 dem mündlichen Lehrwort eine viel umfassendere Aufgabe zu als die, den Lesestoff zu „erläutern" und zu „ergänzen", und nimmt darum ein besonderes

Stadium für dasselbe in Anspruch. In diesem ersten Stadium soll alles geboten werden, was zum anschaulichen Verstehen und zur Weckung des Interesses nötig ist; — was aber eben nur durch das lebendige Wort geschehen kann. Der Unterschied zwischen der von mir empfohlenen Lehrweise, welche das mündliche Lehrwort in sein volles Recht einsetzt, und jener andern, wonach es nur nebenbei sich hören lassen darf, ist demnach so groß, daß er kaum größer sein kann. Bei der unverantwortlichen Zurücksetzung, welche das mündliche Lehrwort auch sonst noch, namentlich im Religionsunterricht, erfährt, ist es jedoch geboten, bei jeder Gelegenheit auf diese Verkehrtheit mit dem Finger zu zeigen. Das will ich denn auch diesmal thun. Wo die mündliche Unterweisung nur zur „Erläuterung" und „Ergänzung" der Lesestücke auftreten darf, da leidet vorab das anschauliche Verständnis in hohem Maße. Aber dieser Schade überträgt sich mehr oder weniger auch auf das einprägende Lesen und auf die Reproduktion; denn dem Lernen fehlt von vornherein die Energie des selbstthätigen Zugreifens, weil diese nur beim lebendigen Anschauen und dem dadurch angeregten Interesse sich einstellt. Endlich beruht auch das vermeintliche Zeitersparnis, wenn man genauer zusieht, auf einer Täuschung. Bei dem eilfertigen Lehren ergeht es dem Lernen, wie es einem geht, der ein wohlfeiles Kleidungsstück oder Werkzeug kauft, das übereilt fertig gemacht worden ist. Weil fort und fort daran geflickt werden muß und ebenso häufig die Benutzung sich aufgehalten sieht, so verwandelt sich der vermeintliche wohlfeile Kauf allmählich in einen recht kostspieligen. Was beim Lernen dem anschaulichen Verstehen und dem Interesse abgebrochen wird, ist in der That schwerer Zeitverlust. Wie nach dem Sprichwort „ein guter Umweg nicht verzögert", so ist auch der Lehrweg, welcher die drei Lernstadien treulich inne hält, nicht länger, sondern kürzer als der, welcher am ersten Stadium vorbeigeht. — Es mag wohl sein, daß es unter den Schulmännern, die jene angeklagte Formel angenommen haben, etliche giebt, welche die mündliche Unterweisung nicht auf „Erläuterung" und „Ergänzung" der Lesestücke beschränken, sondern ihr vor dem Lesen die volle Zeit widmen. Sie handeln dann glücklicherweise richtig, aber ihre Losung haben sie nicht verstanden.*)

*) Im Vorbeigehen muß ich einen Punkt etwas deutlicher hervorheben, als es bei der Erläuterung der Thesen geschehen ist. Weil er in den Aufsätzen über den Religionsunterricht wiederholt berührt wurde, so glaubte ich annehmen zu dürfen, meine Ansicht darüber sei den Lesern hinlänglich bekannt. Man hat mich aber darauf aufmerksam gemacht, daß eine solche Voraussetzung nicht statthaft sei.

Wie bei der biblischen Geschichte, so ist es auch beim Realunterricht nicht nötig, ja nicht eimal rätlich, sämtliche Lektionen nach allen drei Lernstadien durchzuarbeiten.

Von dem jetzt erreichten Standpunkte unserer Untersuchung aus besehen, will es einem schwer begreiflich werden, wie die didaktische Reflexion inmitten des 19. Jahrhunderts auf eine so grundverkehrte Ansicht hat geraten können. Aber noch schwerer läßt es sich begreifen, wie man dabei zugleich mit so viel Emphase von einer gründlichen Durcharbeitung des Lehrstoffes zu reden wagt. Daß eine systematische Behandlung der Naturkunde, wie sie in den höhern Schulen bräuchlich und stellenweise auch in der Volksschule experimentiert worden ist, widerraten wurde, war sehr vernünftig, denn selbst in den höhern Schulen unterliegt dieselbe auf den unteren Stufen großen Bedenken. Nicht minder berechtigt und wohlgethan war es, anstatt der kompendiösen Leitfäden ein Lesebuch zu fordern. Schien es nun bedenklich, unbedingt zu sagen: in der Volksschule soll die

---

Es ist nicht rätlich — weil sonst das freie, selbstthätige Lernen des Schülers nicht genug Raum und Antrieb erhält.

Es ist nicht nötig — einmal, weil auch Lektionen vorkommen, die weniger wichtig oder weniger schwierig sind, und sodann, weil es statthaft ist, zuweilen etwas bloß à crédit zu lehren, wie der Handelsmann zuweilen à crédit verkaufen muß.

In beschränkten Schulverhältnissen, zumal in der einklassigen Volksschule, ist das Durcharbeiten sämtlicher Lektionen nach allen drei Lernstadien auch nicht möglich. Die Einschränkung wird namentlich das mündliche Lehrwort (des ersten Stadiums) und die mündliche Reproduktion treffen. In der einklassigen Schule ist jedoch das Übel nicht so schlimm, wie es auf den ersten Blick scheint. An gelegenen Stellen kann der Lehrer die Ober- und Mittelstufe kombinieren, ebenso die Mittel- und Unterstufe. Da werden denn auch die Jüngeren schon vieles auflesen und behalten; — zudem hat dieses Vorauslernen für die fähigeren Schüler sogar einen eigentümlichen Wert.

Diese Umstände weisen alle einstimmig auf folgenden guten Rat hin:

Man teile (wie in der biblischen Geschichte, so auch im Realunterricht) die sämtlichen Lektionen des Jahreskursus in drei Haufen.

Den ersten Haufen bilden die Lektionen, welche nach allen drei Lernstadien durchgearbeitet werden sollen. Dahin gehören die wichtigeren und schwierigeren — also auch die, welche einen Lehrzweig eröffnen.

Den zweiten Haufen bilden diejenigen, bei welchen das Schullesen sich auf das Nötigste beschränken und die mündliche Reproduktion mit der schriftlichen abwechseln soll.

Den dritten Haufen bilden diejenigen, welche bloß gelesen und bloß schriftlich reproduziert werden sollen.

Das Lernen schreitet somit phalanxartig vor. Die Grundvoraussetzung ist aber, daß eben ein Kern der Lektionen durchaus regelrecht durchgenommen wird, der dann den anderen den Weg bahnen und Vorspann leisten kann.

Ein zweiter guter Rat ist der, die Lektionen möglichst kurz einzurichten, — wenn möglich so, daß das einprägende Lesen (oder ein versuchsweises schriftliches Reproduzieren) noch in derselben Stunde beginnen kann. Es ist nicht zu sagen, wie sehr das Behalten dadurch erleichtert wird, — und wie sehr es im umgekehrten Falle, wenn nämlich des Stoffes zu viel geworden ist, erschwert wird.

Naturkunde als ordentlicher Lehrgegenstand betrieben werden, so hätte wenigstens gesagt werden müssen: wenn naturkundlicher Unterricht in den Lehrplan aufgenommen werden kann, — sei es wenig oder viel — so soll er so betrieben werden, daß etwas Rechtes dabei herauskommt, nämlich formell gerade so betrieben werden wie der Religionsunterricht, d. i. von unten auf und gestützt auf alle drei Lehrmittel — auf das mündliche Lehrwort, auf das Lesebuch und auf bestimmte Reproduktionsfragen.

In der That — es ist auch nicht lediglich die Reflexion gewesen, welche den angeklagten Satz und die hinter ihm stehende didaktische Ansicht erzeugt hat. Es war eine alte irrige Tradition mit im Spiele. Durch dieselbe wurde das Überlegen von vornherein unfrei gemacht und in eine falsche Bahn gelenkt. Diese zweite, die historisch-genetische Quelle müssen wir auch noch kennen lernen. Erst dann wird uns der Grundirrtum des Realunterrichts sein ganzes Gesicht zeigen.

Werfen wir zuvörderst einen Blick auf den klar vorliegenden Entwicklungsgang der höhern Schulen. Dieser will zuerst gemerkt sein, sonst kann man sich in dem verwirrteren Entwicklungsgange der Volksschule nicht zurechtfinden.

Hinsichtlich des Realunterrichts lassen sich in der Entwicklung der höhern Schulen drei deutliche Phasen unterscheiden.

Die erste Periode, die hier gezählt zu werden verdient, begann kurz vor der Reformation — mit dem Erwachen der klassisch-philologischen Studien. Es war die Zeit, welcher die moderne Kultur und die Schulen den ersten Aufschwung verdanken, und der man daher, trotz ihrer Mängel, in der Geschichte der Kultur und der Pädagogik stets als einer großen und verdienstvollen gedenken wird. Von da an datiert es auch, daß das Lernen unter den Begriff der „Bildung“ gestellt wurde. Ihrem Charakter nach waren aber die Schulen dieser Periode wesentlich nur Sprachschulen. Von dem, was wir Realunterricht nennen, bildete nur die Mathematik einen selbständigen Lehrgegenstand, aber auch sie trat nur in den oberen Klassen und natürlich sehr dürftig auf. Hören wir darüber einen kundigen Zeugen. Karl v. Raumer sagt (Gesch. d. Päd. I): „Es muß auffallen, wie vieles im 16. Jahrhundert auf Schulen nicht gelehrt wurde. Geschichte und Geographie fehlen in den Unterrichtsplänen ganz; die Mathematik spielt eine klägliche Rolle; von Physik, Naturgeschichte kein Gedanke. Alle Kraft und Zeit wird den klassischen Sprachen, insbesondere dem Latein zugewendet.“

Das war die Periode des reinen (formalistischen) „Humanismus.“*)

*) „Um ein richtiges Urteil über den Umfang der Lehrgegenstände wie über die Methode des Lehrens im 16. Jahrhundert zu gewinnen“ — fährt v. Raumer fort —

Der Übergang vom „Humanismus" zum „Realismus" geschah aber in den Schulen über die Maßen langsam. Nicht einmal Bakon, Amos Comenius und die Philanthropen drangen durch. Erst seit Pestalozzi konnte der Realunterricht nach Stoff und Methode zu seinem vollen Rechte, d. i. zu einer selbständigen Stellung, gelangen, — n. b. in den höhern Schulen.

Um diese langsame Entwicklung zu verstehen, muß etwas beachtet werden, was gewöhnlich nicht genug hervorgehoben wird. Die Kluft zwischen dem anfänglichen, formalistischen Humanismus und dem echten Realismus, wie wir ihn jetzt verstehen, war viel größer, als es auf den ersten Blick scheint. Zwischen beide Perioden fällt eine Mittelstufe.

Mit dieser Mittelstufe, die v. Raumer die Periode des „Verbal-Realismus" nennt, verhält es sich so.

Der „Humanismus", wie er aus Italien nach Deutschland herübergekommen war, hatte zwar sein Hauptfach, den fremdsprachlichen Unterricht, in Gang gebracht; aber er verstand sich anfänglich selbst noch nicht — weder sein Ziel, die humanistische Bildung, noch seine nächste Aufgabe, das Lehren einer fremden Sprache. Man meinte nämlich, die Sprache an und für sich gebe schon die Sache, die humanistische Bildung, —

„müssen wir auch noch einen Blick in den Zustand der Universitäten thun, insbesondere ihrer philosophischen Fakultäten. In der blühendsten Zeit Wittenbergs (zur Zeit Luthers und Melanchthons), wo selbst die Fachwissenschaften — Theologie, Jurisprudenz und Medizin — dürftig genug vertreten waren, bildeten in der philosophischen Fakultät Latein, Griechisch, Hebräisch, Dialektik und Rhetorik die Hauptgegenstände, über welche man las. Im Jahre 1572 wurde zuerst ein Professor der französischen Sprache berufen. Physik las Melanchthon, ebenso Geschichtskollegien über Karions Chronik. Für Mathematik und Astronomie war Erasmus Reinhold als Professor angestellt, ein ausgezeichneter Gelehrter, der sich an Kopernikus anschloß, aber trotz seiner Tüchtigkeit wegen des allgemeinen Mangels an Liebe zum mathematischen Studium immer nur wenig Zuhörer hatte. Den besten Beweis, wie schlecht es um die Mathematik aussah, giebt die Eröffnungsrede eines Wittenbergischen Docenten der Mathematik. Er lobt die Arithmetik und bittet die Studierenden, sich nicht durch die Schwierigkeit dieser Disciplin abschrecken zu lassen. Die ersten Elemente seien leicht; die Lehre von der Multiplikation und Division verlange etwas mehr Fleiß, doch könne sie von Aufmerksamen ohne Mühe begriffen werden. Freilich gebe es schwierigere Teile der Arithmetik, — „„ich spreche aber,"" fährt er fort, „„von diesen Anfängen (den vier Species), die euch gelehrt werden und nützlich sind."" Man traut seinen Augen kaum, wenn man das liest. — Das Latein blieb, wie auf Schulen, so auch auf den Universitäten Hauptgegenstand, welcher das Griechische weit hinter sich ließ. Als Melanchthon über die Reden des Demosthenes las, hatte er nur vier Zuhörer. Unsere Zeit, sagt er in einer Einladungsschrift, ist taub für diese Autoren; kaum habe ich einige wenige Zuhörer behalten, die mich nicht verließen, um mich nicht zu betrüben."

die Sprache, ohne ihren Inhalt. „Alle Zeit und alle Kraft" — sagt v. Raumer — „wurde gewaltsam auf das Erlernen und Üben des Latein konzentriert. Grammatik ward jahrelang gelehrt, um sprachrichtig, — Dialektik, um denkrichtig, — Rhetorik, um oratorisch sprechen und schreiben, d. h. Latein sprechen und schreiben zu lehren. Durch Disputieren, Deklamieren und Aufführen der Schauspiele des Terenz übte man sich ein. Die Klassiker las man, um aus ihnen Wörter und Phrasen für das Latein-Sprechen und -Schreiben zu sammeln, ohne sich um den Inhalt zu bekümmern." —

„So finden wir die Tendenz der Schulen bei den Protestanten wie bei den Katholiken; — Trotzendorf (zu Goldberg in Schlesien), Sturm (in Straßburg), die Württemberger und Sachsen stimmen hierin mit dem Jesuitengeneral Claudius von Aquaviva überein." — Das war der Charakter des Humanismus in seiner Urperiode.

„Doch regte sich schon bei dem feiner gebildeten Erasmus etwas, was jener allgemeinen Tendenz nicht entsprach: ich möchte es den „verbalen Realismus" nennen. Erasmus verlangte nämlich, — obschon man meinen sollte, das verstehe sich von selbst — daß der Philologe manches lernen müsse, ohne das er in unzähligen Fällen die Klassiker zu verstehen

---

„Was insbesondere noch die Kleinheit des damaligen Studienkreises verrät, ist der fast gänzliche Mangel an akademischen Hülfsanstalten (Lehrmitteln). Das einzige war eine Bibliothek Aber wie armselig die damaligen Büchersammlungen bei der Teurung der Bücher gewesen sein mögen, läßt sich schon aus dem Fonds schließen, den z. B. die Universität zu Wittenberg hatte. Er betrug jährlich hundert Gulden, „„wofür die Liberei mit Büchern in allen Fakultäten und Künsten stattlich vermehrt und verbessert werden sollte."" Von andern Instituten als: Naturaliensammlungen, anatomischem Kabinett, botanischem Garten u. s. w. ist um so weniger die Rede, als solche meist kein Bedürfnis der Professoren bei solchen Vorlesungen, wie sie sie hielten, waren. Wenn ein Theologe Paul Eber über Anatomie las, so geschah das ohne Sektionen. Als eine Merkwürdigkeit wird erzählt, daß der Mediziner Dr. Schurf im Jahre 1526 eine anatomische Zergliederung des menschlichen Kopfes vorgenommen habe. Erst später wird befohlen, jährlich zwei Sektionen vorzunehmen." —

„So lehrte man Sternkunde ohne Sternwarte, Anatomie ohne Anatomieren, Botanik ohne Botanisieren, Physik ohne Instrumente, — alles aus Büchern — nach Aristoteles, Plinius, Aratus, Galenus u. a., und hinwiederum zum Verständnis der Bücher." —

„Erst allmählich entwickelte sich das Bedürfnis, nicht bloß aus Büchern eine traditionelle Naturwissenschaft zu lehren und zu lernen, sondern die Natur selbst, ohne Vermittler, zu erforschen. Auf diese Zeit möge vorläufig das über die akademischen Hülfsanstalten Gesagte hindeuten, — auf die Zeit, wo neben dem Humanismus, der im Worte als seinem Lebenselement sich bewegte, auch der Realismus sich geltend machte."

gar nicht imstande sei. Dahin rechnete er z. B. Geometrie, Arithmetik, Naturkunde. Keineswegs forderte er, der Philologe solle in allen diesen Disciplinen ein Virtuos sein, wohl aber, er solle sie nicht völlig ignorieren. Wie in so vielen gelehrten Bestrebungen und Leistungen, schloß sich Melanchthon auch in dieser Hinsicht an Erasmus an. Schon in Tübingen begnügte er sich keineswegs bloß mit philologischen Kenntnissen, studierte Physik, Mathematik, Astronomie, Geschichte, Medizin und dieser universellen Richtung blieb er zeitlebens treu." Auch Luther drang auf Berücksichtigung des Inhaltes der Klassiker, und zwar stärker noch als jene beiden. — (Vgl. v. Raumer, I. S. 180—189.)

Was diese Männer für die Schulen wünschen, war — wie wohl gemerkt sein will — keineswegs ein selbständiges Betreiben der Realfächer, sondern lediglich dies, daß die Schüler mehr in den Inhalt der Klassiker eingeführt würden. Und wenn sie den Philologen ein fleißiges Studium der Realfächer empfehlen, so hatte dies nur den Zweck, Lehrer zu gewinnen, welche die Klassiker in dieser Weise behandeln könnten. Dieses neue Lehrverfahren — das der Mittelperiode — kam aber erst im 17. Jahrhundert allmählich in Gang. Genau betrachtet, geschah jedoch bei dieser neuen Lehrweise nichts anderes, als was im Sprachunterricht von Anfang an hätte geschehen sollen: sie kann daher eigentlich nur ein verbesserter, gereinigter „Humanismus" heißen. Weil man aber meinte, damit schon Realien zu lehren, — darum nennt v. Raumer diese Zwischenperiode sehr treffend die des „verbalen" oder „Wort-Realismus". Allgemein ausgedrückt, besteht der Charakter des „Verbal-Realismus" also darin, daß der Realunterricht in und mit dem Sprachunterricht gegeben werden soll.

Bedenkt man nun, wie schwer es gehalten hat, um zu dieser Mittelstufe zu gelangen, so kann es nicht wunder nehmen, daß es noch mehr Anstrengungen und eine noch längere Wartezeit gekostet hat, um ein selbständiges Betreiben der Realfächer in den Schulen einzuführen. Erst nachdem Bakon und Amos Comenius, die darauf gedrungen hatten, fast wieder vergessen waren, — als dann die Philanthropen nochmals darauf drangen, und A. H. Francke in seinen Privatanstalten mit praktischen Versuchen voraufging — kurz, erst in der Mitte und gegen Ende des vorigen Jahrhunderts begannen die höhern Schulen nach und nach auch dem echten „Realismus" sich zu öffnen und so die dritte Entwicklungsstufe zu ersteigen. In dem berühmten Gymnasium zu Schulpforta z. B. treten erst 1773 Geographie und Geschichte im Lehrplan auf; Naturkunde auch da noch nicht. Und in den bayrischen Gymnasien waren noch zu des berühmten Philologen F. Thiersch Zeit (in den vierziger Jahren) den fremden

Sprachen wöchentlich 24 Stunden zugewiesen, während auf die sämtlichen übrigen Fächer nur 8 Stunden kamen. Trotz Pestalozzi, trotz Herbart, Mager u. a. sind auch heutzutage die alten einseitigen Gegensätze „Humanismus“ und „Realismus“ noch nicht völlig überwunden und versöhnt, — wovon aber hier nicht weiter zu reden ist. Genug, in den höhern Schulen — in den Gymnasien wie in den Realschulen, die inzwischen aufgekommen — hat die Unterrichtsentwicklung ihre dritte Periode begonnen: der Sachunterricht ist nicht mehr beim Sprachunterricht einquartiert, sondern steht auf eigenen Füßen.

Suchen wir uns jetzt im Entwicklungsgange der Volksschule zurechtzufinden.

Von den Gedankenbewegungen, die auf dem höhern Schulgebiete vom bloßen Sprachlernen zum halben Sachlernen und von diesem zum ganzen Sachlernen führten, ist die Volksschule bis zum Anfange dieses Jahrhunderts — also weit über zwei Jahrhunderte lang — wenig oder gar nicht berührt worden. Wie hätte es bei der dürftigen Bildung der Küster- und Handwerks-Schulmeister auch anders sein können? Erst als einige Geistliche und einzelne besser ausgerüstete Lehrer sich um die Vor- und Fortbildung des Volksschulstandes bekümmerten, — als dann weiter der Staat durch Errichtung von Seminarien sich dieser Aufgabe annahm — was aber in den meisten Gegenden erst im ersten Viertel dieses Jahrhunderts geschah — erst da begannen jene Gedankenbewegungen, durch Pestalozzi verstärkt und belebt, auch in die Elementarschule einzudringen. Bis dahin war dieselbe im wesentlichen nichts anderes als Religions- und Sprachschule (und für die Knaben auch wohl ein wenig Rechenschule) gewesen. Als Sprachschule beschäftigte sie sich jedoch nur mit Lesen und Abschreiben — aus den religiösen Lese- und Lernbüchern. Der Religionsunterricht, bei dem es sich doch um etwas geistig Reales handelte (in der bibl. Geschichte auch um äußere Sachen), wurde ebenfalls buchmäßig betrieben, — es wurde gelesen und auswendig gelernt. Man kann daher sagen: während die alte Volksschule ihrem Lehrmaterial und ihrem Hauptzwecke nach vornehmlich Religionsschule war, war sie der Lehrweise nach wesentlich Sprachschule: der religiöse Sachunterricht steckte im Sprachunterricht. Das sieht fast wie „Verbal-Realismus“ aus, aber es sieht auch bloß so aus: in Wahrheit lag diese zweite Stufe noch in ferner Zukunft. Denn da von einem erklärenden und erbaulichen Eingehen auf den Inhalt der religiösen Lese- und Lernbücher so gut wie gar nicht die Rede war, so befand sich die Volksschule diese zwei Jahrhunderte hindurch selbst im Religionsunterricht auf jener methodischen Urstufe, auf welcher die alten sog. „humanistischen“ Lateinschulen begonnen hatten. Doch mochte ein kleiner Unterschied vorhanden sein: die alten „Humanisten" ließen den Inhalt der Klassiker mit Willen liegen, weil sie es lediglich auf die Sprache abgesehen hatten; die alten Elementar-Schulmeister ließen zwar den Inhalt ihrer religiösen Schulbücher auch unangerührt liegen, aber sie meinten wohl, über dem Lesen und Auswendiglernen würden die Schüler ihn von selbst in Kopf und Herz aufnehmen. Hinsichtlich der naturkundlichen und historisch-geographischen „Realien" stand die damalige Volksschule den alten Lateinschulen vollständig gleich, — oder vielmehr noch hinter ihnen zurück, denn Lesebücher mit solchem Lesestoff, wie die fremdsprachlichen Klassiker ihn boten, besaßen die deutschen Küsterschulen nicht.

Das war der Charakter des Volksschulunterrichts in seiner ersten Periode.

Zu der Zeit, als die höhern Schulen bereits die dritte Stufe ihrer Entwicklung betraten, nämlich einen selbständigen Sachunterricht einführten — gegen Ende des vorigen und zu Anfang dieses Jahrhunderts — da trat die Volksschule erst in ihre zweite Entwicklungsperiode ein. Einmal fing sie im Religionsunterricht an, auch den Inhalt der Lehrbücher zu beachten — in der Weise umständlicher Katechisationen über das Gelesene oder Gelernte. Sodann kamen neben den Religionsbüchern die sogen. „Lesebücher" auf, die neben Erzählungen, Gedichten und Sprichwörtern auch etwas von „gemeinnützigen Kenntnissen" enthielten. Das war ein mächtiger Fortschritt: ein selbständiger Religionsunterricht und zugleich ein Sprachunterricht, der unter seiner Flagge auch manches aus den Realfächern als freies Frachtgut mitnahm.

Durch Hülfe der Philanthropen, insbesondere des trefflichen v. Rochow — (dem am Rhein der Pfarrer Joes in Ründeroth und die bekannten Schulmänner Dan. Schürmann in Remscheid, Wilberg in Elberfeld, Tops und Berger in Mülheim a. Rh. sich anschlossen) — so weit gebracht, hätte die Volksschule nunmehr die errungene zweite Stufe ihres Lebenslaufes recht ausnutzen und dann fröhlich der dritten zustreben können. Sie hätte es um so besser gekonnt, weil nicht lange nachher auch die von Pestalozzi ausgehende Anregung und die Seminare mit eingriffen. Seltsamerweise schlug sie aber neben diesem Aufschwunge zu gleicher Zeit in einem ihrer Lehrfächer eine Richtung ein, die von dem im Realunterricht zu erstrebenden Ziele geradezu abführte und darum nicht anders denn als ein Irrweg bezeichnet werden kann. Was ich meine, ist dies.

Da die Volksschule bisher wesentlich Sprachschule gewesen war, so sollte man meinen, die Sorge ihrer Lehrer würde jetzt am meisten darauf sich gerichtet haben, dem Sachunterricht einen größeren Raum zu verschaffen. Den ersten Reformatoren dieser zweiten Periode — den Philanthropen, v. Rochow, Wilberg u. s. w. — hat dies auch wohl vornehmlich im Sinne und am Herzen gelegen. Allein schon sehr bald kam die Bewegung in eine andere Bahn, — in die, den Sprachunterricht immer mehr auszudehnen und zwar so, daß die Grammatik und die grammatisch-orthographischen Exerzitien den Mittelpunkt bildeten. Es gelang nur zu gut: der Sprachunterricht erlangte eine Ausdehnung, die selbst den Religionsunterricht weit hinter sich ließ. Heutzutage wird es einem fast schwer, sich klar vorzustellen, welche Motive den Sprachunterricht zu diesem außerordentlichen Ansehen und Übergewicht erhoben haben. War es das Beispiel der höhern Schulen, welches dazu reizte, indem man, wie dort die fremden Sprachen den Mittelpunkt des Unterrichts bildeten, so der Volksschule einen solchen Mittelpunkt im Muttersprachunterricht verschaffen wollte? Oder kam es daher, weil den Lehrern vornehmlich die formalistische Seite der pestalozzischen Didaktik in die Augen fiel und imponierte? Oder hatte man mittlerweile erkannt, daß der Realunterricht, wie er damals erteilt wurde, doch nicht die gewünschten soliden Kenntnisse und die nötige formale Schulung geben konnte? Wahrscheinlich wirkten alle diese Gedanken und vielleicht noch andere zusammen. Wie dem auch sei, — der erste Gedanke war vollständig irrig, denn in der Pädagogik giebt es keine Äquivalente, und ganz besonders giebt es kein Äquivalent für den fremdsprachlichen Unterricht. Durch die verkehrte praktische Ausführung wurde aber dieser Gedanke doppelt falsch: denn wenn es wahr wäre, daß die Ausdehnung des Muttersprachunterrichts den fehlenden fremdsprachlichen ein wenig ersetzen könnte, so würden doch die Grammatik und die grammatischen Übungen nicht die Stelle sein, wo die Ausdehnung am meisten lohnt. Doch was an dem Sprachunterricht an und für sich irrig war und warum es irrig war, — das ist es nicht, was uns hier interessiert, sondern vielmehr die schlimme Wirkung dieser Verirrung auf den Realunterricht. Diese liegt auf der Hand: die übermäßige Ausdehnung, die der Sprachunterricht durch das theoretische und praktische Grammatisieren erhielt, trat dem Realunterricht und seiner Entwicklung entschieden in den Weg. Die „gemeinnützigen Kenntnisse" standen zwar im Lesebuche, aber wegen der zeitverschlingenden Sprachübungen blieb für sie wenig Zeit übrig. Die zweite Periode der didaktischen Entwicklung, die durch die Philanthropen, durch v. Rochow u. s. w. ganz richtig eingeleitet worden war, hatte völlig Ziel und Weg verloren. Aber das nicht nur, sondern man schleppte obendrein den schweren Irrtum des Grammatisierens nach, — gerade wie in der Periode des sel. Zopfes der tapfere Wehrmann, der seine Zeit zu wichtigeren Dingen nötig gehabt hätte, seine schönen Morgenstunden zur Ausstaffierung seines nutzlosen Kopfputzes verwenden mußte. Und in der That

— wie in der politischen und Kulturgeschichte, so ist auch in der Schulgeschichte die erste Zeit der Aufklärung die echte Zopfzeit gewesen. Die Aufklärung schritt dann fort, es kamen die Seminare — aber der Sprachzopf wuchs und wuchs. Erst als er zur höchsten Höhe seiner Stattlichkeit gekommen war — in der Zeit der Wurstschen „Sprachdenklehre“ *) — da kam auch das Schwert über ihn. Natürlich nicht aus der Mitte der Volksschullehrer — denn die konnten ihn, weil er eben hinten hing, nicht sehen — sondern aus der Reihe des höhern Schulstandes, wo man diese Verunzierung der Volksschule längst beklagt hatte. Es waren die Herren Mager, Hülsmann, Wackernagel u. s. w., die zu Anfang der vierziger Jahre gegen den grammatischen Sprachunterricht zu Felde zogen. Ihre positiven Losungen hießen: „Der Muttersprachunterricht muß an das Lesebuch sich anschließen,“ und: „Das Lesebuch darf nur mustergültige (klassische) Lesestücke enthalten.“ In der Theorie galt der grammatistische Sprachunterricht seitdem als verurteilt, — obwohl er in Wahrheit nicht völlig geschlagen war, denn dazu reichten die Gründe dieser Angreifer noch nicht hin. Auch in der Praxis wurde er so weit zurückgedrängt, daß jene positiven Losungen allgemeine Geltung gewannen.

Welchen Einfluß übte nun diese Reform des Sprachunterrichts auf den Realunterricht? Einen zwiefachen: einen guten und einen übeln. Hier interessiert uns zunächst der gute. (Von dem übeln Einflusse wird weiter unten, beim zweiten Fehler des Realunterrichts, die Rede sein.) Die gute Wirkung bestand darin, daß durch die Einschränkung oder gänzliche Beseitigung der grammatistischen Lektionen — wo sie wirklich stattfand — Zeit frei wurde und diese freigewordene Zeit nun den Realien zugewendet werden konnte. Dieselben hatten alle Ursache, diese unversehens erhaltene Förderung dankbar willkommen zu heißen. Im Grunde war jedoch der Realunterricht lediglich wieder auf den Standpunkt zurückgekehrt, auf dem er schon zur Zeit v. Rochows und Wilbergs gestanden hatte. Der vermeintliche Fortschrittsweg durch die sprachunterrichtlichen Experimente hindurch war eben nichts als eine reine Zirkelbewegung gewesen: die Realien fanden sich immer noch beim Sprachunterricht einlogiert, — oder historisch ausgedrückt: im Realunterricht stand die Volksschule nach wie vor auf dem Boden des „Verbal-Realismus“. So weit war man anno 1844 gekommen.

---

*) Es thut mir immer leid, wenn der Name dieses wackeren, strebsamen Schulmannes in solcher ungünstigen Verbindung genannt werden muß; denn seine Schriften gehörten in anderer Hinsicht, zumal als Arbeitsprodukte betrachtet, unstreitig zu den achtbarsten Erzeugnissen der pädagogischen Litteratur. Der sprachunterrichtliche Irrtum, der darin ausgeprägt ist, fällt nicht zunächst ihm, sondern seiner Zeit zur Last.

Was seitdem geschehen, ist bekannt. Anno 1853 wurde diese Lehrweise der zweiten Entwicklungsperiode — wonach der Sachunterricht in und mit dem Sprachunterricht erteilt werden soll — durch die preußischen Regulative noch einmal feierlich proklamiert und schulregimentlich fixiert. Zunächst für die einklassige Volksschule und die Präparandenbildung. Die mehrklassigen Volks- und Bürgerschulen behielten einen gewissen freien Spielraum, allein sie wurden auch ohne Rat gelassen. Wie viele derselben von dieser Freiheit Gebrauch gemacht haben, weiß ich nicht.*) Gewiß aber ist, daß die allermeisten preußischen Volksschulen die weiteren 20 Jahre hindurch der regulativischen Weisung gefolgt sind, also im Realunterricht auf demselben Standpunkte stehen, auf welchem die Schulen v. Rochows, Wilbergs ꝛc. standen, — vorausgesetzt, daß sie im Sprachunterricht ohne zeitraubende grammatische Übungen auszukommen wissen, denn sonst würden sie jenen nicht einmal gleich stehen. Es ist ja wahr — dieses gute Zeugnis darf den Regulativen nicht versagt werden — daß auf ihren Antrieb viele Schulen und Seminare redlich bemüht gewesen sind, diesem Boden die möglichst reichste Frucht abzugewinnen. Namentlich hat die sog. schlesisch-brandenburgische Schule, die getreue Vor- und Mitarbeiterin der Regulative, in dieser Beziehung sich anerkennenswerte Verdienste erworben, — insbesondere durch ihr Losungswort vom „vereinigten Sach- und Sprachunterricht", wovon später (bei der Kritik des Sprachunterrichts) näher zu reden sein wird. Aber der Boden des „Verbal-Realismus" ist eben sehr unfruchtbar. Jene fleißigen Männer würden sich daher ein noch größeres Verdienst erworben haben, wenn sie mit dazu geholfen hätten, den gesamten Sachunterricht auf den fruchtbareren Boden der vor uns liegenden dritten Entwicklungsstufe zu verpflanzen. Vor Pestalozzi — anno 1784 — war die Einführung des „Verbal-Realismus" ein ehrenhafter Fortschritt: nach Pestalozzi — anno 1853 — ist sein Festhalten nicht mehr berechtigt, sondern ein Rückschritt, ein ehrenrühriger Anachronismus.

So weit unsere historische Exkursion. Sie hat, wie dem Leser merkbar geworden sein wird, die uns beschäftigende Frage — vom ersten Hauptfehler im Realunterricht — nach mehreren Seiten hin bedeutend aufgehellt.

Vorab ist deutlicher geworden, daß hinter der eingangs angeklagten Losung: „der Realunterricht muß an das Lesebuch sich anschließen," in der That eine breite, bejahrte Lehrtheorie steckt — die des „Verbal-Realismus" — welche dem Realunterricht eine selbständige Stellung

*) Sofern sie einen selbständigen Realunterricht an der Hand kompendiöser „Leitfäden" eingeführt haben, wird ihrer weiter unten (beim zweiten Fehler) gedacht werden.

versagt und ihn beim Sprachunterricht unterbringt, — oder mit andern Worten: die das ernste Lernstadium sparen und das mündliche Lehrwort nicht frei geben will. Dieser Grundirrtum des bisherigen Realunterrichts hat uns sein volles Gesicht zeigen müssen. Ins Herz gesehen haben wir ihm freilich auch jetzt noch nicht. Die später folgende Kritik des bisherigen Sprachunterrichts wird diese dunkle Stelle ebenfalls noch aufhellen.

Zum andern ist deutlich geworden, daß die preußischen Regulative im Real- und Sprachunterricht unbestreitbar auch eine verdienstliche Seite haben. Der Sprachunterricht hatte sich durch seine Isolierung in einen öden, unfruchtbaren Formalismus verirrt und überdies durch seine übermäßige Ausdehnung dem Realunterricht den erforderlichen Raum geraubt, — kurz, die durch die Philanthropen, durch v. Rochow und seine Zeitgenossen so schön eingeleitete zweite Periode der Volksschulgeschichte war in ihrer Entwicklung unterbrochen und aufgehalten worden. Daß die Regulative und die schlesisch-brandenburgische Schule durch ihre Losung vom „vereinigten Sach- und Sprachunterricht" die also verirrte Lehrweise auf den verlassenen, relativ richtigen Weg zurückriefen und so wieder eine normale Fortentwicklung möglich machten und in Fluß brachten — das wird man immer als ein gutes Werk anerkennen und verdanken müssen.

Es ist drittens deutlich geworden, daß bei denjenigen, die anno 1853 das alte „verbal-realistische" Lehrverfahren neu proklamierten und für das einzig richtige ausgaben, neben der unzulänglichen didaktischen Reflexion auch die Tradition eine große Rolle gespielt hat. Zu welchem Lehrverfahren die richtige didaktische Reflexion führt, haben unsere Thesen zu zeigen versucht. Gegründete Bedenken konnten und können der Einführung desselben nicht im Wege stehen, — auch nicht bei den einklassigen Schulen. Im Gegenteil. Denn wer den rechten Begriff des elementaren Lehrganges hat, dem kann eine einfache Überlegung sagen, daß in der Naturkunde und im humanistischen Realunterricht ebensogut eine elementare Stoffauswahl möglich sein muß als im Religionsunterricht, wo ja ein selbständiges Betreiben anerkannt ist, — also von dieser Seite nichts hindert, den Lehrstoff genau nach Bedarf einzuschränken. Und wer den rechten Begriff der vollen Durcharbeitung hat, dem muß eine einfache Überlegung weiter sagen, daß bei der „verbal-realistischen" Lehrweise nicht bloß das pestalozzische Princip der Anschauung — d. i. das erste Lernstadium — zu kurz kommt, sondern auch die Forderungen der beiden andern Lernstadien nicht vollaus erfüllbar sind. Warum haben aber die neuen Vertreter dieser alten Lehrweise jene einfachen Reflexionen nicht gemacht? Eben deshalb nicht, weil ihnen — wie am Tage liegt — die rechten Begriffe der elementaren Stoffauswahl und der vollen Durcharbeitung fehlten.

Diese Denkfehler rührten aber wieder daher, weil sie sich an den traditionellen Begriffen genügen ließen, — weil man, wie die ausdrückliche Versicherung lautet, nur das in der Praxis Bewährte festhalten wollte. Was hatte sich denn bis anno 1853 im Realunterricht bewährt? Die stellenweise versuchte Nachahmung der vornehmen Lehrweise der höhern Schulen, wonach in der Naturkunde jeder einzelne Zweig selbständig und systematisch betrieben wird, hatte sich allerdings nicht bewährt. Denn das lief entweder auf ein kompendiarisches, dürres Lehrgerippe hinaus, woran die Schüler weder ein Interesse noch Bildung gewinnen konnten, — oder auf ein liebhaberisches Betreiben einzelner Fächer (der Botanik &c.), während die übrigen vernachlässigt wurden. Und in der einklassigen Volksschule war auf diesem Wege vollends kein Durchkommen. Außer dieser „Leitfaden"-Lehrweise lag aber keine andere vor als die traditionelle des „Verbal-Realismus", welche den Sachunterricht beim Sprachunterricht einquartierte. Anstatt nun jener Leitfadenweise, die das Rechte suchte, aber nicht finden konnte, auf den rechten Weg zu helfen, wurde die traditionelle „verbal-realistische" ohne weiteres als die bewährte angenommen und für die einzig berechtigte erklärt, — als ob Pestalozzi gar nicht gelebt hätte. Die Reflexion reichte eben nicht weiter als die Tradition; wo diese zu Ende war, da wußte das eigene Denken weder Weg noch Steg. — Zu allem Überfluß läßt sich dies aufs evidenteste auch noch aus dem Religionsunterricht der schlesisch-brandenburgischen Schule und der Regulative beweisen. Hier kann man sich nicht darauf berufen wollen, daß die knappe Zeit die rechte Stoffauswahl und die volle Durcharbeitung hindere. Diesem Lehrgegenstande räumen bekanntlich die Regulative so viel Zeit ein, daß er in jedem Betracht selbständig betrieben werden kann. Vorschriftsmäßig soll er sogar mehr als selbständig — wenn man so sagen darf — auftreten, denn es gehen auf der Oberstufe drei religiöse Fächer, drei gesonderte Lehrgänge, nebeneinander her: die bibl. Geschichte, die Perikopen und der Katechismus. Zu einer solchen Großartigkeit haben sich die Realschulen in der dort begünstigten Naturkunde nicht verstiegen: dem größten Schwindelkopf ist noch nicht eingefallen, etwa Botanik, Sternkunde und Physik nebeneinander vorzunehmen. Doch sehen wir von dieser abenteuerlichen Gestalt der Tradition ab. Bleiben wir bei der bibl. Geschichte stehen. Auch hier waren und sind die großartigsten Mißgriffe im Schwange. Und obgleich viel und mit Emphase vom Durcharbeiten des Lehrstoffes gesprochen wird, so sind doch die wahren Gesetze der Durcharbeitung nicht gekannt; selbst jetzt, nachdem jahrelang aufs nachdrücklichste darauf hingewiesen worden ist, können sie noch nicht zur unumwundenen Anerkennung gelangen. Es kommt weder das dritte Lernstadium zu seinem Rechte, weil man die Notwendigkeit fixierter Reproduktionsfragen nicht anerkennen will, noch — was am schlimmsten ist — das erste, weil man das mündliche Lehrwort nicht frei geben will. Der Mangel an Zeit ist also nicht das Hindernis, welches dem rechten Verfahren im Wege steht, sondern neben der kurzatmigen didaktischen Reflexion ganz besonders die abergläubische Macht der Tradition. So im Religionsunterricht, so auch im Realunterricht.

Unsere Untersuchung über den ersten, den Grundirrtum im Realunterricht kann hier schließen.

Ohne Zweifel wird es noch viele Anstrengungen der Arbeit und des Kampfes kosten, bevor die Reglements und die Praxis aus dem alten Geleise heraus und auf die dritte Stufe der didaktischen Entwicklung hinaufgebracht sind. Die Kenntnis der psychologischen Gesetze des Unterrichts ist im lehrenden und leitenden Personal der Volksschule noch wenig verbreitet; darum der Aberglaube an das Bewährtsein alles Traditionellen desto verbreiteter und stärker. Konnten so viele Schulräte, Seminardirektoren, Schulinspektoren und Lehrer selbst im Religionsunterricht das Rechte nicht sehen, — wo doch weder die knappe Zeit, noch der Mangel an Lehrhülfsmitteln den Blick beirrt — so darf es nicht wunder nehmen, wenn sie sich im Realunterricht noch schwerer zurechtfinden. Hier ist in der That das Zurechtfinden noch wenig vorbereitet: es fehlen nicht nur gute Vorschläge für Stoffauswahl und Lehrgang, sondern auch fast alle Lehrhülfsmittel für die Durcharbeitung des Stoffes. Diejenigen, welche sich erst ein Urteil bilden können, wenn alles das fertig vorliegt, werden also wohl noch eine geraume Zeit zum Besinnen nötig haben. Mit einem Wort: der „Feind“ steht annoch in einer starken, durch natürliche Hindernisse gedeckten Position. Indessen — es ist auch bereits etwas überaus Großes gewonnen. Es ist jetzt klar gestellt, daß wir es im Religionsunterricht, im humanistischen Gebiet und in der Naturkunde nicht mit einem dreifachen, sondern überall mit einem und demselben Gegner — dem „Verbal-Realismus“, zu deutsch: der Wortlernerei — zu thun haben. Wenn hier der Realunterricht in den Sprachunterricht einquartiert wird, oder dort der Sprachunterricht sich isoliert, wenn in allen Wissensfächern das mündliche Wort nicht zu seinem Recht kommen kann, oder im Religionsunterricht die Wortlernerei sogar zum Memorier-Materialismus sich steigert — so fließt das alles aus einer und derselben Quelle. Jetzt hat denn auch der Kampf auf der ganzen Linie — in allen drei Wissensgebieten — begonnen. Ist der „Verbal-Realismus“ einmal an einer Stelle, sei es im Religionsunterricht oder in einem der andern Fächer, geschlagen, so wird er bald überall das Feld räumen müssen.

2. Der zweite Fehler.

Der erste Hauptfehler richtet seine praktische Spitze, wie wir gesehen haben, vornehmlich wider das Recht des mündlichen Lehrwortes, also wider das erste Lernstadium. Bei der jetzt folgenden Untersuchung handelt es sich um das Lehrmittel der zweiten Lernoperation, um das Lehrbuch.

Dasselbe kommt in zwei Formen vor: einmal als sog. Leitfaden und dann als sog. Lesebuch. Wir werden daher beide Formen dieses Lehrmittels zu prüfen haben.

Seit langem schon hat es Lehrer gegeben, besonders an mehrklassigen Schulen, die recht wohl einsahen, daß ein „unselbständiger" Realunterricht fast so gut wie gar keiner ist. Sie versuchten daher, den Realunterricht — d. h. einige Zweige desselben — selbständig zu erteilen.*) Da die üblichen Lesebücher darauf nicht berechnet waren, so bedurfte man eines besonderen Lehrmittels, eines eigentlich realistischen Lehrbuches. Wie ließ sich das herstellen? Sah man sich nach Mustern um, so lagen nur die realistischen Lehrbücher der höhern Schulen vor. An diese mußte man sich vorab halten. Nach ihrem Umfange paßten sie freilich für die Volksschule nicht; das war klar. So wurden sie denn gekürzt, rechts und links beschnitten; — und, wo das noch nicht genügte, wieder gekürzt und wieder beschnitten: endlich mußten sie doch passen, und endlich wurden sie fertig. Aber was hatte man nun? und wie paßte das, was man hatte? Es waren dem Stoffe und dem Lehrgange nach systematische Lehrbücher, — der Form nach Kompendien, sog. Leitfäden, d. i. gedrängte Auszüge, kurze Abrisse, dürre Gerippe, zum Teil recht abstrakt. (Was hier und da verschieden war, — ob man nämlich für jedes Fach einen besondern Leitfaden besaß, oder diese Leitfäden zu einem Gesamt-Lehrbuche vereinigte, oder sie dem gewöhnlichen Lesebuche als Anhang beifügte, — das sind äußere Verschiedenheiten, die uns hier nicht zu kümmern brauchen.) Die gedrängte, trockene und durchweg abstrakte Form dieser Leitfäden konnte nicht sogleich Bedenken erregen, da die von alters her gebrauchten Religions-Lehrbücher (Katechismen) mit denselben Eigenschaften ausgestattet waren; zudem wurden diese letztern sogar wörtlich auswendiggelernt, — ein Mißbrauch, den meines Wissens die realistischen Leitfäden nie erfahren haben.

Im Verlauf der Zeit ist indessen die Form der realistischen Leitfäden wesentlich verbessert worden, insbesondere der naturkundlichen: einmal hinsichtlich des Stoffes und des Lehrganges, und sodann auch hinsichtlich des

*) Seltsamerweise hat die Geographie, diese jüngste und am wenigsten ausgebildete Disciplin, das Vorrecht erlangt, fast überall selbständig betrieben zu werden, auch in den einklassigen Schulen.

Lehrverfahrens, soweit es sich um das erste Lernstadium handelt. Man beginnt nicht mehr mit einer Übersicht des Systems, sondern mit der Anschauung, geht vom Einfachen zum Zusammengesetzten rc. — kurz, man hat die wissenschaftliche Form mit der elementaren vertauscht. So giebt es Leitfäden — z. B. die Lübenschen für die Naturgeschichte — die in dieser Beziehung nichts Wesentliches zu wünschen übrig lassen. Die oben in (These 2, 4 und 5) geltend gemachten Forderungen an die Stoffauswahl sind zwar auch in den besseren Lehrbüchern noch nicht berücksichtigt, allein das berührt ihren „Leitfaden"-Charakter nicht. Anders ist es mit den Forderungen, welche die Volksschule an die Durcharbeitung des Stoffes machen muß (These 8, 9, 10). Da liegt der Punkt, wo die schwache Seite der Leitfäden, auch der besseren, zu Tage tritt. Zwar im ersten Lernstadium, beim mündlichen Unterricht, braucht nichts zu fehlen; und wenn etwas fehlte, so würde nicht das Buch, sondern der Lehrer daran schuld sein. Darin besteht eben das Recht, welches die Freunde der Leitfäden vor den Anhängern des „Verbal-Realismus" voraushaben, daß sie ein selbständiges Betreiben der Realien, d. i. eine ausreichende mündliche Behandlung verlangen — wenn sie anders ihren eigenen Standpunkt recht verstehen. Ebenso brauchen Reproduktionsfragen nicht zu fehlen, wie es denn auch Leitfäden giebt, die reichlich damit ausgestattet sind. Wo es dem Leitfaden-Unterricht fehlt, — das ist im zweiten Stadium, beim Einprägen. Gewisse Hauptsachen, die im Leitfaden stehen und um derer willen er da ist, kann sich der Schüler zwar wieder vorführen. Allein das genügt nicht. Es genügt einmal nicht um des sachlichen Lernens willen. Denn wenn die Schüler sich alles bis ins Detail hinein und genau merken sollen, so müssen sie es ganz nachlesen können. Will der Lehrer selbst dieses Einprägen vornehmen, durch mündliche Repetition, so erfordert das auf der Oberstufe mehr Zeit, als er übrig hat, und nimmt überdies die Selbstthätigkeit der Schüler nicht genug in Anspruch. Was hier nötig ist, dafür hat man an dem bibl. Geschichtsunterricht einen sicheren Maßstab. In der nachpestalozzischen Zeit ist es ja noch keinem eingefallen, das biblisch-geschichtliche Lernen bloß auf das mündliche Erzählen und einen magern Geschichtsabriß gründen zu wollen. Braucht man nun hier ein ausführliches bibl. Geschichtsbuch, so wird bei den Realien für denselben Zweck auch ein ausführliches Reallesebuch nötig sein. — Der Leitfaden genügt aber zweitens um der Sprachbildung willen nicht. Denn die Schüler sollen nicht bloß die Sache, sondern auch ihren sprachlichen Ausdruck sich einprägen, und das kann wiederum nicht anders als durch das Lesen einer ausführlichen Darstellung geschehen.

Wir sehen also: wie beim „Verbal-Realismus“ das mündliche Lehrwort vernachlässigt wird, so kommt beim Leitfaden-Unterricht das zweite Stadium, das sachliche und sprachliche Einprägen, zu kurz. Aber nicht bloß das; — der zwiefache Mangel im Einprägen überträgt sich in seinen Nachwirkungen auch auf das dritte Stadium, so daß die Reproduktionsfragen, wenn sie anders vorhanden sind, doch nicht ihren vollen Dienst thun können. Wohlverstanden: ich meine nicht, daß das Reproduzieren mangelhaft ausfallen werde — denn das versteht sich bei einem mangelhaften Einprägen von selbst, — sondern daß das Reproduktions-Hülfsmittel nicht zeigen kann, was es zu leisten vermag.

Warum sind diese augenfälligen Mängel der Leitfäden aber nicht von vornherein bemerkt worden? Die Leitfäden sind, wie wir vorhin sahen, dadurch in die Volksschule gekommen, daß man die höheren Schulen ebenso im Realunterricht zum Vorbilde nahm, wie es die Grammatisten im Sprachunterricht gethan hatten. Auf diese Nachahmung konnte man aber nur darum geraten, weil der rechte Begriff der bildenden Durcharbeitung fehlte. Hätte man diesen gehabt, so würde man auch eingesehen haben, daß die Volksschule von den höhern Schulen durch eine große Kluft getrennt ist. Die Volksschule hat es mit einer ungleich größeren Schülerzahl zu thun, schließt mit dem Knabenalter ab und bewegt sich bloß auf dem Boden der Muttersprache. Hier muß darum der Wissensstoff, wenn er allseitig bildend wirken soll, alle drei Lernstadien sorgfältig durchmachen und zu dem Zwecke über die entsprechenden Lehrmittel verfügen können. Eine solche umständliche Durcharbeitung ist bei den höhern Schulen nicht in gleichem Maße erforderlich, — oder wenn doch, so kann es auf andere Weise und mit andern Lehrmitteln geschehen, wenigstens auf den oberen Stufen. Im sachlichen Lernen kommt den höhern Schulen zu gut, einmal daß ihre Klassen weniger Schüler haben, und sodann, daß der Unterricht bis ins Jünglingsalter hinein sich fortsetzt, wodurch das Gelernte teils von selbst repetiert wird, teils immer wieder absichtlich repetiert werden kann. Und im sprachlichen Lernen besitzen die höhern Schulen an dem fremdsprachlichen Unterricht ein Bildungsmittel, das alle sprachlichen Übungen der Volksschule — die an den Realien eingerechnet — weit übertrifft. Ich für meine Person bin zwar der Meinung, daß die unteren Stufen der höhern Schulen sich dem Volksschulunterricht mehr nähern — namentlich in den Realien anstatt der systematischen Leitfäden ein Real-Lesebuch (samt einem Fragehefte) benutzen sollten. Wie dem aber auch sei, — so viel ist gewiß: wenn beim Realunterricht Leitfäden gebraucht werden dürfen, so kann dies nur in den höhern Schulen der Fall sein, nicht in der Volksschule.*)

Die Einführung der Leitfäden in die Volksschule war somit an und für sich ein principieller Mißgriff. Der Fehler mußte aber doppelt fühlbar werden, weil er mit dem erwähnten Mißgriff im Sprachunterricht — mit der grammatischen und ausgedehnten Betreibung desselben — zusammentraf. Da war es schlechterdings unmöglich, der Durcharbeitung des Realstoffes die nötige Zeit zu widmen.

Was für ein Lernresultat konnte da herauskommen — an Kenntnissen, an Sachbildung und an sprachlicher Schulung?

Es traten aber noch andere zufällige schlimme Umstände hinzu. Wegen ihres kleinen Umfanges lassen die Leitfäden nicht sofort erkennen, was für eine Menge Stoff in ihnen zusammengepreßt ist, — und zu welch großem Volumen dieser Stoff aufquillt, wenn er für eine regelrechte anschauliche Behandlung zubereitet wird. Selbst viele Autoren, denen das doch klar sein sollte, scheinen durch diesen Umstand in schwere Täuschungen geraten zu sein; denn es giebt nicht wenige Leitfäden, die in einer Zweigdisciplin (z. B. in der sog. Naturgeschichte, oder in der politischen Geographie) mehr Stoff enthalten, als im Gesamtfache behandelt werden kann. Noch häufiger haben die Lehrer sich dadurch täuschen lassen. Wie soll man es sich sonst erklären, daß derartige umfangreiche Leitfäden sogar in solche Schulen haben Eingang finden können, wo nicht einmal zum mündlichen Durchsprechen, geschweige zum Einprägen und Reproduzieren die erforderliche Zeit vorhanden war? — Aber was für ein jammerhaftes Lernen mag da stattgefunden haben, — falls nicht die andern Gegenstände so gütig waren, die fehlende Zeit herzugeben?

In Summa: die Leitfäden haben es gut gemeint, sie wollten den Realunterricht aus dem alten Geleise des „Verbal-Realismus" herausbringen. Allein es ist ihnen nicht gelungen. Im Gegenteil. Vermöge ihrer principiellen Mängel, wonach auch im günstigsten Falle die Durcharbeitung des Stoffes und die sprachliche Schulung zu kurz kommt, — und vermöge der erwähnten zufälligen Umstände, wodurch die übeln Folgen dieser Mängel noch augenfälliger ans Licht treten, haben gerade die Leitfäden es verschuldet, daß der selbständige Realunterricht selbst bei vielen

*) Ein Leitfaden kann freilich auch den Zweck haben, dem Lehrer — nämlich als leitendes Handbuch, zu dienen. Insofern er dies will, haben wir hier nichts mit ihm zu thun. Hier handelt es sich um seine Bestimmung, ein Lernmittel für den Schüler zu sein. Daß man für so verschiedene Zwecke ein Buch herstellen zu können meinte — diese Thatsache allein beweist schon zur Genüge, daß der Begriff des „Leitfadens" unklar und auf falscher Fährte war.

sonst verständigen Leuten stinkend wurde und der „Verbal-Realismus“ wieder recht auf die Beine kam.

Die Reaktion wider den Leitfaden-Unterricht ließ denn auch nicht lange auf sich warten. Sie kam von verschiedenen Seiten her, — je nachdem man den einen oder den andern seiner Mängel im Auge hatte.

Der erste Widerspruch richtete sich gegen die Trockenheit, Dürre, Skelettartigkeit, — kurz, gegen die Kompendienhaftigkeit, welche der Leitfaden-Unterricht vielfach zeigte. Man drang auf Belebung, auf anschauliche Ausführlichkeit. Die Losung dieser Gegner hieß: „Lebensbilder“, — lebendige Naturbilder, Landschaftsbilder, Charakterbilder. Einer ihrer Hauptvertreter war der bekannte pädagogische Schriftsteller A. W. Grube. Diese Losung kam bald recht in Gang und Schwang, — wie schon daraus hervorgeht, daß sie auch in die weitreichenden preuß. Regulative übergegangen ist (vgl. I. S. 36). Der Beifall lief in der That so rasch über die Lande, und die Zahl der naturkundlichen, geographischen und geschichtlichen „Lebensbilder“-Bücher, die hinter ihm aufschossen, war so groß, daß es schier überraschen mußte und fast an eine Modeerscheinung erinnerte. Übrigens ließ diese Losung unentschieden, ob die „Lebensbilder“ sich an die Stelle der Leitfäden setzen, oder bloß ihren Unterricht ergänzen sollten. Immerhin kommt dieser pädagogischen Richtung das Verdienst zu, auf das Ungenügende eines in trockenen Allgemeinheiten oder in vereinzelt bleibendem Detail sich ergehenden Realunterricht mit durchschlagendem Erfolg aufmerksam gemacht zu haben. — Im Grunde waren auch die besseren Leitfäden an diesen Mängeln des Realunterrichts nicht schuld gewesen, soweit es sich um das erste Lernstadium handelte. Denn ein Leitfaden bietet sich, wo man ihn recht versteht, nur für das zweite Stadium, für das Einprägen an, indem er stillschweigend voraussetzt, daß die anschaulich-ausführliche Vorführung des Stoffes (durch das mündliche Lehrwort) im ersten Lernstadium geschehen sei. Der allgemeine Beifall, den jene Losung fand, läßt aber deutlich erkennen, daß diese Voraussetzung weitaus nicht erfüllt worden war. Unzweifelhaft war es vielfach das böse Gewissen der Schulmänner, welches in diesem Beifall sich aussprach. Man mußte sich eben sagen: so anschaulich, lebendig und abgerundet, wie diese Losung es fordert, ist der Lehrstoff bei uns im ersten Stadium nicht vorgeführt worden. Ob nun meistens die Zeit dazu gefehlt hatte, oder ob die Lehrer nicht des Stoffes mächtig gewesen waren, braucht hier nicht ausgemacht zu werden. Jedenfalls liegt Grund genug vor, zu vermuten, daß das letztere mit der Fall war; denn der seitdem sich geltend machende Wunsch, daß das Lesebuch solche „Lebensbilder“ enthalte, ging ohne Zweifel mit aus dem Gefühl hervor, den Lehrstoff fertig bei der Hand haben zu müssen.

Der zweite Widerspruch, den die Leitfäden erfuhren, richtete sich gegen eine andere schwache Seite ihres Unterrichts — gegen das mangelhafte Einprägen des Stoffes. Meines Wissens sind es nicht einzelne namhafte Schriftsteller gewesen, welche auf diese Schwäche aufmerksam machten. Vielmehr war es das unter den praktischen Schularbeitern selber allmählich auftauchende Gefühl der Unbehaglichkeit und die unter den Schulrevisoren immer lauter werdende Unzufriedenheit mit den Resultaten des Realunterrichts, woraus diese Reaktion gegen die Leitfäden hervorging. Es kam an den Tag, daß die Leitfadenmanier zum Einprägen und Durcharbeiten des Stoffes nicht genügt, — daß dazu ein anderes Lehrmittel, ein Lesebuch, nötig sei. In den preußischen Regulativen fand diese richtige Erkenntnis auch ihren imperativen Ausdruck, indem dieselben auf ein solides Lernen, auf ein bildendes Durcharbeiten des Realstoffes drangen, und zu dem Zwecke ein Lesebuch forderten. Darin haben diese Reglements ihr gutes Recht und ein unbestreitbares Verdienst.

Diese wohlberechtigte Reaktion gegen die Leitfäden ging aber selbst wieder in einem Punkte über ihr Ziel hinaus und blieb in zwei Stücken hinter ihrem Ziele zurück.

Sie ging über ihr Ziel hinaus, insofern sie nicht bloß die Leitfäden verwarf, sondern auch die von den Leitfäden vertretene Wahrheit, daß der Realunterricht einen selbständigen Lehrgegenstand bilden, d. i. vor allem durch das freie mündliche Lehrwort erteilt werden muß. Dies ist eben der oben besprochene erste Hauptfehler des üblichen Sachunterrichts, wovon hier also nicht weiter geredet zu werden braucht.

Die Reaktion blieb hinter ihrem Ziele zurück: einmal, weil sie nicht erkannte, daß neben dem Lesebuch auch eine Sammlung fixierter Reproduktionsfragen nötig ist, wenn ein solides Lernen und ein bildendes Durcharbeiten des Stoffes stattfinden soll, — und sodann, weil das Lesebuch, welches gefordert wurde und seitdem üblich geworden ist, mehrere entschiedene Mängel hat. Von dem Fehlen einer Fragesammlung wird weiter unten zu reden sein; hier haben wir uns mit den Gebrechen des Einprägungs-Lehrmittels, mit dem Lesebuche, zu beschäftigen.

Also: vom üblichen Lesebuche, — dem Gegenstücke der Leitfäden.

Das Ergebnis unserer bisherigen Untersuchung war dies: der Realunterricht wie aller Sachunterricht muß zunächst auf das mündliche Lehrwort sich gründen; — zur Einprägung genügt ein Leitfaden nicht, an seine Stelle muß ein Lesebuch treten: — soll aber der realistische Lesestoff dem mündlichen Unterricht recht und vollaus zu Hülfe kommen können, so muß er genau zu demselben passen, er muß aus dem Lehrplan heraus gearbeitet sein. Das ist der Standpunkt unserer Beurteilung.

Das dermalen übliche Lesebuch wird von drei Losungen beherrscht. Die erste ist die, welche wir bei dem Widerspruch gegen die kompendiarischen Lehrbücher schon kennen gelernt haben:

„Das Lesebuch muß „Lebensbilder" enthalten."

Die zweite stammt ursprünglich aus der Reaktion gegen den grammatistischen Sprachunterricht und die sogen. „selbstverfertigten" Lesebücher; sie lautet:

„Das Lesebuch darf nur mustergültige (klassische) Lesestücke enthalten."

Die dritte stammt aus derselben Zeit und Quelle; sie lautet dem Sinne nach so:

„Die Lesestücke brauchen nicht streng (wissenschaftlich) geordnet zu sein; das Buch muß vielmehr einem Blumenbouquet oder Park gleichen."

Daß unsere gebräuchlichen Lesebücher auch in ihrem realistischen Teile von diesen drei Sätzen beherrscht sind — wenn auch nicht absolut, so doch mehr oder weniger — liegt vor Augen. Soweit sie aber davon beherrscht sind, soweit sind sie nach meiner Ansicht fehlerhaft. In der Hauptsache ist dieses Urteil in den Erläuterungen zu These 9 begründet worden. Hier nur noch einige Bemerkungen.

Auf den schön-sprachlichen (belletristischen) Teil des Lesebuches angewandt, kann man die drei Losungen gelten lassen. Die beiden letzten haben sich auch ursprünglich nur darauf bezogen. (Gegen den dritten hege ich auch in diesem Falle einige Zweifel, möchte aber nicht scharf darüber disputieren.) — In ihrer Anwendung auf den realistischen, den eigentlichen Lernteil des Lesebuches haben jene drei Sätze jedoch schwere Fehler im Gefolge gehabt.

Der dritte, welcher ein parkähnliches Durcheinander empfiehlt, muß hier ohne allen Zweifel abgewiesen werden. Die Vorstellungen in den Kinderköpfen geraten ohnehin zu leicht in Unordnung, als daß es erlaubt sein könnte, durch die Unordnung des Lesebuches noch dazu beizutragen. Wie der Lehrplan eine feste Ordnung haben muß, so auch das Lernlesebuch und das Frageheft, — alle dieselbe, nämlich eine Ordnung nach sachlichen Gesichtspunkten, also nicht etwa nach halb poetischen (wie z. B. nach den vier Jahreszeiten), auch nicht nach geographischen, wie z. B. die Einteilung in: Heimat, Vaterland und weite Welt. Der realistische Lehrstoff scheidet sich zuoberst — wenn man nach der Logik, anstatt nach der Tradition einteilen will — in zwei Hälften: in den naturkundlichen und den humanistischen. Die Naturkunde zerfällt dann wieder in die mehrerwähnten sechs Fächer, — wofern man sie alle berücksichtigen will. (Über die Einteilung der humanistischen Hälfte ein anderes Mal.)

Der mittlere Satz, welcher nur mustergültige (klassische) Lesestücke zulassen will, klingt so richtig wie möglich, und doch — wie das Beste so oft schon der Feind des Guten geworden ist, so auch hier wieder. Unter dem Guten verstehe ich das Notwendige, nämlich diejenigen Eigenschaften der Lesestücke, welche zu einem erfolgreichen sachlichen Lernen unerläßlich sind. These 9 hat deren drei genannt: die Lesestücke müssen inhaltlich genau berechnet, in der Darstellung anschaulich-ausführlich und sprachlich leicht verständlich sein. Darin zunächst ist die Musterhaftigkeit eines Reallesebuches zu suchen, nicht im künstlerisch-schönen Stil. Wird dagegen die letztere Forderung vorangestellt — woraus dann folgt, daß die Lesestücke aus Schriften anerkannt sachkundiger und federfertiger Autoren ausgewählt werden müssen, aus Schriften, die aber eben nicht auf die Unterrichtszwecke der Volksschule berechnet sind: so bekommt man eben Lesebücher, wie wir sie jetzt haben.

Als Lehrmittel, die auf dem Boden des „Verbal-Realismus“ stehen und einen vorwiegend belletristischen Charakter an sich tragen, sind sie schon inhaltlich nicht das, was der geordnete Realunterricht von seinem Lesebuche verlangen muß. Sehen wir aber von dieser ersten Bedingung ab, auch davon, daß die Darstellung häufig nicht anschaulich-ausführlich genug ist, — schon die stelzengängerische Sprache, in der unser neumodischer Stil durchweg einherschreitet, ist Übels genug. Da müssen viele Sätze und Ausdrücke immer erst von ihren Stelzen heruntergehoben werden, bevor das Lesen — d. i. das lesende Einprägen — ordentlich in Gang kommen kann. Sollte dieses Lernhindernis bei den gebräuchlichen Lesebüchern den Lehrern nicht oft schmerzlich fühlbar geworden sein? Vermutlich hat man sich aber damit getröstet, es werde doch die Sprachbildung desto mehr Gewinn davon haben. Das ist aber ein zwiefach schlechter Trost. Einmal, weil der etwaige sprachliche Vorteil auf Kosten des sachlichen Lernens erkauft werden muß, — also, ins Ganze gerechnet, kein Gewinn heißen kann. Sodann hat in Wahrheit auch die Sprachbildung nicht den Vorteil davon, den man sich verspricht: denn wenn in allen Reallesestunden (in der Naturkunde, in der Geschichte ꝛc.) dem Lesen erst durch allerhand Erläuterungen die Bahn geebnet werden muß, wann soll dann die Leseübung stattfinden? Das Sprachverständnis fördern solche Erläuterungen ja; allein dafür ist das belletristische Lesebuch da. Hier, beim Sachunterricht, muß der Sprachgewinn darin gesucht werden, daß die Schüler sachlich und sprachlich leicht verständliche Stücke lesen und wieder lesen, und sich dadurch die Satzformen und Ausdrücke geläufig machen.

Die zweite Losung, wie vortrefflich sie klingt, hat somit vielem Guten im Wege gestanden.

Der dritte Satz, der die „Lebensbilder“ empfiehlt, ist vorab berechtigt in seinem Protest gegen die in Allgemeinheiten sich ergehenden kompendienartigen Lesestoffe. Auch als positive Forderung gefaßt, läßt sich viel Gutes und Schönes darunter denken. Allein der Ausdruck „Lebensbild“ ist zu unbestimmt, zu sehr auf die Mode gemacht, als daß nicht auch vielerlei Verkehrtes sich dahinter verstecken könnte. Ich will nicht davon reden, was für Zusammenstoppelungen von allerlei Geistreichigkeiten oder Plattheiten uns zuweilen unter diesem Titel dargeboten werden. Nehmen wir Arbeiten von einem wirklichen Meister, z. B. die „Bilder aus dem Tierleben“ von Masius. Daß dieselben für eine gewisse Bildungs- und Altersstufe so nützlich wie interessant zu lesen sind, kann keine Frage sein. Es ist mir aber auch keine Frage, daß sie in ein realistisches Lehr- und Lesebuch nicht gehören, auch nicht durch eine geschickte Überarbeitung dafür passend gemacht werden können, — während sie im belletristischen Lesebuche, wofern die sprachliche Darstellung nicht gar zu schwierig ist, ganz am Platze sind. Ähnlich verhält es sich mit den schon mehr auf Lehrhaftigkeit berechneten Naturbildern von Grube. Warum aber gehören solche „Bilder“ nicht ins realistische Lesebuch? Weil sie schon ihrem Inhalte nach nicht auf ein eigentliches, schulmäßiges Lernen berechnet sind. Die Beschreibung eines Naturkörpers, die es auf ein Lernen abgesehen hat — z. B. einer Blütenpflanze — darf nicht beliebig von einem Punkte zum andern springen, sondern muß planmäßig fortschreiten, d. h. den Plan verfolgen, in der Zergliederung des einzelnen Gewächses den Begriff der Pflanzengestalt zu entfalten. Ich sage: zu „entfalten“ und zwar den Begriff der Pflanzengestalt — denn dazu gehört noch etwas anderes als ein Aufzählen der Organe in äußerer Reihenfolge. Einer kann eine Menge Pflanzen ganz genau kennen und möglicherweise doch noch keinen Begriff der Pflanzengestalt haben. Um diesen zu vermitteln, muß die Beschreibung zuerst die beiden Hauptteile — Erdhälfte und Lichthälfte — auseinandertreten lassen; sodann an der Lichthälfte die beiden Hauptorgane: Achse (Längstrieb) und Seitentrieb (Blätter), — weiter an dem Längstriebe: Stengel, Zweige, Blütenstiele ꝛc.; an den Seitentrieben: die Deckblätter, Laubblätter, Blütenblätter, Fruchtblätter ꝛc. — Geradeso bei der Tierbeschreibung. Da schickt es sich nicht, von der Gestalt und von den Lebensthätigkeiten bunt durcheinander zu reden — wie es die Tier-Charakterbilder thun und für ihren Zweck thun müssen, — auch ist bei der Gestaltbetrachtung das keine Ordnung, etwa mit der Schnauze anzufangen und mit der Schwanzspitze aufzuhören. Im schulmäßigen Lernen sind Gestalt und Leben als zwei gesonderte Stücke zu behandeln. (Unter „Leben" wolle man hier nicht die Verrichtungen der Organe verstehen, sondern das Gesamtleben des Tieres in der freien Natur; jene Verrichtungen oder Zwecke der Organe sind selbstverständlich bei der Gestaltbeschreibung kurz zu berühren.) Sodann darf man die Gestalt nicht in drei Teile: Kopf, Rumpf und Glieder zerfallen lassen, weil daraus kein Begriff des Leibes zu gewinnen ist; man muß dieselbe vielmehr so einteilen, daß der Gegensatz der vegetativen und animalischen Organe — die gleichsam die Erdhälfte und Lichthälfte auf dem animalischen Gebiete darstellen — auseinandertritt. Also so: der Rumpf (das Centrum des vegetativen Lebens) mit seinen Gliedern, und der Kopf (das Centrum des animalischen Lebens) mit seinen Gliedern. Und so fort. — Soll das Leben (das Gesamtleben) des Tieres betrachtet werden, so ist wiederum kein Hin- und Herspringen statthaft. Ob es möglich ist oder einst möglich werden wird, die (etwa) zwölf Stücke des Tierlebens so zu gruppieren, daß die Betrachtung eine begriffliche Entfaltung darstellt, weiß ich nicht: jedenfalls müssen die Stücke in einer sauberen äußeren Ordnung vorgeführt werden. So überall: wo die Wissenschaft den Begriff der Sache noch nicht gefunden hat, da muß man sich mit einer andern Einteilung begnügen; aber eine Ordnung, eine deutlich erkennbare Gruppierung des Stoffes, darf niemals fehlen. Die Probe darauf ist, daß sich dieselbe dem Auge der Schüler leicht schematisch darstellen läßt, so daß das Ganze gleichsam im verjüngten Maßstabe erscheint und mit einem Blick und Griff erfaßt werden kann. Nehmen wir vergleichungsweise noch ein anderes Beispiel, — um einen bekannten Stoff zu haben, aus der bibl. Geschichte, z. B. Moses erste Lebensperiode. Da wird sich der Stoff so gruppieren lassen:

1. Israels Bedrückung,
2. Die Errettung des zukünftigen Retters,
3. Moses Erziehung,
4. Der mißlungene Befreiungsversuch,
5. Die schlimmen Folgen.

Wie eine solche Auseinanderlegung einerseits der Verdeutlichung dient, so dient sie andrerseits dem Zusammenhalten und zwar in zwiefacher Weise. Die kurze Bezeichnung jeder Gruppe, wenn dieselbe gut gewählt ist, faßt nicht nur den Inhalt dieses Abschnittes zusammen, sondern läßt auch unschwer den logischen Faden erkennen, der das Denken von einer Gruppe zur andern leitet und so das Ganze zusammenhält. In dieser Weise sollten auch die Erzählungen aus der vaterländischen Geschichte geordnet sein.

Ob nun solche Darstellungen, wie die vorhin angedeuteten Pflanzen- und Tierbeschreibungen, naturkundliche „Lebensbilder“ heißen dürfen, weiß ich nicht; es bekümmert mich auch nicht. Aber ich weiß — und das genügt mir — daß jetzt nicht ein wüstes Durcheinander im Kopfe entsteht, bei welchem eine Vorstellung die andere über den Haufen rennt, sondern daß die Schüler sowohl die beschriebenen Pflanzen und Tiere kennen lernen, als auch deutlich merken, was eigentlich in den Begriffen „Gestalt“ und „Leben“ steckt, — kurz, daß sie etwas lernen, auch das lernen, wohin sie zu blicken haben, wenn sie selbständig einen solchen Naturkörper betrachten wollen.

Klar, möglichst klar in der Sache — einfach, möglichst einfach in der Form, so müssen die Darstellungen im realistischen Lesebuche sein; mit einem Worte lehrhaft, d. i. daß sich leicht, schnell, genau und sicher daraus lernen läßt, was gelernt werden soll. Daß in diesem Falle die Lektion zugleich amüsant und pikant sein werde, — dafür kann ich freilich nicht bürgen. Allein der Zweck ist ja lernen, nicht amüsieren.

Nun sehe man die Darstellungen an, die sich in unsern Lesebüchern und andern Schriften als „Naturbilder“, „Landschaftsbilder“ und „Charakterbilder“ darbieten, — ob sie diesen Anforderungen, die bei echten Lern-Lesestücken unerläßlich sind, entsprechen. Ich glaube, bei diesem Gericht, wenn es halbwegs streng geübt wird, geht der größte Teil der landläufigen „Lebensbilder“ über Bord.

Auch andere haben vorlängst schon die Unzweckmäßigkeit der gewöhnlichen „Lebensbilder“ — wo es sich um ein Lernen handelt — eingesehen und den Mißbrauch, der mit diesem Losungswort getrieben worden ist, mit dem rechten Namen bezeichnet. Das Beste, was darüber geschrieben und mir zu Gesicht gekommen ist, findet sich in einem Aufsatze der „Rhein. Blätter“ vom Jahre 1858, unterzeichnet W. v. A., unter dem Titel: „Von dem Unwesen der sogenannten Lebensbilder im Unterricht.“ Ich kann mir nicht versagen, eine Stelle daraus mitzuteilen. Nachdem zuerst die relative Berechtigung der Lebensbilder, auch im Schulunterricht — nämlich zur Ergänzung und Belebung des exakten Unterrichts — anerkannt ist, heißt es dann in der Kritik der bisherigen litterarischen Leistungen dieser Art S. 218 ff.:

„Die Oberflächlichkeit ist's leider nicht allein, womit vielfach bei den Lebensbildern zu Werke gegangen ist; sie geht Hand in Hand mit einer gewissen Flüchtigkeit und Sorglosigkeit in der Sache. Es wird wenig Wert auf gehörige Stoffsammlung gelegt; die erste beste Seite, Notiz, zufällige Mitteilung wird genommen, wie sie ist und weiter verarbeitet. Es wird in den Tag hineingeschrieben und fast darauf spekuliert, daß es auch diejenigen nicht genauer nehmen werden, welche solche Sachen unterrichtlich anwenden wollen. Wären solche Bilder nur zur gleichgültigen Kenntnisnahme, zum gedankenlosen Durchlesen vor dem Schlafengehen, zum flüchtigen, gelegentlichen Ansehen verfaßt — dann schadete die sorglose Flüchtigkeit daran weniger, als wenn sie zur Benutzung im Unterricht bestimmt sind. Flüchtige Arbeiten sind nicht immer auch oberflächlich, sie kommen oft wirklich auf die Sache zu sprechen. Aber anstatt sie nun ordentlich auszubreiten, tippen sie nur an dieselbe an und fahren darüber hin, um mit etwas anderm es ähnlich zu machen. Dergleichen Arbeiten haben für die Jugend ihre sehr bedenkliche Seite, sie gewöhnen und leiten zu ähnlicher Ruhelosigkeit an. Nichts mit Sammlung dauernd betrachten, durchdenken, vergleichen, — alles nur benaschen, und dann wieder etwas anderes! Schlimmeres könnte unserer Jugend nicht passieren, als sie durch den Unterricht gar noch hierzu anleiten, da sie ohnehin Neigung zur Unstätigkeit beim Lernen und Arbeiten genug hat. Im Gegenteil muß sie heute recht ernstlich festgehalten werden bei dem, was zu lernen ist: der Geist und Sinn muß sozusagen hübsch darauf genagelt werden, — bis sie endlich merkt, was sie von gesammelter, bedachter Thätigkeit für Gewinn hat, und dann von selbst innern Trieb gewinnt, bei einmal zu lernenden und zu übenden Stoffen mit Nachhaltigkeit zu verweilen. Alles Herumflattern taugt nicht, es macht endlich unlustig und zerfahren. Darum ist's nichts Geringeres als pädagogischer Unfug, zu welchem solche Lebensbilder-Arbeiten gefährlichen Anlaß geben."

„Was bisher von den Lebensbildern gesagt wurde, betraf vornehmlich die Unzulänglichkeit des Stoffes — (nämlich die oberflächliche, flüchtige und sorglose Zusammenstellung desselben). Eine fast noch bedenklichere Eigentümlichkeit ist die überschwengliche Darstellungsform."

„Für die noch wenig entwickelte Sprachkraft der Kinder ist jedenfalls eine solche Form der Darstellung die richtigste, welche sich zum Teil jener noch unabgeschlossenen Sprachentwicklung durch Faßlichkeit, Einfachheit, Unmittelbarkeit anschließt, — zum Teil sie weiter fördert im ganzen Sprachschatz und der ganzen Sprachkraft. Sobald alle vermittelnden Stufen übersprungen werden, und durch kunstvollere Redewendungen, schmuckvollere Diktion, poetische Gedankenfolgen und salonmäßige Impromptus und Divertissements mit einer Art Geistesreichtum Dinge in der Darstellung behandelt werden, welche an sich wohl dem kindlichen Verständnis nahe wären, aber durch diese Darstellung ihm wie fremd und in die Ferne gerückt erscheinen: so ist hundert gegen eins zu wetten, daß damit nur Hohlheit des Geistes, Übersättigung und Abmüdung statt wahrer Stärkung und Erfrischung gereicht wird. Das tägliche Brot ist allezeit eine gesunde, dem Hunger ganz willkommene, erkräftigende Speise; aber Biskuit und viel feines Gewürz in Überfluß statt des Brotes genossen, ist allezeit der ganzen Konstitution, nicht bloß dem Magen nachteilig. — Die Schönmalerei, das Haschen nach Effekt, die Herauskehrung der Glanzseiten, das Übertreiben der Schlaglichter wie der Schlagschatten führt zu innern Unwahrheiten. Die Menschen in der Geschichte sind weder lauter Engel des Lichts, noch ihre Handlungen alle groß, erhaben und rein. Sie sind auch keine nur Entsetzen erregende Ausgeburten der Hölle, und wenn auch das Dichten und Trachten ihres Herzens von Jugend auf böse war, tragen sie doch noch die Spuren des göttlichen Ebenbildes an sich. Die Landschaften in den verschiedensten Lokalitäten der Erde sind nicht alle himmlisch; was darauf grünt und blüht, fleucht und kreucht, ist nicht alles paradiesisch; und die Leute mit ihrem Sorgen, Ringen und Jagen, in ihren Sitten und Lebensformen sind nicht wie aus dem Märchen von Tausend und einer Nacht. Es giebt Ödes, Wüstes, Abschreckendes, gar sehr Unschönes und Unlöbliches dabei, zumal in dem alltäglichen Thun und Treiben der Leute, in ihren Gelagen, ihrem Saus und Braus, ihrer rücksichtslosen Spekulation, Hartherzigkeit, Leidenschaft. Da hilft kein Übertünchenwollen; die Sachen sind nun einmal anbrüchig und sollen nicht anders gezeigt werden. Aber manche Bilder fahren dahin in lauter gaukelnder Herrlichkeit und Wonne, mit kitzelnden und anlockenden Situationen und zudringlichen Vorspiegelungen, als wäre die ganze Welt nur himmlisches Wesen, patriarchalische Einfachheit, liebenswürdige Reinheit in Sinn und Sitte, in Gewohnheit und Gebaren. Das ist doch unwahr um und um; und darin steckt ein arger Unfug, der in der Schule nur nachteilig wird. — Sinnlichkeit, Genußsucht, Habgier und andere schlimme Dinge herrschen unter diesem Volke; Trägheit, Dumpfheit, Argwohn, Selbstgenügsamkeit bei einem andern; es ist nicht alles Kraft, nicht alles Edelmut, natürliche Liebenswürdigkeit, Wissensdurst, Forschergeist, was an der Oberfläche oft so aussieht. In manchen Bildern werden Land und Leute durch die krankhafte Neigung, alles schöner als die Wirklichkeit vorzumalen, zuletzt völlig unkenntlich. Es muß wohl in der Zeit liegen, die Natur, und die Dinge und Menschen darin nicht gern mehr so ansehen und nehmen zu wollen, wie sie sind, sondern immer um mehrere Grade besser. Darum wird mit den Worten nicht gekargt, die Farben werden stark aufgetragen, alles muß in Fraktur erscheinen. Wozu das? Was gut, edel, tüchtig, erstrebenswert, nachahmungswürdig, was lieblich, großartig, gewaltig im Leben und in der Umgebung der Menschen ist, das nenne man flugs beim rechten Namen, schlicht oder mit etwas gesteigerter Wärme der innern Teilnahme; was es aber nicht ist, münze man nicht dazu um. Mit dem Bemühen, alles nur durch die verschönernde Brille sehen zu wollen, und nur hie und da einen mitleidigen Blick auf einen minder reizenden Umstand zu werfen, hängt es nahe zusammen, das besonders Aufstachelnde, flüchtig Erregende in den Bildern vorzunehmen, die geruhigeren Partien dagegen, bei denen sich die erschöpften und aufgereizten Gedanken wieder sammeln können, um Atem zu schöpfen, nur andeutungsweise zu berühren, um wieder neue Dinge in einem neuen Modekleide zu zeigen. Solcherweise wird Geschichte und Natur zu einem wunderlichen Roman, worin ein unverschrobener Kindersinn für sich gar keine Stelle entdecken kann."

„Um das Maß der Darstellungsreize bis zum Überfließen voll zu machen, wird noch die möglichste Buntheit der zu einem Bilde zusammengewirkten Fäden und Stoffe, der rasche Wechsel von Blick zu Blick, bis zu den heterogensten Dingen hin, die auf geistreich sein sollenden Gelegenheits-Exkursen mit eingereiht werden, hinzugenommen. Bisweilen ist dies auch den Geschichtsbildern anzumerken; aber das Hauptgebiet dafür sind die geographischen Charakterbilder. Es steigt bis zur Wolkenbläue, was darin in einem Atem miteinander zusammengebracht wird: Landesnatur, etwas Geschichte von Olims-Zeiten, Menschenschlag, Tugenden desselben, Winzerleben, Schiffahrt, Kirchen und Kapellen, Büchersammlungen, Börse, Kaffeehaus-Scenen, Winterfreuden, Tracht, Häusereleganz, Schafzucht, Gondelfahrt, Theater 2c. 2c. Dergleichen ist minder ein Lebensbild, als ein schriftstellerisches Ragout. Welche Bildungszwecke sollen durch solche Dinge zu Hause oder in der Schule erreicht werden?"

„In der Schulpraxis endlich fängt das Lebensbilderwesen allmählich an in ein Unwesen auszuarten. Zur Belebung des Unterrichts sollen Lebensbilder benutzt werden, und das mit Recht; sie dienen ganz vortrefflich für diesen Zweck. Aber es ist ganz etwas anderes, ob der ganze Realunterricht in bloßen Lebensbildern aufgehen solle. — Diesterweg sagt: „Mit den beliebten Biographien und wie diese modernen Artikel alle heißen, ist kein bildender Unterricht gegeben. Es sind in der Regel glänzende Schalen, hinter denen sich die Unwissenheit versteckt. — Die Volksschule kann allerdings keinen erschöpfenden, systematischen Realunterricht geben, sie muß sich mit wenig begnügen: sie hat aber außer anregenden, erfrischenden Gaben auch die sicheren Einübungen zu bedenken, um nach Absolvierung bestimmter Pensen deren wesentlichste Stücke einzuprägen. Alles, was auf feste Einprägung hinausläuft, streift mehr oder minder an einen gewissen Mechanismus hinan, und erfordert in der Regel viel Zeit. Sobald nun die Neigung zu bloßen Bildern überwiegt, wird der Lehrer zwar meist gern zuhörende Kinder haben, aber bald merken, daß das Zuhören noch nicht zugleich ein geistiges Mitarbeiten der Kinder einschließt. Das Zuhören ist leicht und angenehm, das Mitarbeiten kostet Anstrengung, und diese scheuen viele; dennoch ist sie die Hauptsache." — So Herr W. v. A.

Der Herausgeber der „Rhein. Bl." stimmt in einer Nachbemerkung aus vollem Herzen zu, worin es u. a. heißt: „Nach meinem Bedünken hat der Verfasser des vorstehenden Aufsatzes ein beherzigenswertes Wort gesprochen; ich habe schon lange bei vielen Machwerken ähnliche Gedanken und Empfindungen gehabt. Diese schnell zusammengeschriebenen Sammelwerke, unter dem blendenden Namen der „Lebensbilder" in den Buchhandel gebracht und himmelhoch empfohlen, tragen nicht wenig zur Verseichtung des Unterrichts bei, und verleiten die Lehrer, statt ernste, wissenschaftliche Bücher zu studieren, zu dieser leichten und oberflächlichen Lektüre. Selbst A. v. Humboldt hat darüber ein warnendes Wort gesprochen. Die meisten der bezielten Schriften verbreiten statt wirklicher, realer Kenntnisse Ansichten. Die Lehrer mögen diese zur Unterhaltung lesen. Wenn sie aber dergleichen leichte und lose Ware an die Stelle der soliden elementaren Kenntnisse setzen und es vernachlässigen, den Schülern in Naturkunde, Geographie und Geschichte vor allem positive Kenntnisse einzuüben, so muß man sie ernstlich vor solchem Beginnen warnen und an ihre Pflicht erinnern." *)

Das Ergebnis unserer Beleuchtung des üblichen Lesebuches ist:

Soweit das Lesebuch als Einprägungsmittel (des zweiten Lernstadiums) beim Realunterricht dienen soll, leidet es an schlimmen Gebrechen, und zwar rühren diese Gebrechen von den genannten drei Losungen her, die seinen Begriff beherrschen. Nicht als ob diese Losungen an sich und überall irrig wären; aber hier sind sie irreführend, weil sie den Blick von den absolut notwendigen Eigenschaften des Real-Lesebuches ablenken.

Warum aber haben so viele einsichtige Schulmänner diese augenfälligen Gebrechen der dermaligen Lesebuchform doch nicht sehen können? Diese Frage ist zu interessant und instruktiv, als daß wir nicht einen Augenblick dabei verweilen sollten.

---

*) Nebenbei bezeichnet Diesterweg den früheren Herausgeber des „Praktischen Schulmannes", Fr. Körner — seiner Zeit Vorsteher einer höhern Schule in Pest — als den Haupturheber dieser Richtung in ihrer verseichtenden Ausartung, indem er beifügt, daß der „Praktische Schulmann" ebenfalls zur Verflachung der Lehrer beigetragen und ihrer viele zu oberflächlicher Schreiberei veranlaßt habe.

Die „Verbal-Realisten“ wollen wir diesmal in Ruhe lassen. Nicht als ob sie die Mängel des Lesebuchs nicht hätten fühlen können. Im Gegenteil: diese Mängel standen ihnen noch mehr im Wege als den Leitfadenfreunden und mußten ihnen also auch noch mehr fühlbar werden. Da sie aber im Realunterricht auf ein exaktes, bildendes Lernen ein für allemal verzichteten, so that ihnen ihr „parkartiges“, „klassisches“ „Lebensbilder“-Lesebuch völlig Genüge. Ihr Hauptirrtum, der „Verbalrealismus“, legt ihnen indessen eine so schwere Verantwortung auf, daß wir sie für die Mängel des Lesebuches nicht insonderheit in Anspruch nehmen wollen.

Aber die Leitfaden-Freunde und überhaupt alle, die einen exakten, bildenden Realunterricht erstrebten — warum haben auch sie jene Mängel des dermaligen Lesebuchs nicht gesehen? — Es sind mehrere Hindernisse im Spiele gewesen. Ich beschränke mich jedoch darauf, die hervorzuheben, welche auch bei den „Verbal-Realisten“ obgewaltet haben.

Das erste Hindernis war jener Mangel in der didaktischen Anschauung, dem wir bei allen Hauptfehlern im Realunterricht begegnen, — derselbe Mangel, der auch den Leitfaden-Irrtum auf dem Gewissen hat —: der unzulängliche Begriff von dem, was zur vollen Durcharbeitung des Lehrstoffes gehört. Wie die „Verbal-Realisten“ die Lernoperation des ersten Stadiums und das dazu gehörige Lehrmittel nicht recht würdigten, so gebrach es den echten „Realisten“ (samt den „Verbal-Realisten“) an der rechten Würdigung der zweiten Lernoperation, des Einprägens, und des dazu gehörigen Lehrmittels. Und wenn ihnen ja an dem sachlichen Einprägen etwas gelegen war, so sahen sie doch die Bedeutung des sprachlichen Einprägens nicht völlig ein — (wovon bei der Kritik des herkömmlichen Sprachunterrichts genauer zu reden sein wird). Darum spielte das Lesebuch bei ihrem Realunterricht eine zu untergeordnete Rolle, als daß sie es mit der nötigen Schärfe des Blicks hätten prüfen können. In Wahrheit lag ihnen aber auch das sachliche Einprägen nicht nach Gebühr am Herzen, denn sonst würden die einen nicht mit einem ärmlichen Leitfaden sich begnügt, und andere nicht gar ohne Leitfaden sich beholfen haben.

Das zweite Hindernis liegt darin, daß man sich gewöhnt hatte — die Leitfaden-Freunde so gut wie die „Verbal-Realisten“ — immer nur von einem Lesebuche, als von einem einheitlichen Buche, zu reden. Hinter diesem Sprachgebrauche steht ein kolossaler Irrtum. In dem sog. „Lesebuche“ der Volksschule stecken zwei und zwar zwei grundverschiedene Bücher — verschieden nach Zweck, Inhalt und Darstellungsweise. Dieser dreifache Unterschied entspringt aus einem Unterschiede, der tief im Wesen des Geistes wurzelt und so fundamentaler Natur ist, daß er das gesamte menschliche Denken in zwei große Hälften spaltet. Aus der einen Richtung des Denkens stammen die Wissenschaften, aus der andern die Künste, deren edelste und mächtigste bekanntlich die Sprachkunst ist. Sollen nun beide Richtungen in der Schule durch ein Lesebuch vertreten sein, so erhalten wir dort, für das naturkundliche und humanistische Wissensgebiet, das Real-Lesebuch, — und hier, für das Gebiet der Sprachkunst, das schön-sprachliche (belletristische) Lesebuch. Dort soll zunächst ein Wissen gelernt werden, hier zunächst eine Kunst.*) Wer jenen fundamentalen Unterschied zwischen Wissenschaft und Kunst, und diesen ebenfalls nicht kleinen Unterschied in den Zwecken der beiden Bücher einsieht, der muß auch einsehen, daß dieselben in Inhalt und Darstellungsform verschieden sein müssen; — und so gewiß verschieden sein müssen, als man mit einem Brotmesser keine Federn schneiden und mit einem Federmesser kein Brot schneiden kann. Ohne Zweifel haben alle einsichtigen Schulmänner, seitdem an die Pflege des Realunterrichts in der Volksschule gedacht wurde, mehr oder weniger gewußt, daß die Lesestücke für den einen und für den andern Zweck nach Inhalt und Darstellung nicht gleich sein dürften. Die alten Lesebücher — z. B. das niederrheinische von Tops und Berger aus dem Anfange dieses Jahrhunderts — zeigen hierin sogar mehr Verständnis als die neueren. Allein man ist diesem Unterschiede nie völlig auf den Grund gegangen, — namentlich hat man nie klar erkannt und gesagt, welches die unumgänglich notwendigen Eigenschaften der realistischen Lese- und Lernstücke seien (These 9). Weil nun kein sicherer Maßstab vorhanden war, so konnte auch keine sichere Prüfung der Lesebücher stattfinden; und daher schreibt es sich, daß jene drei irreführenden Losungen zu einer so unbeschränkten Herrschaft in der Lesebuch-Litteratur gelangten.

Ein dritter, ein historischer Umstand kommt hinzu, — und der erst giebt den vollen Aufschluß darüber, warum die Mängel des üblichen Lesebuches und das Bedürfnis eines besondern Real-Lesebuches bisher so wenig gefühlt worden sind. Die Männer, welche die mehrerwähnte Reaktion gegen den grammatistischen Sprachunterricht einleiteten und die Losungen von der „klassischen Mustergültigkeit" und der „parkähnlichen Anordnung" der Lesestücke aufbrachten, redeten ebenfalls vom Volksschul-Lesebuch immer als von einem einheitlichen Buche. Ganz natürlich. Diese Männer — Mager, Hülsmann, Wackernagel — gehörten dem höhern Schulstande an. In den höhern Schulen hat das deutsche Lesebuch allerdings

*) In dem Artikel über den Sprachunterricht werden wir einen zweiten, noch tiefer liegenden Unterschied zwischen den beiden Lesebüchern besehen lernen.

nur den einen Zweck, in die deutsche Sprache und Litteratur einzuführen; denn für das Lernen der Wissensfächer sind andere Bücher da. Dort konnten also jene Losungen unbedingt zutreffend sein. Nun wandten sie dieselben aber ohne weiteres auch auf das sog. „Lesebuch" der Volksschule an, wo ihnen die Unterrichtsbedingungen unmöglich genau bekannt sein konnten; und die Lehrer und Leiter der Volksschule, die diese Bedingungen genauer hätten kennen sollen, gaben ihnen leider ohne weiteres Beifall. So kamen denn jene Losungen nicht bloß in dem Teile des Volksschul-Lesebuches zur Geltung, wo sie berechtigt waren — bei den belletristischen Lesestücken, — sondern auch im realistischen Teile, wo sie doch nur Schaden anrichten konnten. In der That, für den realistischen Lernzweck sind die Lesebücher seitdem entschieden unbrauchbarer geworden. Doch die Geschichte ist noch nicht zu Ende. Als nämlich später von anderer Seite noch das Losungswort „Lebensbilder" aufkam, da fand diese Verschlimmbesserung nicht bloß die Thür zu dem belletristischen Teil des Lesebuches bereits weit geöffnet, sondern auch die zu dem realistischen Teil. Die „Lebensbilder" waren ja sprachlich „mustergültig", also — mußten sie auch lehrhaft sein. Nachgerade merkt man freilich, daß die Lebensbilder eben nicht lehrhaft sind. Wenn dies nun die Folge hätte, daß dieselben überhaupt in Mißkredit kämen, so würde ihnen dadurch unrecht geschehen. Die „Lebensbilder", wofern sie gut geschrieben sind, stellen unzweifelhaft einen Fortschritt unserer Litteratur dar: ihr Verdienst liegt aber nicht auf der wissenschaftlichen, sondern auf der ästhetischen, künstlerischen Seite. Im belletristischen Lesebuche müssen sie willkommen geheißen werden; dort sind sie in der That eine Zierde und in dem, was da gelernt werden soll, auch lehrhaft. Im realistischen Lesebuche dagegen stehen alle ihre vorteilhaften Eigenschaften dem Lernen, wie es hier sein soll, im Wege. — So hat also jene verdienstliche Reform im Sprachunterricht, weil sie von Männern ausging, welche die Volksschularbeit nicht genau kannten, zugleich die üble Folge gehabt, daß der Begriff des realistischen Lesebuches nicht bloß aus der alten „verbal-realistischen" Unklarheit nicht herauskommen konnte, sondern noch tiefer hineingeraten ist. Der schlagendste Beweis dafür liegt darin, daß die Freunde des exakten Realunterrichts ebensogut das „eine und unteilbare" Lesebuch — dieses „Mädchen für alles" — sich haben aufreden lassen, wie die „Verbal-Realisten"; denn das Lesebuch von Lüben und Nacke z. B. ist von den andern Lesebüchern in den fraglichen Punkten durch nichts Wesentliches unterschieden. Weil nun keine rechten Real-Lesebücher vorhanden waren, so hat das wieder die üble Rückwirkung auf die Leitfaden-Anhänger gehabt, daß sie um so fester an ihren alten Irrtum glaubten, ein dürrer Leitfaden sei das beste Lehrbuch.

Unsere Beleuchtung der hergebrachten Einprägungs-Lehrmittel im Realunterricht — der Leitfäden und des „verbal-realistischen" Lesebuches — darf hier schließen.

Wie das rechte Lehrmittel für das zweite Lernstadium beschaffen sein muß, hat These 9 bereits gesagt. Danach muß es

ein Lernbuch sein, das zugleich Lesebuch ist, — oder ein Lesebuch, das zugleich Lernbuch heißen kann.

Dabei wird vorausgesetzt, daß neben dem Lesebuch auch ein Frageheft (mit den nötigen schematischen Übersichten) im Gebrauche sei. Die Zwecke der Leitfäden verteilen sich an das Lesebuch und an das Frageheft.

In dem Lesebuch ist dann der Stoff so aus dem Lehrplane heraus bearbeitet und so genau geordnet — wie in einem Leitfaden. Sodann sind die Lesestücke inhaltlich so anschaulich-ausführlich — wie es im umfassendsten Leitfaden nicht sein kann, wie es aber in jedem guten Lesebuche sein sollte; dazu sprachlich einfacher und leichter verständlich — als die neueren „verbal-realistischen" Lesebücher waren.*)

Wie soll man aber solche lehrhafte Real-Lesebücher beschaffen, da die populären naturkundlichen und humanistischen Schriften für diesen Zweck nicht berechnet sind, — wenigstens nur eine spärliche Auswahl bieten.

Sollen wir wieder zu den ehemaligen sog. „selbstfabrizierten" Lesestücken zurückgreifen? — „Zurückgreifen?" — nein, das ist unmöglich, — nämlich deshalb unmöglich, weil es solche realistische Lesebücher, wie die obigen Thesen sie fordern, nie gegeben hat. Aber dazu fortschreiten wollen wir und das ohne irgend welches Bedenken. Die Parole von der „klassischen Mustergültigkeit" und der gute Rat: „das Beste ist gut genug", sind recht und löblich; wir können aber nicht eher etwas damit anfangen, bis die klassische Litteratur uns gerade solchen Lehrstoff bringt, wie wir ihn brauchen. Darauf kann jedoch die Schule nicht warten; darum müssen wir uns selbst an die Arbeit geben. Das will jedoch nicht heißen, daß jeder Elementarlehrer, wie er geht und steht, sich aufmachen solle, ein Real-Lesebuch zu schreiben. Wie einer, der einen Stock abschneiden kann, darum noch nicht zum Erzieher berufen ist, — und einer, der Theologie studiert und ein pädagogisches Kolleg gehört hat, darum noch nicht zum Schulinspektor, Seminardirektor oder Schulrat

*) Auf die Nebenfrage, ob das belletristische und das realistische Lesebuch auch äußerlich als zwei Bücher sich darstellen, oder aber zusammengebunden werden sollen, kann ich nur bemerken, daß dies keine pädagogische, sondern eine Buchbinderfrage ist.

qualifiziert ist; so ist auch ein Lehrer, der gut oder leidlich zu unterrichten versteht, wenn ihm die rechten Lehrmittel zur Hand sind, darum noch nicht zum Lesebuch-Schriftsteller berufen. Dazu gehört eine genaue Sachkenntnis und eine geschulte Darstellungsgabe.

Diese Erfordernisse sind zur Zeit bei den meisten Lehrern thatsächlich nicht vorhanden; leider haben ihrer viele auch nicht einmal Lust, sich darum zu bemühen. Es ist aber glücklicherweise auch wahr, daß jene Eigenschaften in der Gesamtheit des Lehrerstandes genügend vertreten sind — wenigstens in der Naturkunde, und für den ersten Bedarf. Solange nun die Männer vom Fach, die zugleich Männer von der Feder sind, sich nicht herbeilassen wollen, ihre Gabe ex professo in den Dienst der Volksschule zu stellen — oder es nicht können, weil sie die Unterrichtsbedürfnisse der Volksschule nicht genug kennen: so lange wird der Schulstand sich mit den Kräften behelfen müssen, die er in seiner Mitte hat. Ihn darob zu schelten, — dazu hat niemand das Recht. Das Beste ist wünschenswert, aber das Nötige muß das Erste sein. Als weiland die selbstfabrizierten Lesestücke für schlecht erklärt wurden — weil sie es wirklich waren — da hätten die Lehrer, anstatt die ebenso unbrauchbaren „klassischen Lebensbilder" sich aufreden zu lassen, lieber daran gehen sollen, fleißig zu studieren und sich im Bessermachen zu üben. Jetzt müssen sie sich doch an die Arbeit geben. Man thue es nur ungesäumt. Bei den realistischen Lesestoffen der Mittel- und Unterstufe war die Volksschule bisher schon auf die eigenen Kräfte angewiesen. Auf einen „pädagogischen Generalstab", der im Schulwesen in ähnlicher Weise für die Heranbildung und Verwertung tüchtiger Kräfte und für die Herstellung tauglicher Hülfsmittel sorgt, wie es der militärische Generalstab auf seinem Felde thut, werden wir in Preußen, wie in ganz Deutschland, trotz des Rühmens vom „Lande der Schulen und Kasernen", wohl noch ein paar hundert Jahre warten müssen. Wenn fremde Hülfe sich versagt, dann gilt es: „Selbst ist der Mann." In der Lage befindet sich der Volksschullehrerstand — wie in so vielfacher Beziehung, so auch in diesem Falle, bei der Frage vom rechten Real-Lesebuche. Da ist rüstiges Selbst-Handanlegen eine Tugend und ein Lob. Melden sich dereinst tüchtigere Kräfte, um für die Volksschule realistische Lesebücher zu schreiben, — wohl, so werden die unzulänglichen sie willkommen heißen und ihnen gern den Platz räumen.

---

3. Der dritte Fehler.

Hier handelt es sich um das dritte Lernstadium und zwar um das Fehlen einer Sammlung fixierter Reproduktionsfragen — für alle Stufen.

Es ist jedoch schon kein allgemeiner Fehler mehr, wenigstens nicht bei den Freunden des Leitfaden-Unterrichts. Manche Leitfäden, namentlich naturkundliche und geographische, sind bereits seit langem mit Reproduktionsfragen versehen; und A. W. Grube hat vor Jahren seinen Geschichtsbildern ebenfalls ein Frageheft zur Seite gestellt. Aber da, wo der Realunterricht dem Sprachunterricht einverleibt ist und an das gewöhnliche Lesebuch angeschlossen wird, habe ich bisher noch keine Fragesammlung gefunden. Dieser Unterschied zwischen den beiden Richtungen im Realunterricht ist merkenswert. Er zeigt, wie die Freunde eines selbständigen Realunterrichts nicht bloß in der Würdigung des mündlichen Lehrwortes, sondern auch in der rechten Erkenntnis des dritten Lernstadiums den Anhängern des „Verbalrealismus" vorausgeeilt waren.

Doch auch bei den letztern ist dieser Fehler nicht so tief gewurzelt wie die Fehler des ersten und zweiten Lernstadiums. Denn dort stehen der rechten Einsicht positive Irrtümer, verkehrte Losungen im Wege. Diese müssen erst bekämpft werden, bevor die Wahrheit Eingang finden kann. Hier, beim dritten Lernstadium, ist der Fehler lediglich negativer Art, eine bloße Lücke in der didaktischen Erkenntnis, — gerade wie es bei den Leitfaden-Freunden auf einer solchen Lücke im Erkennen beruht, daß sie für das zweite Lernstadium noch nicht das rechte Lehrmittel haben finden können. In diesem Falle wird es daher vielleicht bloß des Hinweises auf das Richtige bedürfen, um ihm Eingang zu verschaffen. Da dieses nun, wie mir scheint, bei These 10 genügend geschehen ist, so werde ich hier auf die Zweckmäßigkeit und Notwendigkeit einer Fragesammlung nicht weiter eingehen.

Einige Bemerkungen gegen gewisse Mißverständnisse möchten wohl am Platze sein; allein auch diese will ich lieber für eine andere Gelegenheit versparen.*) Wem es ernstlich darum zu thun ist, über diese Lücke in der Durcharbeitung des Stoffes mit sich ins reine zu kommen, bedarf dazu

*) Doch eins sei im vorbeigehen noch erwähnt. — Wenn ich das mündliche Lehrwort vorzugsweise dem ersten Stadium zugewiesen und beim Einprägen und Reproduzieren fast nur von den gedruckten Lernmitteln geredet habe, so wird hoffentlich niemand dies so verstehen, als ob bei den letzteren Lernstadien das mündliche Wort beengt sein sollte. Ein größeres Mißverständnis könnte mir nicht begegnen. Der Lehrer benutze das freie Fragen überall — und so viel,

keiner fremden Hülfe, wenn er sich darauf besinnen will, was er in andern Fächern bereits seit langem weiß und übt. Denn wie einer, der den rechten Begriff vom Wesen und vom Gebrauch eines biblischen Historienbuches hat, in seinem Nachdenken über Wesen und Gebrauch eines Real-Lehrbuches nicht wohl mehr irre gehen kann: so kann auch einer, der weiß, wozu ein Rechenbuch da ist, sich bald darüber besonnen haben, warum eine Real-Fragesammlung vorhanden sein muß.

Rekapitulieren wir zum Schluß die gefundenen Mängel.

Bei den Leitfaden-Freunden fanden wir allgemein nur den einen Fehler, daß sie nicht das rechte Lehrmittel für das zweite Lernstadium haben. An manchen Stellen wird freilich auch das mündliche Lehrwort und die Durcharbeitung im dritten Lernstadium zu kurz kommen.

Bei den Anhängern des „Verbal-Realismus“ gebricht es in allen drei Lernstadien: das mündliche Lehrwort kommt zu kurz, — es fehlt das rechte Lehrbuch, — und es fehlt die Fragesammlung. Hier thut ein gründliches Besinnen und eine völlige Umkehr not.

Drittes Stück: **Die Hauptfehler des bisherigen Sprachunterrichts, insbesondere in seinem Verhältnis zum Sachunterricht.**

In den voraufgegangenen Betrachtungen ist mehrfach darauf hingewiesen worden, daß der Realunterricht auch unter solchen Irrtümern leide, die im Sprachunterricht ihren Sitz haben. Diese schlimmen Einflüsse sind in der That vorhanden; daher kommt es, daß hier, bei der Besprechung des naturkundlichen Unterrichts, auch von der Methode des Sprachunterrichts die Rede sein muß.

Unter den sprachmethodischen Irrtümern ragt aber einer vor allen andern hervor, indem er im Sprachunterricht dieselbe verderbliche Rolle

---

als er Zeit hat. Die gedruckten Lernmittel wollen ja nur da dienen, wo das mündliche Wort nicht dienen kann: also wo dem Lehrer die Zeit fehlt oder wo er — wie bei der häuslichen Repetition — nicht zugegen ist, oder wo — wie beim Lesen noch andere Zwecke zu erstreben sind. Kurz, die gedruckten Lernmittel stehen da, wo sonst eine leere Stelle sein würde.

spielt, wie der „Verbal-Realismus" im Sachunterricht. Ich nenne ihn darum den Grundirrtum des Sprachunterrichts. Er liegt übrigens nicht auf dem Felde, wo die bisherigen sprachmethodischen Parteien sich Schlachten geliefert haben, — er ist alten Datums, so alt, wie der schulmäßige Sprachunterricht überhaupt. Wie viele ihrer auf diesem Gebiete zu reformieren gesucht haben — so sind doch die einen wohlgemut daran vorbeigeeilt, und die andern, wenn ihnen etwas davon bemerklich wurde, nicht auf seinen Ursprung zurückgegangen. Eine Radikalkur hat der Sprachunterricht noch nie erlebt. Wo eine solche eintreten soll, da darf man nicht negativ, z. B. mit einer Kritik des Grammatisierens, beginnen, sondern muß positiv, mit einer Reform des Sachunterrichts, vorgehen. Es gilt das Herz des „Verbal-Realismus", und die Seele des phrasenlernenden Ur-Humanismus zu treffen. An den besprochenen Fehlern des Sachunterrichts wie an den bisherigen Wirrnissen im Sprachunterricht trägt jener sprachmethodische Grundirrtum die Hauptschuld. Mit seiner Beseitigung fallen jene wie diese so zu sagen von selber fort. Ist damit einerseits gesagt, daß ihm eine weittragende, kolossal weittragende Bedeutung zukommt, so auch andrerseits, daß er tief und versteckt sitzen muß. Es wird daher nicht leicht sein, diese böse Wurzel bis zu ihrer letzten Spitze hin aufzudecken.

Die Vermutung, daß auf dem sprachlichen Gebiet irgendwo etwas nicht im reinen sein müsse, drängt sich schon dem flüchtigen Blicke durch mancherlei Thatsachen auf.

Dahin gehört erstlich die lange Reihe wunderlicher Wandlungen, welche der Sprachunterricht durchgemacht hat; — die des Leseunterrichts nicht zu vergessen. Dahin gehört ferner die unruhige Geschäftigkeit, welche auf dem Felde der sprach-methodischen Schriftstellerei auch heute noch herrscht. Über kein Lehrfach der Volksschule ist mehr geredet und geschrieben worden als über den deutschen Sprachunterricht, und doch bringt der Buchhandel von Monat zu Monat immer wieder neue Leitfäden, Übungsbücher u. s. w. Hier haben wir offenbar eine litterarische Überproduktion, — wenn auch vielleicht nicht in dem (wirtschaftlichen) Sinne, daß das Angebot die Nachfrage übersteigt, so doch gewiß in dem Sinne, wie die Staatsmänner von einer Überproduktion in der Gesetzfabrikation zu sagen pflegen, daß sie kein gesundes Zeichen sei. Was auch immer bei dieser litterarischen Vielgeschäftigkeit mitwirken mag, — jedenfalls steckt auch das Gefühl dahinter, die didaktische Theorie sei im Sprachunterricht noch unsicher, und darum dürfe man der Kritik gegenüber schon etwas wagen. — Dieselbe Unsicherheit offenbart sich auch in den Konferenz-Verhandlungen. Wenn dort auf den Sprachunterricht die Rede kommt, so läßt sich nicht selten das vielstimmige Bekenntnis hören, bei den bisherigen Ergebnissen der sprachunterrichtlichen Arbeit könne man nicht ruhig sein, — und diejenigen, welche sich am angelegentlichsten um dieses Lehrfach bekümmert haben, sind nicht die letzten, welche so reden. Da giebt es — sagen sie — Schulen, wo der Sprachunterricht ausnehmend planmäßig und eifrig betrieben wird: alle Stufen besitzen ihre sprachlichen Übungsbücher, und diese werden mit Fleiß und Sorgfalt durchgemacht. Sie zeigen allerdings ein erfreuliches Resultat, nämlich in der Sprachrichtigkeit — genauer in der Schreibrichtigkeit. Allein das ist eben ein einseitiges Resultat; denn wenn man die Sprachfertigkeit und das Sprachverständnis prüft, so findet sich kein Vorsprung vor andern guten Schulen, wo auf besondere Sprachrichtigkeits-Übungen weniger Gewicht gelegt wird. Im Gegenteil, man trifft in den letzteren durchweg mehr Sprachgewandtheit an, wobei dann ein größeres Sprachverständnis schon ohne weiteres vorausgesetzt werden kann. In solchen Schulen, wo bloß Brouillonarbeit getrieben wird, fehlt es natürlich auf allen Seiten, — von ihnen ist überhaupt nicht zu reden. — Wohin sollen wir uns nun wenden? Ist die Sprachrichtigkeit und insonderheit die Schreibrichtigkeit — wonach jene erstgenannten Schulen vornehmlich trachten — so wichtig, daß man sie auf Kosten der Sprachgewandtheit und des Sprachverständnisses erkaufen darf? Und sollten sich die letzteren Ziele nicht erreichen lassen, ohne daß die Sprachrichtigkeit zu kurz zu kommen braucht? — So die Stimmen aus der praktischen Erfahrung.

Was ist das? —. So viele Wandelungen und doch noch keine Stetigkeit; so viele Ratschläge und doch so große Unsicherheit; so viele Lehrstunden von unten auf und doch kein allseitig beruhigendes Ergebnis, — und das in einem Lehrfache, welches unter allen das älteste ist. Kann man sich da der Vermutung erwehren, daß der Sprachunterricht irgendwo an verborgenen Haken festhange?*)

Doch das nur beiläufig. Ob das Gefühl der Unsicherheit wirklich so weit verbreitet ist, wie jene Thatsachen anzudeuten scheinen, oder ob man allerwärts auf einem unzweifelhaft richtigen Wege zu sein glaubt, — das eine wie das andere soll auf unsere Untersuchung keinen Einfluß üben. Sie wird, wie ich meine, aus hellen Gründen erweisen, daß der dermalige

*) Zu diesem kritischen Ergebnis kommt auch die treffliche Schrift: „Die Sprachunterrichtsnot in unsern deutschen Volksschulen, nebst einigen Mitteln zu deren Abhülfe," von K. W. Frech, Mittelschullehrer in Freudenstadt (Württemberg). — Meine positiven Vorschläge sind zwar wesentlich anders als die des Herrn Frech, aber seine Kritik kommt der meinigen stattlich zu Hülfe.

Sprachunterricht, wie viel auch daran verbessert sein mag, noch an mehreren schlimmen Fehlern leidet. Es sind ihrer vornehmlich drei. Sie hängen der Reihe nach mit den drei Stücken zusammen, wovon in der Methodik des Sprachunterrichts die Rede sein muß. Bevor dieselbe sich daran geben kann, die einzelnen Übungen zu bestimmen, muß sie nämlich folgende drei Hauptfragen ins reine bringen:

1. Welches ist die rechte praktische Rangordnung der drei Lehrziele (der drei Seiten der Sprachkunst)?
2. Welches ist die rechte praktische Rangordnung der Sprachorgane (Mundsprache und Schriftsprache)?
3. Welches ist das rechte Verhältnis des Sprachunterrichts zum Sachunterricht?

Die bisherige Sprachmethodik ist an diesen Hauptfragen teils gänzlich vorbeigeeilt, teils nur höchst unzulänglich darauf eingegangen. Das sind ihre Hauptschulden. Hieraus, nicht aus der oder jener Einzelverirrung (wie Grammatisieren u. s. w.), stammt ihr Mißgeschick. Wer bei einem Unternehmen die Hauptfragen nicht sieht oder liegen läßt, der ist aus der rechten Bahn schon heraus, bevor die Arbeit begonnen hat.

Es ist zwar eigentlich nur der dritte Fehler, um deswillen hier (beim Realunterricht) vom Sprachunterricht die Rede sein muß. Da sich derselbe jedoch in der Praxis nicht gründlich verbessern läßt, wenn nicht vorher die beiden andern gehoben sind, so müssen diese wenigstens kurz mitberührt werden.

---

1. Der erste Fehler.

Derselbe liegt in einer verkehrten Rangordnung der drei sprachlichen Lehrziele (der drei Stücke, welche zusammen die Sprachbildung ausmachen): Sprachfertigkeit, Sprachverständnis und Sprachrichtigkeit. Genauer gesagt, darin: daß über der großen Sorge für die Sprachrichtigkeit die Sprachfertigkeit zu sehr vernachlässigt wird.

Zuvörderst wird mir obliegen, die rechte Rangordnung zu zeigen und zu rechtfertigen.

Alle drei Ziele sollen in ihrem Maße, d. i. nach Möglichkeit, erstrebt werden, — das ist gewiß. Ich behaupte aber, daß unter ihnen in der Praxis eine Rangordnung beobachtet werden muß, nämlich die, daß der Sprachfertigkeit (und dem Sprachverständnis) bedeutend mehr Zeit gewidmet werden muß als der Sprachrichtigkeit. Der vollständige Beweis für diese Behauptung läßt sich hier nicht beibringen, weil dazu psychologische Untersuchungen über die Natur der Sprache und über ihren Einfluß auf die Bildung erforderlich sein würden. Doch kann ich die Gründe wenigstens andeuten.

Für den Vorrang der Sprachfertigkeit und des Sprachverständnisses spricht erstlich, daß in diesen Fähigkeiten mehr Bildungswert steckt als in der Sprachkorrektheit. Zum andern dies, daß jene beiden Fähigkeiten — in dem Maße, wie sie zunehmen — auch dem übrigen Lernen mehr zu gute kommen als die dritte. Endlich verlangt sogar die Sprachrichtigkeit selbst, daß in der Praxis zuvörderst auf Sprachfertigkeit und Sprachverständnis hingearbeitet werde, — wie ein paar Thatsachen aus andern Gebieten beweisen können. Wenn ein kleines Kind seine ersten Versuche im Gehen macht, — was würde da herauskommen, wenn die Mutter sofort an der Haltung, an der Beinstellung u. s. w. regeln wollte? Die Losung muß hier heißen: Marschieren! marschieren! — d. h. Fertigkeit! das Weitere wird sich schon finden. Und was würde aus einem angehenden Schlittschuhläufer werden, wenn der Lehrmeister sofort auf künstliche Wendungen dringen wollte, oder ihm fortwährend zuriefe: Verkehrt! du fällst! du fällst! — Auch hier gilt wieder zuerst die Losung: laufen! laufen! — d. i. Fertigkeit, sichere Fertigkeit in den einfachsten Laufbewegungen. So auch beim Sprechenlernen. — Aus demselben Grunde gebührt der Sprachfertigkeit auch der Vorrang vor dem Sprachverständnis, obwohl beide an Bildungswert und an Einfluß auf das übrige Lernen in gleichem Range stehen. Das will natürlich nicht so verstanden sein, als ob Fertigkeitsübungen angestellt werden dürften an einem Stoffe, den die Schüler nicht verstehen, sondern es will heißen: innerhalb des sachlichen Erkenntnisbereiches soll tüchtig die Zunge geübt werden und zwar so, daß diesen Übungen auf allen Stufen mehr Zeit gewidmet wird als denen für das sprachliche Verständnis.

Auf dieses normale Rangverhältnis der sprachlichen Lehrziele muß um so schärfer geachtet werden, weil äußere Umstände vorhanden sind, welche dasselbe immer wieder zu verrücken drohen.

Der erste ist der, daß bei einer Prüfung oder wo der Schüler im spätern Leben seine Sprachkenntnisse zu zeigen hat, die Mängel in der Sprachkorrektheit meistens markierter ins Ohr oder ins Auge fallen, als die der Sprachfertigkeit und des Sprachverständnisses. Dadurch hat sich das Urteil des Publikums dahin mißleiten lassen, orthographische und grammatische Fehltritte viel höher anzurechnen, als die Mängel in den beiden andern Stücken der Sprachbildung. Nur jene gelten als eigentliche „Sprachfehler", — als Sprachsünden, die nicht vergeben werden können; diese dagegen läßt man ohne viele Umstände passieren und deckt sie, gleich den angebornen Gebrechen, gern mit dem Mantel der Liebe zu. Das heißt aber nichts anderes als: nur die grammatische und orthographische Richtigkeit ist ein notwendiges Erfordernis und ein sicheres Zeichen der Bildung: Sprachfertigkeit und Sprachverständnis sind es nicht. Liegt diesem Urteile nicht ein völlig schiefer Begriff der Bildung zu Grunde? Wird da nicht das weniger Wichtige an die Stelle des Wichtigeren gesetzt? Aber nicht genug. Grammatik und Orthographie bezeichnen doch nur einen Teil dessen, was zur Sprachrichtigkeit gehört, nämlich den, wo die Fehler auch in der Schriftsprache zum Vorschein kommen. Wo bleibt aber der rein phonetische Teil der Sprachrichtigkeit — die lautreine, deutliche, feine Aussprache, die richtige Betonung und der angemessene Vortrag? Sie müssen sich, gerade wie die Sprachgewandtheit und das Sprachverständnis, in dem großen Kapitel der zwar löblichen, aber nicht wesentlichen Stücke der Sprachbildung unterbringen lassen. So das Modenurteil des Publikums. Das ist ein schwerer Bann, der auf dem Sprachunterrichte lastet. — Derselbe wird aber noch dadurch verstärkt, daß es nicht wenige Schulrevisoren giebt, die jenes modemäßige Mückenseigen und Kamelverschlucken getreulich nachahmen, indem sie auf grammatische und orthographische Fehler eifrig Jagd machen, während die Mängel in der phonetischen Sprachrichtigkeit wie die in der Sprachfertigkeit und im Sprachverständnis vor ihren Augen wie Nichts zu gelten scheinen. Ein so verkehrtes Urteil wird immer noch nicht vollständig zurechtgerückt dadurch, daß man sagt: das eine soll man thun und das andere nicht lassen; es muß vielmehr heißen: das Wichtigere soll man zuerst thun, und dann mag man das andere auch thun. — Weil das nun alles so ist — wie jedermann weiß — so steht der Lehrer, auch der, welcher das normale Verhältnis der sprachlichen Lehrziele kennt, immer in Gefahr, dem schiefen Urteil des Publikums und der Schulrevisoren zulieb, das Recht zu beugen. Es gehört in der That ein nicht geringes Maß von Charakterfestigkeit dazu, wenn einer dieser Versuchung nicht unterliegen soll. Um so nachdrücklicher muß die pädagogische Theorie, welche keine Person anzusehen braucht, auf das Richtige dringen, damit der Sprachunterricht endlich von diesen Banden frei werde.

Wenn man die bezeichnete normale Rangordnung der drei Seiten der Sprachkunst festhält, so leitet dieselbe auch zu einer bestimmten Rangordnung der Übungen. An die Stelle des Meinens und Wähnens, des Umhertappens und Probierens kann ein fester Plan treten. Die allgemeine Regel wird lauten: Auf jeder Stufe müssen die Übungen für die Sprachfertigkeit und das Sprachverständnis ein bedeutendes Übergewicht erhalten, und unter ihnen insonderheit wieder die für die Sprachfertigkeit. Zu dem Zwecke muß nun bei jeder Art der Übungen — beim Lesen, Memorieren, Sprechen, Schreiben — genau untersucht werden, was dieselbe für jedes der drei Lehrziele leisten kann, und wie viel Zeit man ihr demgemäß widmen darf. Diese Untersuchung scheint verwickelt und schwierig zu sein. Sei es oder sei es nicht, sie muß eben geschehen. Man kann sie sich jedoch erleichtern, wenn man festhält, daß es sich zunächst darum handelt, ob und wie weit die betreffende Übung der Sprachfertigkeit dient. Dies läßt sich unschwer erkennen. Ist man damit auf dem Reinen, so steht der Plan in seinen Grundzügen fest: denn die Fertigkeitsübungen sollen gleichsam sein Knochengerüst bilden, während die Übungen für Sprachverständnis und Sprachkorrektheit sich jenen bloß anschließen, sie begleiten, — gleichwie die Muskeln dem Skelette sich anschließen.

Sollte dem einen oder andern Leser hier die Besorgnis aufstoßen, daß dieser Plan doch auf die Sprachrichtigkeit zu wenig Gewicht lege — oder, falls das nicht gemeint sei, daß dieselbe wenigstens thatsächlich zu kurz kommen werde, so kann ich nur sagen: die eine Besorgnis beruht auf einem Mißverständnis und die andere ist ungegründet. Meine Meinung geht keineswegs dahin, daß auf die Korrektheit im Sprechen und Schreiben keine Sorgfalt verwendet zu werden brauche, oder daß diese Sorgfalt erst auf den obern Stufen einzutreten habe. Was für Korrektionsübungen überhaupt wie auf jeder Stufe stattfinden müssen, und welche der hergebrachten vielleicht fortfallen können — auf diese und ähnliche Einzelfragen darf ich mich hier nicht einlassen.

Nur so viel sei im vorbeigehen bemerkt: auf richtiges Sprechen und Schreiben muß ja von unten auf hingearbeitet werden (durch Buchstabieren, Abschreiben u. s. w.), allein diese Übungen sollen nur als Begleit-Übungen auftreten, im Anschluß an das Lesebuch (an das Lesen, Memorieren u. s. w.) und an das sachliche Lernen. Ein besonderer sprachlicher „Leitfaden" ist somit mindestens überflüssig. Aus dem Begriff der Begleitübungen folgt mir aber auch, daß sie mit aller Sorgfalt geschehen müssen. Diese Sorgfalt verstehe ich so. Wie es für das Schönschreiben bekanntlich eine Hauptsache ist, daß keine Schlechtschreibestunden angesetzt werden, so muß beim Rechtsprechen die Hauptsorge darauf gehen, die richtigen Sprachformen in Ohr, Mund und Auge zu bringen und, wo korrigiert wird, die Korrektur fest einzuprägen, d. h. nicht eher zu etwas Neuem zu schreiten, bis diese Fehler aus der Welt geschafft sind. Wenn so die Richtigkeitsübungen mit dem sachlichen Lernen Hand in Hand gehen und mit aller Sorgfalt geschehen, so hat man nicht nötig, auf besondere Mittel und Wege — wie die sprachlichen Leitfäden sie bieten —

zu sinnen. Die Interpunktionslehre z. B., die noch vielfach für ein schweres Problem und leidiges Kreuz gehalten wird, ist in meinen Augen eine der leichtesten Lektionen des Sprachunterrichts; sie läßt sich ohne jeglichen grammatischen Apparat und mit geringer Mühe abmachen, wenn nur auf der Mittelstufe eine gewisse Vorübung, die aber dort behufs des Sprachverständnisses geschieht, treulich und sorgfältig vorgenommen worden ist. (Bei einer andern Gelegenheit werde ich mein Verfahren genauer mitteilen.)

Fassen wir das Gesagte kurz zusammen, so lauten die Regeln: den Übungen für die Sprachfertigkeit und das Sprachverständnis soll auf allen Stufen bedeutend mehr Zeit und Kraft gewidmet werden als den Richtigkeitsübungen; und: die letzteren sollen nur als Begleitübungen, im Anschluß an jene, auftreten. Indem die erstere Forderung das Verhältnis angiebt, wie die verfügbare Zeit auf die drei Lernziele verteilt werden soll, und dabei der Sprachfertigkeit und dem Sprachverständnis den Vorrang zuerkennt, so thut sie das einmal, weil diese Stücke am wichtigsten sind, und zum andern, weil dadurch dem dritten Ziel am besten vorgearbeitet wird. Wenn dann an der Sprachbildung schließlich doch etwas fehlen muß — da die Schule nun einmal das Unmögliche nicht möglich machen kann — so wird das Manko wenigstens auf die drei Lehrziele richtig verteilt sein.

Es würde nun zu beweisen sein, daß der herrschende Sprachunterricht wirklich an dem bezeichneten Fehler — der eigentlich ein ganzer Knäuel von Fehlern ist, — leidet.

Dokumentarisch läßt sich dieser Beweis nicht liefern, weil die theoretisch-methodischen Schriften sich über diesen Fragepunkt — über die praktische Rangordnung der drei Lehrziele — nicht aussprechen. Doch dieses Schweigen ist schon verdächtig. Zwar nicht an und für sich, — denn eine Wahrheit kann für so selbstverständlich gehalten werden, daß man nicht nötig findet, sie ausdrücklich hervorzuheben. Aber es ist deshalb verdächtig, weil auch über die erwähnte Versuchung zur Einseitigkeit geschwiegen wird. Denn wenn die normale Rangordnung der Lehrziele erkannt worden wäre, so würde auch die ihr drohende Gefahr ins Auge gefallen sein, und wenn das, so würde man auch für nötig befunden haben, auf das Richtige ausdrücklich hinzuweisen und vor dieser Gefahr zu warnen.

Übrigens zeigt die Praxis zur Genüge, daß der bezeichnete Fehler in der That durchgehends begangen wird — hier mehr, dort weniger, jedenfalls überall da, wo kein geläufiges, wohlbetontes Lesen erzielt, zu wenig memoriert und nicht auf freies Reden hingearbeitet wird. Bei den

Grammatisten von weiland war die Vernachlässigung der Sprachfertigkeit augenfällig: sie arbeiteten zuvörderst auf das Sprachverständnis hin, jedoch meist nur auf das grammatische; zugleich hatten sie die Sprachrichtigkeit im Sinne, zu der sie auf jenem Wege am sichersten zu gelangen hofften; die Sprachgewandtheit werde, so meinten sie, bei den gebräuchlichen Mitteln sich von selbst einstellen. Sie begingen mehrere Fehler auf einmal. Erstlich den Hauptfehler, daß ihre Sprachfertigkeits-Übungen bei weitem nicht ausreichten; sodann irrten sie darin, daß sie meinten, durch das grammatische Sprachverständnis viel für die Sprachrichtigkeit gewinnen zu können, da doch die Sprache, weil sie eine Kunst ist, vornehmlich durch Üben gelernt sein will; und endlich wurden sie ihrem eigenen Princip nicht völlig gerecht, weil sie über dem eifrigen Betreiben der Grammatik die onomatische und die lexikologische Seite des Sprachverständnisses, die doch für die Volksschule entschieden wichtiger sind, vernachlässigten. — Schulmänner von mehr praktischem Blick — ich meine aber immer noch Grammatisten — merkten den einen, den mittleren Fehler und legten sich daher weniger auf grammatisches Theoretisieren als auf grammatische und orthographische Übungen. Daß sie das Üben betonten, war wohlgethan; aber da bei ihnen einmal von Haus aus die Ziele verschoben waren, so blieb der gesamte Erfolg doch einseitig. Überdies waren die besonders gepflegten Übungen vorwiegend schriftliche, was schon innerhalb ihres eigenen Princips eine Einseitigkeit heißen muß, da die Sprachkunst es nicht bloß mit Auge und Hand, sondern auch, und zwar zuerst, mit Ohr und Mund zu thun hat.

Seitdem die Losung aufgekommen ist, daß der Sprachunterricht sich an das Lesebuch anzuschließen habe, sind jene Fehler der Grammatisten teilweise verbessert worden. Indessen bietet diese Losung keineswegs eine sichere Bürgschaft dafür, daß nicht doch über Gebühr grammatisiert werde, denn thatsächlich geschieht es noch viel zu viel — sei es auch zumeist in der Form von Übungen — und dazu unter Zurücksetzung der Onomatik (Wortfamilien, Synonymen, Tropen) und der Lexikologie (Worterklärung). Überdies — und das ist es eigentlich, um was es sich hier handelt — sie bürgt auch nicht für die normale Rangordnung der Lehrziele. Thatsächlich wird der Sprachfertigkeit nicht die gebührende Zeit und Kraft gewidmet — wie weiter unten genauer bewiesen werden soll — und das hat praktisch die Folge, daß nicht allein dieses Stück der Sprachbildung zu kurz kommt, sondern auch das Sprachverständnis und obendrein die Sprachrichtigkeit, um die man doch so sehr besorgt ist. Umgekehrt, wenn man zuoberst für die Sprachfertigkeit sorgen wollte, so würden auch die beiden andern Seiten der Sprachbildung sich besser stehen als jetzt.

Darauf lege ich den Finger. Denn hier gilt wie auch anderwärts: wer am ersten nach der Hauptsache trachtet, dem fällt im übrigen immer vieles von selber zu.

---

2. Der zweite Fehler.

Derselbe liegt darin, daß zwischen Mundsprache und Schriftsprache nicht die methodisch-normale Rangordnung beobachtet wird. Auch in dieser Verschiebung steckt ein ganzer Knäuel praktischer Mißgriffe.

Was hier das Richtige ist, läßt sich zwar unschwer deutlich sagen, aber ohne eine eingehende psychologische Auseinandersetzung noch weniger überzeugend beweisen als die vorbesprochene Rangordnung der drei Lehrziele. Es bleibt mir daher nichts übrig, als kurz und gut meinen Spruch zu sagen, und es dann dem Leser zu überlassen, wie er sich damit auseinandersetzen will.

Bekanntlich ist die Sprache ursprünglich bloß Mundsprache gewesen, — also eine Kunst, die nur auf Übung des Ohres und Mundes beruht. Seitdem die Schriftsprache hinzugekommen, werden auch noch Auge und Hand in Anspruch genommen. Die Sprachbildung, wie wir heutzutage sie verstehen, hat es daher mit vier Organen, mit vierfachen Übungen zu thun.

Wie jene geschichtliche Herkunft der Sprache schon andeutet, sind ihre wichtigsten Organe das Ohr und der Mund. Mit ihnen muß bei jedem neugebornen Menschenkinde das sprachliche Lernen immer zuerst anfangen, wenn es schnell und leicht von statten gehen und zum Vollbesitz dieser Kunst vordringen soll. Wo der Sprachunterricht das erste Organ, das Ohr, verschlossen findet, da ist nicht bloß die Zunge merklich gebunden, sondern Auge und Hand sind es mehr oder weniger auch. Nur sehr langsam und beschwerlich rückt der Taubstumme im Lesen, Sprechen und Schreiben vor, und selbst im schriftlichen Ausdruck bringt er es nie zur vollen Gewandtheit. Damit ist denn genugsam bewiesen, daß bei den Vollsinnigen die gesamte Sprachbildung, also auch die Schriftsprache, vornehmlich in den beiden Organen der Tonsprache wurzelt, von dort ihre eigentliche Triebkraft und Energie empfangen muß, — und zwar nicht bloß beim Anfangslernen, sondern auf allen Stufen.

Was folgt nun hieraus für die Praxis? — Vorab die allgemeine Regel, daß es sich beim Erlernen einer Sprache — sei es die Muttersprache oder eine fremde — vornehmlich darum handelt, die Sprachformen in Ohr und Zunge zu bringen, oder mit andern Worten: daß der

Pflege der Mundsprache auf allen Stufen die meiste Zeit und Kraft gewidmet werden muß. Man verstehe mich aber recht. Die Schule hat beide, die Mundsprache und die Schriftsprache, zu lehren und zwar beide so gut, wie sie es vermag. In Ansehung des Zieles kann deshalb von einer Zurückstellung der Schriftsprache nicht die Rede sein, und das um so weniger, da die schriftlichen Übungen eine eigenartige Zucht auf die Mundsprache ausüben. Es handelt sich hier um das Wie. Und da will die Regel sagen: damit die gesamte Sprachbildung zu ihrer Vollkraft komme — eben darum muß auf allen Stufen zuoberst die Mundsprache gepflegt werden.

Bei der Ausführung dieser Regel stoßen wir aber in der Schule auf ein schlimmes Hindernis. Wenn davon in den sprachmethodischen Schriften so gut wie gar nicht die Rede ist, so beweist dies eben, daß man die vorbezeichnete Wahrheit noch nicht deutlich erkannt hat. Mit diesem Hindernis verhält es sich so. Weil die Sprache, hier die Mundsprache, eine Kunst ist, so fordert sie wie alle andern Künste viele Übung. Wenn einer ein Musikinstrument spielen lernen und es darin zu einer nennenswerten Fertigkeit bringen will, so muß er Tag für Tag eine namhafte Zeit aufs üben verwenden. Die wenigen Unterrichtsstunden, welche der Lehrer giebt, sind zur Erzielung der Fertigkeit wie für nichts zu rechnen. Was würde nun herauskommen, wenn die Musikübung sich auf diese paar Lehrstunden beschränkte? — Das wende man auf die Pflege der Mundsprache, der mündlichen Sprachfertigkeit, an — denn es handelt sich, wie wir oben gesehen haben, zuerst und zumeist um die Fertigkeit. Ohne Zweifel läßt sich auch hierin nur dann etwas Namhaftes erreichen, wenn tagtäglich die Zunge tüchtig geübt wird — gerade wie dort die Finger. Wie kann das aber geschehen — in einer Schule, die 80 bis 90 bis 100 Kinder zählt? Die Gelegenheiten zur Redeübung finden sich: erstlich beim Antworten in den verschiedenen Lehrstunden, sodann in den Lesestunden und drittens beim Vortragen des Auswendiggelernten. Was die Redeübung beim Antworten betrifft, so kommt bei einer so großen Schülerzahl das einzelne Kind so selten an die Reihe, daß dieses Sprechen als eine Übung zur Redefertigkeit kaum in Anschlag zu bringen ist. Geradeso verhält es sich mit der Sprachübung in den Lesestunden und beim Vortragen des Memorierten: der Einzelne kommt zu selten an die Reihe. Rechnet man alles, was diese drei Gelegenheiten austragen können, zusammen, so ist das, was durch das Gehör (und beim stillen Lesen durchs Auge) für die gesamte Sprachbildung gewonnen werden mag, zwar recht schätzbar; allein was dadurch zur Lösung der Zunge bewirkt wird, gilt kein Haar breit mehr, als was die Musik-Lehrstunden zur Erzielung der

Fingerfertigkeit bewirken. Sieht man sich nun nach andern Hülfsmitteln um, die unmittelbar in der Schule zur Anwendung kommen können, so bietet sich weiter nichts dar als das Chorsprechen bei den genannten drei Gelegenheiten. Diese Chor-Redeübungen sind nicht zu verachten; allein sie haben ihre bestimmten Grenzen, und wenn sie nicht mit großer Vorsicht geleitet werden, so können sie auf die Betonung, die Aussprache und den Vortrag höchst unästhetisch wirken. Der altbekannte singende „Schulton" beim Lesen und Vortragen, dem selten eine Schule entgeht, rührt vornehmlich von dem übel geleiteten Chorsprechen her. Kann also die Chorübung ebenfalls nur in beschränktem Maße dienen, so ist klar, daß es Fertigkeitsübungen von durchschlagender Wirkung innerhalb der Schulstunden gar nicht geben kann. Wo soll man sie denn nun finden? Einfach da, wo auch der Musiklehrer sie zu suchen hat: der Sprachlehrer muß dem Schüler zumuten, sich zu Hause im Reden zu üben. Dieses private Üben kann in zwei Formen vor sich gehen: in der Form des Lesens und in der noch einträglicheren des Memorierens. Das Lesen muß aber durchaus laut geschehen; das Memorieren wenigstens halblaut. Diese beiden häuslichen Übungen allein sind es, von denen eine durchschlagende Förderung der Sprachfertigkeit erwartet werden kann. Am wichtigsten ist jedoch das Memorieren, weil nur dieses dafür bürgt, daß die eingelesenen Wort- und Redeformen ein gesichertes Sprachkapital bleiben. Wer es nicht versteht oder verschmäht, diese zwei Übungen nach ihrer vollen Bedeutung in Dienst zu nehmen, wird in der Mundsprache nie etwas Nennenswertes leisten, meist auch nicht in der Schriftsprache. Die mündliche Sprachfertigkeit und die schriftliche zehren von einem und demselben Kapitale, von dem eingesammelten Vorrat an Wort- und Satzformen. Jene setzt aber einen höhern Grad von Herrschaft über diesen Sprachschatz voraus, d. h. sie fordert, daß die Redeformen nicht bloß dem Denken, sondern auch der Zunge geläufig sind, — und das wird nur da der Fall sein, wo sie nicht bloß vermittelst des Auges (durch das stille Lesen), sondern auch durch Ohr und Mund eingeübt worden sind. Wer daher für die mündliche Sprachgewandtheit gesorgt hat, der hat für die schriftliche mitgesorgt; die letztere kann dagegen bis auf einen gewissen Grad da sein — weil hier das Besinnen mehr Raum hat — während an der ersteren noch viel gebricht.

Die Sprachlehrer haben von jeher geahnt, vielleicht auch mehr oder weniger erkannt, daß das Lesen und sprachliche Memorieren die wichtigsten Sprachexercitien seien. Allein es fehlt viel daran, daß sie die ganze Bedeutung derselben begriffen, und daß sie dieser Bedeutung gemäß gehandelt hätten. Die volle Erkenntnis fehlte deshalb und mußte fehlen, weil sie einmal nicht wußten, daß in der Sprachbildung zuerst und zumeist auf die Sprachfertigkeit hingearbeitet werden muß, und weil sie ferner nicht wußten, daß die Sprachfertigkeit vornehmlich in der Pflege des lebendigen Wortes, in der Übung des Ohres und Mundes, wurzelt. Und wo man ja beides wußte, da konnte das Handeln doch den rechten Punkt nicht treffen, weil man nicht genug beachtete, daß die mündlichen Übungen innerhalb der Schulstunden zur Erzielung einer nennenswerten Sprachgewandtheit bei weitem nicht ausreichen, — auch nicht ausreichen sollen, weil sie andern Zwecken zu dienen haben.

Diese Lücken in dem Wissen der bisherigen Sprachmethodik sind auch gar kein Wunder; denn die bloße Erfahrung kann jene Wahrheiten nicht erkennen, — wenigstens nicht eher, bis die Psychologie die Augen dafür geöffnet hat. Von Psychologie wird aber in den Seminaren nicht viel gelehrt, und in den Konferenzen glauben die meisten Lehrer ihrer auch entraten zu können. Der große Haufe hat sich sogar gewöhnt — wie es Schulhandwerkern geziemt — laut und immer lauter zu schreien: „Weg mit der Theorie! Praxis ist es, was uns not thut!" Gewiß, die rechte Praxis thut diesen Leuten sehr not und wird ihnen noch lange not thun, weil sie die rechte Theorie verachten.

Es wäre nun wohl möglich, daß sinnige und lerneifrige Schulpraktiker vermöge eines sicheren Taktes das Rechte gegriffen und danach gehandelt hätten; — und stellenweise wird es ohne Zweifel geschehen sein. Im großen und ganzen ist es jedoch nicht geschehen. Ich schließe dies einfach daraus, daß die Leistungen unserer Volksschulen in der Sprachgewandtheit hinter dem Wünschenswerten und Möglichen weit zurückbleiben, — bestimmter noch daraus, daß nicht einmal in der Lesefertigkeit das erzielt wird, was erzielt werden könnte. Einen handgreiflichen Beleg für diese letztere Behauptung habe ich an einem andern Orte beigebracht („Zweites Wort zum bibl. Enchiridion," Ges. Schr. III. 2. Teil, S. 44, Anm.); er klingt derart, daß man ihn ohne Not nicht gern wiederholt. Einen andern Beleg liefern die Aspiranten: sie bilden die Blüte der Volksschule, und doch wird bei den Aufnahmeprüfungen ins Seminar noch häufig über mangelhafte Lesefertigkeit geklagt.

In solchen Schulen, wo weitläufige sprachliche Leitfäden im Gebrauche sind, und demgemäß in der Schule wie zu Hause viele Zeit auf schriftliche Übungen verwendet werden muß, — da wird man in der Regel von vornherein annehmen können, daß der Schwerpunkt der sprachlichen Schulung nicht in den mündlichen Fertigkeitsübungen liegt. Wiederum finden sich Schulen, wo man auf den ersten Blick meinen sollte, hier seien jene Wahrheiten — vom Überwiegen der Sprachfertigkeit und der mündlichen

Übungen — in eifriger Ausführung begriffen: die Kinder lesen und sprechen anscheinend recht geläufig. Allein bei näherem Besehen zeigt sich, daß die vermeintliche Geläufigkeit nichts als Hast, Eilfertigkeit und Oberflächlichkeit ist. Es wird lediglich drauf los gelesen und gesprochen, Hals über Kopf, über Stock und Stein; hier wird ein Buchstabe vergessen oder verwechselt, dort eine ganze Silbe im Stich gelassen; roh und rauh stürmt die Stimme daher, ohne Betonung, ohne Ausdruck; — und ob die Schüler verstehen, was sie lesen, darauf kommt erst recht nichts an. Die ganze Kunst des Lehrers besteht darin, dem Mundwerk den Zügel schießen zu lassen. Gewiß ist auch das häusliche Lesen und Memorieren nicht ernstlich in Pflicht genommen worden; denn wenn das geschehen wäre, so würde der Lehrer auch gewußt haben, daß die Schulübungen vornehmlich dafür da sind, um die Sprache in Zucht zu nehmen. So liegt also bei dieser Sprachlehrmanier der Schwerpunkt keineswegs da, wo er liegen soll, sondern in der Oberflächlichkeit, Eilfertigkeit und Roheit. Wenn man ein solches Unwesen als eine Karikatur des rechten Lehrverfahrens bezeichnen wollte, so wäre das schon zu viel gesagt: es ist beinahe das gerade Gegenteil.

Dieses letztere Beispiel kann übrigens darauf aufmerksam machen, daß die rechte mündliche Sprachfertigkeit nicht so leichten Kaufs und gleichsam im Fluge sich erhaschen läßt. Für die Praxis giebt es viel zu überlegen. Hier sei nur an ein paar Punkte erinnert.

Vorab ist zu erwägen, wie die Fertigkeitsübungen sich zu den Übungen für das Sprachverständnis und die Sprachrichtigkeit zu stellen haben. (Man verstehe, daß hier immer nur mündliche Übungen gemeint sind.) In der Hauptsache wurde dieses Verhältnis bereits angedeutet: jene sollen gleichsam den Grundstock des Lehrplans bilden, diese als Begleitübungen auftreten. Der Ausdruck „Begleitübungen" sagt aber auch, daß sie den Fertigkeitsübungen nicht von der Seite weichen, mit ihnen Hand in Hand gehen sollen. Weiter wurde das Verhältnis dahin bestimmt, daß die Schul-Sprachstunden vorwiegend dem Sprachverständnis und der Sprachrichtigkeit zu dienen haben, während für die Sprachfertigkeit vornehmlich der häusliche Fleiß in Anspruch genommen werden muß.

Die Ausführung wird sich näher so gestalten. Bei jedem neuen Lesestück ist vorab für das sachliche und sprachliche Verständnis zu sorgen und sodann die phonetische Richtigkeit in Ohr und Zunge zu bringen. Jenes geschieht durch das freie mündliche Wort, dieses durch eine erste Leseübung. Sitzt nun der Schüler soweit fest in Sattel und Bügel, dann muß aber auch zu Hause ein herzhaftes Einüben vor sich gehen, — zunächst um ein gewandtes, von allem Stocken und Stottern freies Lesen zu gewinnen, und sodann, falls der Stoff zum Memorieren sich eignet, um die Wort- und Redeformen noch fester ins Gedächtnis und in die Zunge zu bringen. Wörtliches und judiciöses Memorieren wechseln miteinander ab; auf den untern Stufen wird jenes vorherrschen müssen, auf den obern Stufen dieses. Daß das häusliche Lesen und Memorieren nicht gedankenlos geschehe, dafür hat das voraufgegangene Erklären gesorgt; und daß es nicht mit völlig verhängtem Zügel geschehe, dafür hat einmal die voraufgegangene Schulleseübung zu bürgen und noch mehr die scharfe phonetische Kontrolle beim nachfolgenden Probelesen und Vortragen. — So wenig zweifelhaft der Erfolg dieses häuslichen Lesens und Memorierens ist, wenn Ernst und Zähigkeit dahinter sitzt, ebensowenig dürfen aber auch zwei bestimmte Schwierigkeiten übersehen werden. Die erste liegt darin, die häusliche Leseübung in guten Gang zu bringen; die andere darin, bei dem häuslichen Lesen und Memorieren eine Schädigung der eingeübten phonetischen Richtigkeit (in Aussprache, Betonung und Ausdruck) zu verhüten. Daß diese Schwierigkeiten nur durch eine sorgfältige und strenge Kontrolle beim Probelesen und freien Vortragen überwunden werden können, wird sich der Leser schon selbst sagen. Die Strenge allein reicht aber nicht aus. Die Sorgfalt muß sich auf ein Mehreres besinnen — auf erleichternde praktische Handgriffe. Wer sucht, der findet. Ich glaube ein paar zuverlässige Hülfsmittel dieser Art zu kennen und gedenke, sie bei nächster Gelegenheit zur Prüfung mitzuteilen.

Eine Schlußbemerkung sei noch gestattet.

Wer heutzutage das sprachliche M e m o r i e r e n empfiehlt — zumal in einer so nachdrücklichen und geschärften Weise, wie es hier geschieht — hat eigentlich alle Ursache, sich etwas beklommen zu fühlen. Der psychologische Unverstand zur Rechten und zur Linken hat dem Begriffe des Memorierens allerlei Dummheiten angehängt. Die einen — namentlich Theologen — sind auf die Meinung verfallen, als ob dem Memorieren absonderlich für die Gewissensbildung eine Verheißung verliehen worden sei und zwar eine so unwiderrufliche, daß keinerlei Verschuldung sie beeinträchtigen könnte. Darob ist denn durch Gesetz und Brauch im Religionsunterricht ein Auswendiglernen in Gang gekommen, das fast in jedem Betracht — in Stoff und Form und Quantum — schwere Schulden macht, und dadurch zwei gute Dinge zugleich in Mißkredit gebracht hat: die Religion und auch das Memorieren. — Ob dieser unverantwortlichen Mißhandlung des Gedächtnisses sind andere — namentlich viele Schulmänner — kopfscheu geworden. Weil sie nur einen mechanischen, geistlosen und geisttötenden Gebrauch des Memorierens sahen, so sind sie auf den entgegengesetzten Unverstand verfallen, zu meinen, daß diese Übung eben nur dem Mechanismus und der Geistlosigkeit dienen könne. Wer nun die

Wahrheit, d. i. die rechte Wertschätzung und Verwendung des Memorierens, verteidigen will, gerät in eine üble Lage. Die unverständigen Gegner des Memorierens verklagen ihn als einen Verächter des Denkens, und vielleicht diejenigen am lautesten, welche niemals einen eigenen neuen Gedanken produziert haben. Die unverständigen Freunde des Memorierens — wozu aber nicht bloß die gehören, welche es im Religionsunterricht mißbrauchen, sondern auch jene andern, welche ihren Stundenplan mit einer besonderen „Übung im Memorieren" ausstatten — begrüßen ihn als ihren Bundesgenossen und rufen: Da seht ihr, wie man uns und unsrer Praxis doch endlich recht geben muß!

Wie soll sich nun die Wahrheit aus dieser Klemme retten? Persönlich fühle ich mich zwar nicht sonderlich geniert. Den Verächtern des Memorierens — wenn sie mich anhören wollen — hat meine Abhandlung „Über Denken und Gedächtnis" deutlich gesagt, was die Psychologie über Denken und Memorieren lehrt. Wenn sie nun dennoch schelten wollen, daß meine Empfehlung des Memorierens den Mechanismus pflege, so darf man ihnen ihr Vergnügen gönnen und sich freuen, daß man von solchem Unverstande nicht gelobt wird. Und was die unverständigen Verehrer des Memorierens — namentlich auf dem religiösen Gebiete — betrifft, so hat mein „Protest gegen den Memorier-Materialismus im Religionsunterricht" ein für allemal zwischen mir und ihnen das Tischtuch zerschnitten. Dem Beifall der einen bin ich also ebensoweit entrückt wie dem Tadel der andern. Allein damit, daß man die beiden Parteien stehen läßt, wo sie stehen, ist ist der guten Sache — dem rechten Memorieren — noch kein Raum geschafft. Sie bleibt nach wie vor in der Klemme stecken und wird nicht eher herauskommen, bis beide Parteien sich um die pädagogische Psychologie bekümmern wollen. Aber da sitzt der Haken. Die Theologen, die Hauptbeförderer des unverständigen Memorierens, glauben eines besonderen Studiums der Pädagogik und ihrer Hülfswissenschaften nicht zu bedürfen, und sie haben fast guten Grund dazu; denn da alle Kandidaten der Theologie mit ihrem theologischen Diplom auch die Anwartschaft auf die Lokal- und Kreisschulinspektion, auf das Seminardirektorat und die Schulratsposten in der Tasche tragen, — wie kann es ihnen da einfallen, daß in der Pädagogik für sie noch etwas zu lernen übrig sei? Und wenn der große Haufe der Schulhandwerker ebenfalls keine Lust hat, sich danach zu erkundigen, was beim Lehren und Lernen psychologisch vorgeht, so ist das auch nur zu erklärlich. Psychologische Untersuchungen schmecken nicht so pikant wie „Gartenlaube" und Romane, sind auch nicht so amüsant wie Kneipen und Kartenspielen; sie fordern vielmehr Arbeit und Anstrengung. Wer will es nun den guten Leuten verdenken, daß sie an so trockenen

Dingen, wie psychologische Schriften und Vorträge sind, vorbeigehen, — zumal wenn sie vom Seminar das Zeugnis „gut“ und „sehr gut“ bestanden mitgebracht und zugleich die amtliche Versicherung erhalten haben, bei der Lehrerbildung komme es nicht auf didaktische Theorie oder gar auf Psychologie an, sondern auf Lehrfertigkeit, und darin seien sie nach Vormanns Schulkunde regelrecht geschult? — Aber nicht genug: sie werden obendrein vor der Beschäftigung mit der Psychologie gewarnt; es wird ihnen vorgesagt, daß diese Wissenschaft für die Elementarlehrer zu hoch liege. Wohl, — aber handelt es sich denn für die Elementarlehrer um die psychologische Wissenschaft, um Völkerpsychologie u. dergl.? Es handelt sich lediglich darum, die psychologischen Vorgänge ihres Bereiches an sich selbst und an den Schülern beobachten und analysieren zu können, und das läßt sich eben nur durch eine elementare Unterweisung in der Psychologie lernen. Giebt es nun solche Schriften, woraus das gelernt werden kann, oder giebt es keine? Giebt es solche, so soll man sie den Seminaristen und Lehrern empfehlen. Giebt es solche nicht, so gilt es nicht, diejenigen Lehrer, welche sich in Ermangelung des Bessern an gelehrten psychologischen Schriften versuchen, zu tadeln, sondern denen, welche sich zu Schulinspektoren, Seminardirektoren und Schulräten machen lassen, auf den Kopf zu sagen, daß es ihre Schuldigkeit sei, für geeignetere psychologische Lehrmittel zu sorgen. Dieweil aber in der Schulleitung und Lehrerbildung die Dinge laufen gelassen werden, wie sie laufen, so steht es im Schulstande, wie es steht. Sagt einer den Lehrern kurzweg, was für Übungen im Sprachunterricht am wichtigsten sind, so glauben es die meisten nicht, weil sie den psychologischen Zusammenhang nicht einsehen, — und glauben es um so weniger, wenn dabei viel von Lesen, Memorieren und dergleichen „mechanischen“ Dingen die Rede ist. Will er ihnen den psychologischen Zusammenhang zwischen diesen Übungen und der Sprachbildung auseinandersetzen, so riecht das nach Theorie, — die Theorie ist aber langweilig, also weg damit. Wie soll man ihnen nun beikommen? Ich weiß es in der That nicht. — So möge denn ein anderer Zeuge auftreten. Wo man unsereinen nicht hören will, da hört man vielleicht doch einen Mann, der in der Didaktik und speciell im Sprachunterricht eine Autorität war, und dazu die Sprachkunst so meisterhaft zu handhaben verstand, wie es in der pädagogischen Litteratur keinen zweiten gegeben hat. In dem Aufsatze über die moderne Philologie, womit Dr. Mager 1842 seine „Pädagog. Revue“ eröffnete, heißt es über den Sprachunterricht (in den untern Klassen der höhern Schulen) S. 72:

„Man gebe den Schülern ein gutes Lesebuch in die Hand und lasse täglich ein Pensum auswendig lernen. — Ich setze voraus, daß der Lehrer damit anfängt, jedes Lesestück in einer dem Standpunkte der Klasse angemessenen Weise zu erklären, dann, daß die Lesestücke nicht nur gut geschriebene, recht gedachte und wohl empfundene Poesie und Prosa, überhaupt von einem Inhalte sind, den wir gern im Kopfe und Herzen unserer Schüler wissen, sondern daß sie auch, wenigstens der Mehrzahl nach, deutschen Sinn und Geist, deutsche Kultur aussprechen, damit der Schüler durch sie in die geistige Welt seines Volkes eingeführt, unseres Ethos teilhaftig werde, was ein Hauptzweck dieses Unterrichts ist. Wie spaßhaft nun auch solches Auswendiglernen allen denen erscheinen muß, die nicht wissen, daß die Intelligenz in den Knabenjahren sich vorzugsweise als Gedächtnis äußert und bethätigt, und das Gedächtnis, wie schon das Wort besagt, unmittelbar mit dem Denken zusammenhängt: der erste Zweck alles Sprach- und Muttersprach-Unterrichts, daß man nämlich einen Wort- und Phrasenschatz erwerbe, sich der Vokabeln, sowie der Wort- und Satzformen richtig bediene, daß die Zunge gelöst, Sprechen gelernt wird, — dieser Zweck wird auf diesem Wege vollkommen erreicht. Das Kind des Pastors spricht richtiger, als das Kind des Küsters, weil beide gleich genau das nachsprechen, was sie hören. Macht ein gut geschriebenes Buch zum völligen Eigentum eures Schülers, und er spricht gerade so gut, wie der Autor schreibt. —"

Den ersten und zweiten Fehler der bisherigen Sprachschulung hatte Mager, wie schon dieses kurze Citat zeigt, deutlich erkannt, — deutlicher als seine sprachunterrichtlichen Mitreformatoren Wackernagel u. s. w. Letzteres geht schon daraus hervor, daß keiner es wagte, so rückhaltlos und nachdrücklich auf mündliche Fertigkeitsübungen zu dringen, wie er es that.

Den dritten Fehler im Sprachunterricht der Volksschule scheint mein scharfsichtiger bergischer Landsmann jedoch nicht deutlich gesehen zu haben. Die sprachlichen Fertigkeitsübungen lassen sich aber erst dann in ihrer vollen Bedeutung erkennen, wenn man auch in diesem dritten Punkte das Rechte weiß und thut.

---

3. Der dritte Fehler.

Wir haben es jetzt mit der dritten Hauptfrage zu thun:

> Welches ist das Verhältnis des Sprachunterrichts zum Sachunterricht? —

Wie bei der ersten und zweiten Frage geschehen ist, so werde ich auch hier mich darauf beschränken müssen, so kurz wie möglich den Irrtum zu zeigen und das Richtige zu sagen. Freilich wird das allein schon nicht wenig Mühe kosten, denn dem Verhältnis des Sprachunterrichts zum Sachunterricht liegen drei psychologische Verhältnisse zum Grunde: das der Verstandesbildung zum Wissensstoffe, das des Verstandes zur Sprache, und das der Sprachbildung zum Wissensstoffe. Diese psychologischen Verhältnisse ins klare zu stellen — daran wird unsere Untersuchung über die obige Frage als an ihrem Kern sich erproben müssen.

Werfen wir vorab einen eiligen Blick auf die bisherigen sprachmethodischen Parteien.

Von den Grammatisten der Volksschule ist in diesem Betracht gar nicht zu reden. Die ersten beiden Fragen — von der praktischen Rangordnung der Lehrziele und der Sprachorgane — haben sie falsch beantwortet; und an der dritten — vom Verhältnis des Sprachunterrichts zum Sachunterricht — sind sie vorbeigegangen. Näher kamen ihr diejenigen Sprachmethodiker, welche die Losung aufbrachten: „der Sprachunterricht muß an das Lesebuch sich anschließen." Negativ sollte diese Parole ein Protest gegen das Operieren mit losen Worten und Sätzen sein. Positiv wollte sie sagen: das Sprachvermögen des Kindes kann nur dann naturwüchsig vermehrt und gebildet werden, wenn es im nationalen Sprachvermögen, in der nationalen Litteratur, sich einwurzelt. Damit war eine wichtige Wahrheit ausgesprochen. Der Sprachunterricht hat dadurch einen kräftig vorwärtstreibenden Ruck erhalten. Ob die Autoren dieser Losung sich unsere dritte Frage wirklich bestimmt vorgelegt haben, weiß ich nicht, gewiß aber ist, daß sie dem Hauptirrtum im Sprachunterricht nicht ernstlich an die Haut gekommen sind. Daß in ihrer Losung etwas fehlt, geht schon daraus hervor, daß sie eine klar vorliegende Thatsache unberührt läßt, — die Thatsache nämlich, daß in der Schule immer ein zweifacher Sprachunterricht stattfindet: einmal in den sog. „eigentlichen" Sprachstunden und sodann im gesamten Sachunterricht. Indem diese Thatsache, die notwendig erörtert werden mußte, unberücksichtigt blieb, wurde sie geradezu verhüllt, — und infolge dieser Verhüllung richtete sich der Blick immer noch zu einseitig auf jene „eigentlichen" Sprachstunden und zu wenig auf die Sprachbildungskraft des gesamten Sachunterrichts. Kurz, weil jener Satz nur eine Wahrheit, aber nicht die ganze Wahrheit aussprach, so hat er nur dazu beigetragen, den Sprachunterricht in der alten falschen Richtung festzuhalten. Der rechte Sprachunterricht läßt sich erst dann zeigen, wenn der Sachunterricht in die rechte Bahn gebracht ist.

Später lernte man die Lücke, welche die vorgenannte Losung gelassen hatte, einigermaßen ausfüllen. Es wurde die Ergänzung hinzugefügt: „Aller Sachunterricht muß zugleich Sprachunterricht sein." Ohne Zweifel hat der Sprachunterricht dadurch wiederum einen vorwärtstreibenden Ruck bekommen. Irre ich nicht, so muß man namentlich der sog. brandenburgisch-schlesischen Schule und den preußischen Regulativen das Verdienst zuerkennen, zu diesem Fortschritte kräftig mitgewirkt zu haben. Abgesehen von den praktischen guten Früchten dieses Fortschrittes, war auch theoretisch so viel gewonnen, daß nunmehr unsere dritte Frage den Schulmännern wenigstens ernstlich unter die Augen trat. Von der rechten Antwort war man freilich noch sehr weit entfernt, — wie sich weiter unten deutlich zeigen wird. Hier sei nur so viel bemerkt. Soll der Satz: „aller Sachunterricht muß in den Dienst des Sprachunterrichts treten," etwas mehr als eine schöne Redensart sein, — soll der Sachunterricht einen reellen, namhaften sprachunterrichtlichen Dienst leisten: so muß er erst selbst, als Sachunterricht, der rechte sein. Der rechte Sachunterricht ist aber nicht da. Die Leitfaden-Freunde haben ihn nicht, weil ihnen das rechte Reallesebuch fehlt. Die andern, die den Realunterricht beim Sprachunterricht einquartieren, haben ihn nicht, weil bei ihnen alle drei Lehrmittel gebrechlich sind oder fehlen: einmal ist bei ihnen (im Religionsunterricht wie in den Realien) das mündliche Lehrwort nicht freigegeben, zum andern leidet ihr Reallesebuch an schweren Gebrechen; und drittens fehlen ihnen die Reproduktions-Fragehefte. — Damit wäre wohl schon zur Genüge erwiesen, daß dieser Fortschritt noch weit vom Ziel ist. Es muß aber noch mehr gesagt werden. Das Losungswort „vereinigter Sach- und Sprachunterricht", wie es von den preußischen Regulativen und der brandenburgisch-schlesischen Schule vertreten wurde, stieß vielfach im Lehrerstande auf Mißtrauen. Es erweckte den Argwohn, dieser Formel sei es weniger um den richtigen Sprachunterricht zu thun, als darum, einen selbständigen Realunterricht abzuwehren; sie sei nicht aus einer rein didaktischen Reflexion, sondern aus einer hinterstelligen Tendenz hervorgegangen — aus der Tendenz, die Aufgabe der Volksschule herunterzudrücken. Genährt wurde dieses Mißtrauen noch dadurch, daß diese hinterstellige Tendenz an andern Punkten deutlich hervortrat — z. B. in der Beschränkung der Präparanden- und Seminarbildung, in der Fesselung des mündlichen Lehrwortes beim biblischen Geschichtsunterricht u. s. w. — ferner dadurch, daß die Regulative den neuern pädagogischen Forschungen gegenüber mit einem sehr selbstbewußten herausfordernden Ton auftraten, während sie doch im Religionsunterricht viele der bewährtesten pädagogischen Grundsätze verleugneten. Dieses Gemisch von Wahrheiten, von fremden

Tendenzen und von offenbaren Verkehrtheiten war nur zu geeignet, die Teilwahrheit, welche in der Formel „vereinigter Sach- und Sprachunterricht" wirklich enthalten ist, zu diskreditieren, — wie denn aus denselben Ursachen unter diesen Händen auch noch andere gute Dinge diskreditiert worden sind. — Aber es muß noch mehr gesagt werden. Weil der Realunterricht nur durch „Erläutern" und „Ergänzen" der Lesestücke erteilt werden sollte, so ist ein überaus vielthuerisches und ausgedehntes Durchsprechen der Lesetexte in Schwang gekommen. Bei der Fülle von sachlichen und sprachlichen Erklärungen, die da über die Lesestücke ausgeschüttet werden, sieht es aus, als ob nicht der Text, sondern diese Masse von Zuthaten die Hauptsache wäre, — gerade wie es bei diesem Verfahren im biblischen Geschichtsunterricht so aussieht, als ob nicht die Geschichte, sondern die nachfolgende langstilige Katechisation mit ihren logischen Haarspaltereien die Hauptsache wäre. Man wird da unwillkürlich an jene bekannte philologische Unart erinnert, die ihre Schüler weniger durch die Klassiker als durch sprachliche, historische, archäologische, konjekturale 2c. Glossen schulte, — und kann sich des Gedankens nicht erwehren, daß dieser unpädagogische Dämon, nachdem ihm in den höheren Schulen die Wohnung gekündigt worden, nunmehr in den vereinigten Sach- und Sprach- und den Religionsunterricht der Volksschule gefahren sei. Da kommt nicht bloß das sachliche Lernen zu kurz, wie droben (These 8) bewiesen wurde, sondern auch das sprachliche, weil für die wichtigsten sprachlichen Übungen — Lesen und Memorieren — jetzt nicht Zeit genug übrig bleibt. Und weil nicht genug gelesen und memoriert wird, so leidet das sachliche Lernen abermals Schaden, weil die Sachkenntnisse gerade durch das Lesen und Memorieren eingeprägt werden sollen. Selbst bei den belletristischen Lesestücken ist jenes Verfahren vom Übel. Auch hier muß der Lehrer Vorsorge treffen, daß er mit der sparsamsten sprachlichen und sachlichen Erläuterung ausreicht, um dann desto tüchtiger lesen und memorieren lassen zu können. — Rechnet man alles zusammen, was sich an die Formel „vereinigter Sach- und Sprachunterricht" angehängt hat, so kommt man fast zu dem Schlusse, daß sie den Fortschritt im Sprachunterricht mehr aufgehalten als gefördert habe.

Gehen wir jetzt daran, das richtige Verhältnis des Sachunterrichts zum Sprachunterricht aufzusuchen.

Wir werden ihm auf die Spur kommen, wenn wir das Verhältnis zwischen Sachbildung und Sprachbildung genau analysieren, d. h. die Punkte aufsuchen, wo beide sich berühren oder vielmehr miteinander verwachsen sind. Dieser verwandtschaftlichen Beziehungen lassen sich hauptsächlich zwei erkennen: Die erste entspringt aus dem Wesen der Sachbildung, die andere aus der Natur der Sprache und der Sprachbildung.

a) Was lehrt das Wesen der Sachbildung?

Aller Sachunterricht will so betrieben sein, daß er einen dreifachen intellektuellen Bildungsgewinn abwirft. Nehmen wir als Beispiel die Naturkunde. Hier soll der Schüler erstlich naturkundliche Kenntnisse erwerben; sodann soll er daran denken lernen (naturkundlichen Verstand bekommen); und drittens soll er seine Kenntnisse und Gedanken sachgemäß ausdrücken (naturkundlich reden) lernen. Dieses letztere, das naturkundliche Redenkönnen, kommt freilich auch der Sprachbildung zu gut, ist ein Teil derselben: hier aber will es gefaßt sein als ein integrierender Teil der naturkundlichen Bildung; denn diese darf nur dann vollständig heißen, wenn sie die Fähigkeit, sachgemäß sich ausdrücken zu können, mit einschließt. Also nicht bloß um der Sprachbildung willen, sondern um der naturkundlichen Bildung willen muß dieses Redenkönnen erstrebt werden. Wie bei der Naturkunde, so beim Sachunterricht überhaupt.

Das ist das eine, was häufig nicht genug beachtet wird — auch wo man es weiß — und warum die Sprachbildung samt der Sachbildung mangelhaft bleibt.

b) Was lehrt die Natur der Sprachbildung?

Hier müssen wir vorab eine psychologische Exkursion vornehmen — zunächst über den Begriff und die Genesis der Verstandesbildung, um dann von da aus zum Begriff der Sprachbildung zu gelangen.

Wie das populäre naturkundliche Denken unter den Ausdrücken „Schwere", „Kohäsion," „Wärme," „Elektricität" u. s. w. sich gesonderte Kräfte vorstellt, an deren Existenz nicht gezweifelt werden könne: geradeso dachte sich die alte Psychologie auch den „Verstand" als eine besondere, selbständige Seelenkraft, — ebenso das Gedächtnis, die Phantasie, das Wahrnehmungsvermögen, den Willen u. s. w. Die exakte Naturwissenschaft und die neuere Psychologie — ich denke namentlich an die Psychologie Herbarts — lehren uns die Natur und das Seelenleben anders ansehen. Was dem Beobachter in der Natur sich zu erkennen giebt, sind nur gewisse Erscheinungen (Vorgänge, Veränderungen), die an dem materiellen Stoffe zum Vorschein kommen. Im Seelenleben ist es ebenso: es zeigen sich gewisse Erscheinungen (des Erkennens, Fühlens und Begehrens), die durch materielle oder geistige Objekte angeregt worden sind. Wie dort am materiellen Stoffe, so zeigen sich diese Vorgänge hier an den Vorstellungen; die Vorstellungen bilden gleichsam den Seelenstoff — (der aber nicht mit der Substanz der Seele verwechselt werden darf; von der Substanz weiß die Beobachtung nichts zu sagen). — Hat die Beobachtung eine namhafte Summe von Erfahrungsthatsachen auf beiden Gebieten gesammelt, so kann die Forschung einen Schritt weiter gehen: durch Vergleichen u. s. w. sucht sie herauszubringen, unter welchen Bedingungen und nach welchen Gesetzen (d. i. in welcher Ordnung) jene Erscheinungen hervortreten. Will die Forschung nun nochmals einen Schritt weitergehen und nach den wirkenden Ursachen fragen, so heißt das nichts anders als ins Dunkle greifen. Um doch ein wenig vorwärts zu kommen, hilft man sich einstweilen mit einer Hypothese: man nimmt vorläufig an, daß alle diejenigen Erscheinungen, welche nach denselben Gesetzen hervortreten, eine gemeinsame Ursache haben, und giebt ihr irgend einen Namen — etwa „Schwere", „Elektricität" u. s. w., oder „Verstand", „Gedächtnis" u. s. w. Der Name besagt also nichts anderes, als daß hinter den Erscheinungen irgend ein unbekanntes X (oder Y oder Z) stehe. Ob dieses unbekannte X eine wirkliche, gesonderte Kraft sei, kann niemand wissen. Möglicherweise befindet sich dort eine leere Stelle, d. h. bei weiterem Forschen entdeckt man vielleicht, daß die Erscheinungen, für welche die Ursache X angenommen war, und jene andern, für welche die Ursache Y angenommen war, allesamt aus einer und derselben Quelle fließen, nur modifizierte Wirkungen einer und derselben Ursache sind. Bekanntlich giebt es Naturforscher, die sämtliche Erscheinungen auf drei Kräfte zurückführen zu können glauben, und für die Zukunft auf eine noch größere Vereinfachung hoffen (vergl. „Die Dreieinigkeit der Kraft" von Prof. Dr. Ohm, Nürnberg 1860). Man sieht hieraus, wie weit einer in die Irre geraten kann, wenn er eine supponierte Ursache ohne weiteres als eine wirkliche, isolierte Kraft annimmt. Daß aber ein theoretischer Irrtum, wenn er irgendwo angewendet wird, nun notwendig zu vielen praktischen Mißgriffen führen muß, versteht sich von selbst. Der altpsychologische Begriff der „Verstandesbildung" wird uns einen deutlichen Beleg dazu liefern. Nach der alten Psychologie und der populären Vorstellungsweise soll der „Verstand" ein gewisses selbständiges Seelenvermögen sein, welches die Denkoperationen zu besorgen habe. In Konsequenz dieser Grundvorstellung entstand nun in der pädagogischen Praxis die Meinung, wenn der Verstand an irgend einem Stoffe geschult und gebildet sei, so habe er das Denken überhaupt gelernt: er verstehe nun sein Handwerk. Um sich diese vermeintliche Wahrheit anschaulich zu machen, verglich man den Verstand etwa mit einem Messer und sagte: ist das Messer an irgend einem Körper geschliffen worden, so ist es eben scharf, und dann kann man beliebige Dinge damit schneiden. Man hätte auch sagen können: der Verstand gleicht einem Handwerksjünger, — wenn derselbe an einem gewissen Quantum von Stoff seine Fachgriffe gelernt hat, so versteht er sein Metier und heißt nun

Meister. Glücklicherweise wurde die pädagogische Praxis davor bewahrt, diese und andere Konsequenzen jenes psychologischen Irrtums bis zu ihrer Spitze zu verfolgen. Es ging eben nicht; die praktischen Erfahrungen rebellierten gegen die Theorie. Wo man nun den Widerspruch zwischen den praktischen Erfahrungen und der psychologischen Theorie merkte, da ließ man die Theorie stehen und folgte lieber der Erfahrung und der Tradition. Aber man merkte diesen Widerspruch eben nicht überall, und daher behielt die falsche Theorie doch immer Einfluß genug, um die Praxis zu recht schlimmen Fehlern zu verleiten. Um hier schon ein bestimmtes Beispiel zu nennen, so sei nur an die weiland so beliebten isolierten „Denkübungen" erinnert.

Sämtliche Fehler beginnen — was man sich ein für allemal merken muß — damit, daß der Verstand als eine selbständige, isolierte Seelenkraft gefaßt wird — einmal getrennt von den übrigen Seelenkräften und zum andern isoliert von dem Stoffe. Wir wollen jetzt nur die letztere Trennung ins Auge fassen.

Dieselbe muß notwendig zur Folge haben, daß der Begriff der Verstandesbildung nach allen den Seiten, wo der Verstand von dem Stoffe abhängig ist, mit Verdunkelungen behaftet wird — nämlich hinsichtlich der Quantität des Stoffes, hinsichtlich der Qualität des Stoffes und hinsichtlich des treibenden Interesses, weil auch dieses vorwiegend im Stoffe wurzelt.

Jene erste Verdunkelung — hinsichtlich der Quantität des Stoffes — giebt sich kund, wenn man nicht weiß, daß der Verstand kein Haar breit weiter reichen kann, als er Kenntnisse besitzt. Daraus entsprang z. B. der Mißgriff der erwähnten isolierten „Denkübungen".*) Aus jener zweiten Verdunkelung — hinsichtlich der Qualität des Stoffes — entspringt der Aberglaube an die didaktischen Äquivalente: z. B. die irrige Meinung, daß die naturkundliche Schulung sich durch die humanistische ersetzen ließe (der einseitige Humanismus), oder daß die humanistische Schulung sich durch die naturkundliche ersetzen ließe (der einseitige Realismus) — oder daß diese zweifache Schulung die religiöse überflüssig mache (der pädagogische Naturalismus). Aus der dritten Verdunkelung schreibt es sich her, wenn man nicht einsehen kann, wie bei einem einseitigen Lehrplan das Interesse der Schüler nicht genug angeregt wird, — indem es in diesem Falle z. B. nicht selten vorkommt, daß ein Schüler nur deshalb als stumpf erscheint und stumpf ist, weil gerade das im Lehrplan fehlt, wofür er eine

*) Demselben Irrtum — in Bezug auf andere Seelenkräfte — verdanken auch die heutzutage hier und da noch vorkommenden separaten „Memorierübungen" und die vielfach noch sehr beliebten separaten „Anschauungsübungen" ihre Entstehung.

besondere Begabung hat und woran die Lust zu diesem Lernen wie zum Lernen überhaupt sich hätte entzünden können.

Das Gesagte wird noch deutlicher werden, wenn man dem Irrtume das Richtige gegenüberstellt.

Der richtige Begriff von Verstand und Verstandesbildung, wie die neuere Psychologie ihn lehrt, ist dieser. Der Ausdruck „Verstand" kommt in unserer Sprache in zwiefachem Sinn vor. Diese zweierlei Bedeutungen muß man vorab auseinanderhalten, wenn einen das Wort nicht vexieren soll. Einmal gebraucht man es, um die in den Denkthätigkeiten wirkende „Kraft", das sog. Denkvermögen, zu bezeichnen. In diesem Sinne gilt es nicht mehr wie X: es bezeichnet eine Abstraktion, ein hypothetisches Etwas; was davon wirklich ist und was nicht, läßt sich nur durch ein genaueres Studium der Psychologie besehen. Sodann wird das Wort „Verstand" in dem Sinn von „Verstandesbildung" gebraucht, so z. B. wenn man sagt: „der und der Mensch besitzt viel oder wenig Verstand, er hat Verstand von Musik, von naturkundlichen Dingen" u. s. w. So gefaßt, haben wir es nicht mehr mit einer Abstraktion, sondern mit einem Konkretum, mit dem wirklichen Verstande zu thun.

Aber wie ist er konkret? Das hypothetische Etwas zeigt sich wirksam in einem bestimmten Stoffe (in Vorstellungen, Kenntnissen); es ist gleichsam mit dem Stoffe verwachsen (konkresciert); ohne denselben würde keine Denkthätigkeit vorhanden sein. Daraus folgt, daß der wirkliche, der konkrete Verstand nichts anderes ist als die Summe dessen, was einer aus den verschiedenen Wissensgebieten schulmäßig oder erfahrungsmäßig gelernt und denkend verarbeitet hat. Weil er nun erstlich von der Quantität des Stoffes abhängig ist, so kann jemand nur so viel Verstand besitzen, als er Kenntnisse besitzt. Und weil er zweitens von der Qualität des Stoffes abhängig ist, so giebt es so vielerlei Verstand, als es Wissensgebiete giebt. Wer in der Naturkunde, in der Religion u. s. w. keine Kenntnisse besitzt, kann in diesen Dingen auch keinen Verstand besitzen. Und weil drittens die Denkthätigkeiten um so mehr Energie zeigen, je mehr treibendes Interesse hinter ihnen steht, und weil das Interesse wesentlich durch den Stoff bedingt ist, so muß einleuchten, daß der Verstand auch nach dieser dritten Seite hin im Wissensstoffe eine wichtige Nährquelle hat.*)

*) Es ist ja wahr, daß aus der tüchtigen Schulung an einem Gegenstande auch dem Lernen in den übrigen Fächern etwas zu gute kommt. Diese Thatsache soll unbestritten bleiben. Die Frage aber, warum dies so ist — (weil es in allen Fächern nur eine Logik giebt u. s. w.) und die andere Frage, wie weit der Einfluß

Kommen wir jetzt zu unserer eigentlichen Sache — zur Sprachbildung. Die Sprachbildung steht wesentlich in demselben Verhältnis zum sachlichen Wissensstoffe wie der Verstand. Das will heißen: auch für sie liegen dort die starken Wurzeln ihrer Kraft — dieselben drei — an denselben Stellen.

Ihre erste Nährwurzel liegt in der Abhängigkeit von dem Stoffe als solchem, also auch von seiner Quantität. Warum? — Die Sprache ist eine Verleiblichung der Gedanken, deren Inhalt von irgend einem Wissensstoffe stammt. Sprache und Verstand gehören zusammen, sind verwachsen — wie Leib und Seele. Völlig getrennt vom Gedanken, vom Wissensstoffe, wird das Wort zu einem Leichnam. Ein völlig isolierter Sprachunterricht ist darum gar nicht möglich — ausgenommen beim Papagei, und in solchen Schulen, wo die Kinder an unverstandenen Wörtern lesen lernen sollen. Als eine Verleiblichung des Verstandes bildet die Sprache allerdings neben demselben ein Zweites, ein Äußeres, — ein Etwas, das sich relativ (in Gedanken) absondern, für sich betrachten und somit selbst wieder zu einem Wissensstoffe machen läßt. So schon bei der Mundsprache. Bei der Schriftsprache stellt sich derselbe auch noch dem Auge äußerlich dar.*) Weil es nun eine Sprachwissenschaft giebt, so ist auch eine (relativ) gesonderte Sprachschulung möglich — auch in solchen Schulen, die es lediglich mit der Sprache als der Trägerin der Gedanken, d. i. mit der Sprachkunst, zu thun haben. Beim fremdsprachlichen Unterricht ist diese gesonderte Schulung sogar notwendig. Ob und wie weit bei der Muttersprache, und zwar in der Volksschule, eine abgesonderte Sprachschulung in diesem Sinne — nämlich als besonderer Lehrgegenstand — ebenfalls nützlich ist, namentlich behufs der Sprachrichtigkeit, — das bleibe hier einstweilen dahingestellt. Was ich behaupte, ist dies: Angenommen, ein gesonderter Muttersprachunterricht sei in gewissem Maße nützlich, so liegen die Hauptnährquellen der Sprachbildung — der echten, vollsaftigen und gesunden — doch nie und nimmer in dieser gesonderten Schulung, sondern im sachlichen Wissensstoffe, d. h. darin, daß die sprachliche Schu-

---

des einen Lernens auf das übrige Lernen reicht, müssen besonders besehen werden. Auch lassen sie sich erst dann recht besehen, wenn vorher die Hauptthatsache, daß der Verstand seine eigentlichen Nährquellen im Wissensstoffe hat, recht begriffen worden ist.

*) Freilich kann beim Verstande eine solche Absonderung (Abstraktion) und gesonderte Betrachtung ebenfalls geschehen: denn die Logik macht geradeso die Denkformen zum Wissensobjekt, wie die Grammatik die abgesonderten Sprachformen. Da die Denkformen geistiger Art sind, so lassen sie sich freilich schwerer erkennen als die Sprachformen, welche sich als etwas Sinnenfälliges darstellen.

lung eng verbunden mit der sachlichen Verstandesbildung vor sich gehe.

Die ersten Zierden der Sprache sind Klarheit, Wahrheit und Reichtum. Wie nahe die Klarheit der Sprache mit der Verstandesbildung, d. i. mit dem Verständnis der Sache, zusammenhängt, liegt auf der Hand. Der Weg, um durch das Verständnis der Sache zum Sprachverständnis zu gelangen, ist daher nicht bloß der sicherste, sondern auch der kürzeste und leichteste.*) Die Wahrheit der Sprache, die immer noch etwas mehr ist als eine äußere Zier, hängt zwar im tiefsten Grunde von etwas anderem ab als von irgend welcher sprachlichen oder intellektuellen Schulung. Allein soweit das sprachunterrichtliche Verfahren darauf Einfluß hat, ist sie jedenfalls da am besten geborgen, wo es im Denken und Reden auf Klarheit ankommt, — also bei derjenigen Sprachbildung, die in und mit der Sachbildung wächst. Umgekehrt, wo die Klarheit nicht in gleichem Maße Hauptsache ist, wo irgend ein anderer Gesichtspunkt in den Vordergrund tritt — also bei der Schulung an künstlerischen (poetischen, rhetorischen, schildernden ɩc.) Produktionen und an bloßen Sprachformen — da wird die Wahrheit der Rede wenigstens nicht gepflegt, vielleicht ist sie sogar gefährdet. Gerade in denjenigen sprachlichen Darstellungen, die am meisten für die Sprachbildung empfohlen werden — in den poetischen, rednerischen und schildernden — gerade in diesen (geistlichen wie weltlichen) ist unter der Firma der Kunst und Begeisterung von jeher gegen die Wahrheit der Rede weit mehr gesündigt worden, als in der hausbackenen Prosa, die ihre Ehre darin sucht, klar zu sein, und darum schlicht und recht sagt, was sie zu sagen hat. Und was den Reichtum der Sprache anbetrifft, so hängt wenigstens das solideste Sprachkapital — der Vorrat an sachgemäßen, präcisen Ausdrücken — in erster Linie von dem Reichtum an soliden sachlichen Kenntnissen ab. Die Sprache kann zwar in dieser Beziehung möglicherweise ärmer sein als das sachliche Wissen — falls nämlich beim Sachunterricht die sprachliche Schulung vernachlässigt worden ist — nicht aber reicher; denn wo sie reicher scheint, da ist es eben nur Schein.

Die zweite Nährquelle der Sprachbildung liegt in ihrer Abhängigkeit von der Qualität des Wissensstoffes, woraus also folgt, daß die sprach-

*) Jene bekannte Manier im bibl. Geschichtsunterricht, wonach man — anstatt die Geschichte von vornherein so anschaulich-verständlich, als es möglich ist, vorzuführen — dieselbe zuerst mit dem nackten (nicht selten unzulänglich-verständlichen oder gar nicht verständlichen oder mißverständlichen) Bibelwort erzählt, um dann die nötigen Sach- und Worterklärungen hinterher vorzunehmen, ist daher nicht bloß thöricht, sondern geradezu toll. Angeblich geschieht es aus Respekt vor dem Bibelwort, — vielleicht; gewiß aber ist, daß es aus pädagogischem Unverstand geschieht.

liche Schulung an s ä m t l i c h e n sachlichen Lehrfächern geschehen muß, wenn die Sprachbildung eine allseitige werden soll. Einen nahen und handgreiflichen Beleg für diese Wahrheit bietet die sog. Umgangssprache, wie sie im Familienkreise begonnen und dann im weiteren Verkehr fortgebildet wird. Neben ihren schwachen Seiten, die allbekannt sind, hat sie auch starke, die weniger beachtet sind, als sie es verdienen. Weil sie nämlich durch fast sämtliche Wissensgebiete hindurchstreift und von allen etwas profitiert, so bekommt sie eine solche Vielseitigkeit und Geschmeidigkeit, daß ihre schwachen Seiten — die Beschränktheit des Wissens und die Ungenauigkeit der Begriffe — oft sehr verdeckt erscheinen. Am deutlichsten tritt dies bei den Virtuosen der Konversationssprache hervor — bei den Frauen und den Geschäftsreisenden, — bei jenen, weil sie aus Neigung sich fleißig darin üben, bei diesen, weil der Beruf dazu nötigt. Daraus erklärt es sich auch, warum die Frauen im echten Briefstil, auch im litterarisch-künstlerischen, stets den Männern überlegen sind. — Es bleibt ja auch wahr, daß schon an einem einzigen Lehrfache die Sprachbildung mächtig gefördert werden kann — ungleich mehr als dies bei der Verstandesbildung in solchem Falle zu merken ist. Die Gründe liegen auf der Hand: die Grammatik ist für alle Wissensgebiete dieselbe; gewisse Formwörter sind stereotyp; jedes Lehrfach dient dem andern durch onomatische Darlehen; in jedem Fache schon kommen viele Satzformen vor; und überdies sind dabei die Sprachorgane geübt worden. Nichtsdestoweniger bleibt die sprachliche Schulung an den übrigen Wissensfächern immer notwendig; jedes Fach hat eine Menge eigentümlicher Ausdrücke, dazu viele eigentümliche Redewendungen und einen eigentümlichen Stil. In jedem Wissensgebiete wird daher der Laie dem Fachmanne sofort schon an der Ausdrucksweise kenntlich.

Ich gehe noch einen Schritt weiter. Daß in meinen Augen das sog. belletristische Lesebuch nicht das einzige, auch nicht das wichtigste Sprachlehrmittel ist, vielmehr dem Reallesebuch und den religiösen Lehrbüchern mindestens dieselbe Wichtigkeit für die Sprachbildung beigelegt werden muß, — wird der Leser aus dem bisher Gesagten schon gemerkt haben. Stände es mit dem belletristischen Lesebuche so, wie man gewöhnlich meint und wie der Beiname andeutet, daß es nur eine Seite der S p r a c h e, nämlich ihre künstlerische Form, repräsentierte: so würde ich es sogar hinter die genannten Lehr- und Lesebücher zurückstellen. Einmal deshalb, weil die künstlerische Sprachform, die manchmal recht hochbeinig einhergeht, unsern Kindern aus dem schlichten Volke doch nicht in den Mund geht, auch zu ihrem Gesichte nicht paßt. Sodann, weil nicht wenig künstlerische Produktionen mit unterlaufen, welche die ehrliche, deutsche Wahrheit der Rede gefährden. Glücklicherweise vertritt aber das belletristische Lesebuch noch etwas anderes als eine besondere Form der Sprache — nämlich eine besondere Form des Sachunterrichts. Den Stoff können diese Produktionen nur entnommen haben aus der Natur, aus dem äußern und inneren Menschenleben (und etwa noch aus dem religiösen Gebiete). Er wird aber nicht so dargestellt, wie er dem objektiv betrachtenden Verstande erscheint und wie das Reallesebuch ihn bietet, sondern wie er im Gemüte des Menschen sich gespiegelt hat und in dieser subjektiven (ästhetischen oder ethischen) Betrachtung verarbeitet worden ist. Aus dieser Quelle, aus dem Gemüte, stammt auch seine künstlerische Form; denn wenn dieselbe nicht daher stammt, so ist sie dem Stoffe nicht angewachsen, sondern ein Machwerk. Das schönsprachliche Lesebuch, das von Rechts wegen einen besseren Namen haben sollte, repräsentiert somit eine besondere Aufgabe des Realunterrichts, nämlich die, den Realstoff noch mehr für die Gemütsbildung zu verwerten, als das Reallesebuch dies vermag. (Ähnlich verhalten sich die Kirchenlieder, Sprüche und Gebete zu dem biblischen Geschichtsbuche.) Nur in diesem Sinne — nur weil das belletristische Lesebuch eine besondere Seite des Sachunterrichts vertritt — nur darum steht es auch für die Sprachbildung neben dem Reallesebuche ebenbürtig da. Die künstlerische Form allein würde ihm diesen Rang, d. i. den thatsächlichen Einfluß auf die Sprachbildung, nicht verschaffen können. Wer den Gedanken — daß das belletristische Lesebuch seine Hauptaufgabe darin hat, die Gemütsbildung pflegen zu helfen — noch ein wenig weiter verfolgen will, wird auch wohl zu der Konsequenz kommen, daß dasselbe etwas anders behandelt sein will, als da geschieht, wo man es vornehmlich als Sprachlehrmittel betrachtet.*)

Die dritte Nährquelle der Sprachbildung entspringt aus ihrer Abhängigkeit von dem Interesse, welches der Wissensstoff erweckt. Das Interesse kann vierfacher Art sein: ein theoretisches (wissenschaftliches), ein praktisches, — ein ethisches und ein ästhetisches (künstlerisches).**) Das

---

*) Andrerseits will auch nicht übersehen sein, daß das belletristische Lesebuch (mit seiner subjektiven Betrachtungsweise) den vollen Einfluß auf die Gemütsbildung doch nur dann gewinnen kann, wenn die Schulung in der objektiven Betrachtungsweise, die das Reallesebuch vertritt, mit vollem Ernste vorauf und nebenher betrieben wird.

**) Bei der Lernarbeit spielt zwar auch noch ein anderes Interesse eine große Rolle, — das, welches durch die Art und Weise des Unterrichts bedingt ist. Wie es Methoden und Manieren des Lehrens giebt, die das Lernen verleiden, so giebt es auch solche, die Freude am Lernen erwecken. Von diesem Interesse, welches nur Mittel zum Zwecke ist — nämlich zu dem Zwecke, das Interesse an der Sache selbst zu erwecken, haben wir hier nicht zu reden, sondern von dem dauernden, von dem Interesse an der Sache.

theoretische Interesse besteht in der Freude an der wachsenden Einsicht in die Sache; das praktische erzeugt sich aus dem Blick auf ihren praktischen Nutzen; das ethische tritt ein, wenn der Gegenstand das moralische oder religiöse Gewissen ergreift; das ästhetische geht hervor entweder aus dem Gefallen an der schönen Form, in welcher der Gegenstand auftritt, oder aus der Freude an einem künstlerischen Schaffen, wozu er den Stoff liefert. —

Ein wie mächtiger Faktor das Interesse bei der Sprachbildung ist, hat nach einer Seite hin Jean Paul treffend gesagt mit seinem kurzen Worte: „Das beste Sprachbuch ist ein Lieblingsbuch." Ein Buch, das zu einem Lieblingsbuche geworden ist, wird nicht nur wieder und wieder gelesen, sondern auch nach seinem Inhalte wieder und wieder durchdacht, und bei jeder sich darbietenden Gelegenheit besprochen. Lesen, das Gelesene durchdenken und das Durchdachte besprechen und wieder besprechen — das heißt mit einem Worte, sich in der Sprache üben; Übung aber macht den Meister. Daher die allbekannte Thatsache, daß jeder über seine Berufsangelegenheiten am besten zu reden versteht — der Lehrer über Schulsachen, der Offizier über Militärsachen, der Kaufmann über Handelssachen. Daher die Thatsache, daß die meisten Frauen, weil sie gern und viel sprechen, in ihrem Bereiche eine Zungenfertigkeit besitzen, mit der es der beredteste Mann nicht aufnehmen kann. Doch das ist, wie angedeutet, nur die eine Wirkung des Interesses auf die Sprachbildung, — die Wirkung auf das, was man den seelischen und leiblichen Sprachapparat nennen kann. Diese Seite läßt sich auch unmittelbar in den Dienst des Lernens ziehen. Zuvor will aber Jean Pauls viel nachgesprochenes Wort recht verstanden sein, — d. h. man muß begriffen haben, daß das Interesse, wodurch ein Buch dauernd zum Lieblingsbuche wird, vornehmlich durch den Inhalt des Buches, durch die Sache, bestimmt wird. —

Stärker noch wirkt das Interesse nach einer zweiten Seite hin auf die Sprache ein. Wie beredt macht die Liebe, die Freude, die Erhebung, die Hoffnung, — und wie nicht minder der Zorn, das Leid, die Zerknirschung, die Verzweiflung: und wie reden doch alle diese Gemütsstimmungen so verschieden! Wie eigentümlich beredt ist die schlaue Berechnung, die auf Umwegen ihren Zweck zu erreichen sucht, — und wie nicht minder eigentümlich eindrücklich spricht der tapfere Wille, der geraden Weges auf sein Ziel losgeht! Wie ringt der klare Verstand mit den Worten, wenn es ihm darum geht, auch andern zu seiner klaren Anschauung zu verhelfen, — und wie anders wieder der Redner, der seine Zuhörer zu einem Entschlusse fortreißen will. Bei solchen Gemütsbewegungen und starken Willensregungen ist es, wie wenn eine vielmal vervielfältigte Kraft sich des innern und äußern Sprachapparates bemächtigte. Es geht dann durch die im Gedächtnis angesammelten Gedanken und Worte ein Wühlen, wie in den Wassern des Meeres, wenn ein Sturm oder Erdbeben die verborgenen Tiefen aufregt, und es werden Ausdrücke und Redewendungen zu Tage gebracht, von denen man nicht weiß, wo sie herstammen. „Daher" — sagt unser deutscher Sprachmeister — „that es Cato dem (Kunstredner) Ciceroni zuvor, wenn er im Rat redete, ob er gleich solche Dinge grob und ohne allen Schmuck und Zierde vorbrachte." Daher erklärt sich auch die bekannte sprichwörtliche Rede, daß ein jeder in seiner eigenen Sache selbst der beste Advokat sei. — Natürlich macht es einen großen Unterschied, ob es bloß untergeordnete, oder aber höhere, weitgreifende Interessen sind, welche auf die Rede einwirken; und bei den letzteren macht es wiederum einen großen Unterschied, ob dieselben bloß die Oberfläche des Gemütes bewegen, oder aber ob sie es in seinem tiefsten Grunde erfassen und nun von daher alle Kräfte der Seele dem Worte zur Hülfe aufrufen. Liest man heutzutage z. B. Huttens „Gespräche" wider die Entartung der päpstlichen Kirche, so machen sie immer noch Eindruck, weil sie nicht bloß mit sprachkünstlerischem Geschick und scharfer Dialektik, sondern auch unter starker Gemütserregung geschrieben sind. Kommt man aber von dieser Lektüre zu Luthers gleichzeitigem und gleichartigem Traktat „An den Adel deutscher Nation: von des christlichen Standes Besserung" — vielleicht das beredteste und gewaltigste Sprachdenkmal, was die deutsche Litteratur aufzuweisen hat — so wird einem fast sonderbar zu Mute. Man stutzt förmlich über den ungeheuren Abstand zwischen der Sprachkraft dort und hier; es kommt einem vor, als hätte man dort eine Kinder-Schalmei gehört und hier eine von jenen Posaunen, vor denen die Mauern zu Jericho daniedersanken. Da wird anschaulich klar, was der Dichter sagt:

Wenn ihr's nicht fühlt, ihr werdet's nicht erjagen,
Wenn es nicht aus der Seele dringt
Und mit urkräftigem Behagen
Die Herzen aller Hörer zwingt.

Überblickt man die verschiedenen Interessen, wie wir sie oben klassifiziert haben, so läßt sich ein vierfacher bildender Einfluß auf die Sprache unterscheiden. Das wissenschaftliche Interesse arbeitet an ihrer Klärung, das praktische giebt ihr Geschmeidigkeit; von dem ästhetischen erhält sie Feinheit, und von dem ethischen Kraft und Nachdruck. So wirken alle vereint an ihrer Vermehrung und Verbesserung.

Vermutlich hat mancher Leser schon lange die Frage auf der Zunge: ob die Schule diese mächtigen Faktoren der Sprachbildung wirklich in

Dienst nehmen könnte. Allerdings nicht unmittelbar, — nicht so, wie man Lesen und Memorieren in Dienst nimmt. Mittelbar aber stellen sie sich der Schule ja zu Dienst, — sogar in zwiefacher Weise.

Einmal so. Das vorbeschriebene mehrende und bessernde Schaffen an der Sprache durch die verschiedenen Interessen vollzieht sich zunächst in den einzelnen Volksgenossen, in den ungelehrten so gut wie in den gelehrten, — unbewußt, ohne Zuthun der Grammatik und der Sprachlehrer.*) Von dem Erwerb dieser Arbeit der einzelnen geht aber allmählich ein gutes Teil als festes Besitztum in das nationale Sprachvermögen, in die lebende Volkssprache über. Darin lebt und davon nährt sich das nachgeborene Geschlecht, wie es in und von der Luft lebt: in dieser großen Landes-Sprachschule lernt das Kind sprechen, wie es sprechen hört. Für dieses nationale Sprachvermögen und an dieser Sprachschulung arbeitet das gesamte Volk, und zwar in viel höherem Maße als die Sprachgelehrsamkeit, — wie dies Uhlands Lied „an die deutschen Sprachgelehrten" so eindringlich uns ans Herz legt. Hat jemand das eingesehen, so gilt es sich in acht zu nehmen, daß man nicht dennoch an dem Kern der Wahrheit vorbei und wieder in den alten Sprachunterrichts-Irrtum hineinrennt. Diese allgemeine Sprachschule kann nämlich nur dann im Gange bleiben und ihren Dienst thun, wenn eine bestimmte Vorbedingung erfüllt ist: es ist die, daß in dem Volksganzen jene sprachbildenden Faktoren, die Interessen, kräftig wirksam seien, — das heißt aber nichts anderes, als daß es die Sachen kenne, in denen die Interessen wurzeln. Die Schule sorge demnach für tüchtige Sachkenntnisse, so hat sie für die vor, neben und nach ihr wirkende Lebens-Sprachschulung vortrefflich mitgesorgt.

In einer andern Beziehung bieten sich diese Sprachbildungsfaktoren dem schulmäßigen Lernen noch näher zum Dienst an, — ja so aufdringlich, daß der Lehrer sie sozusagen unmittelbar in der Hand hat. Ich will ein Gleichnis sagen. Wenn zur Winterzeit ein Blumenfreund beim Kunstgärtner Hyacinthen, Tulpen und andere Gewächse bestellt und dann die empfangene Sendung beschaut, so findet er vielleicht weder Stengel, noch Blätter, noch Blüten, sondern nur unansehnliche Zwiebelknollen und armselige Körner. Ist da ein Irrtum vorgefallen? Ganz und gar nicht. Der Blumenfreund heißt die unscheinbaren Dinger gar freudig willkommen und senkt sie ins Erdreich — wohl wissend, daß sie zu ihrer Zeit ihm auch die gewünschten Stengel, Blätter und Blüten bringen werden. Dieses

*) „In welcher Schule war der Poet gebildet, der den Griechen ihr wahres Volksbuch dichtete, dessen Nichtgebrauch einst einem griechischen Schulmeister eine Ohrfeige einbrachte?" (Jahn.)

Quentchen Verstand, das bei jedem Pflanzenfreunde wohlfeil zu haben ist, möge auch die Pädagogik sich aneignen, — wenn sie von ihrem alten Sprachunterrichts-Irrtum erlöst sein will. Wie in den Zwiebeln und Samenkörnern die Triebkräfte der Pflanzenbildung eingeschlossen sind und zur Zeit, da das „praktische" Pflanzenleben beginnt, unfehlbar in Wirksamkeit treten, so liegen in den Sachkenntnissen, wenn sie rechter Art sind, auch zugleich jene Triebkräfte der Sprachbildung eingewickelt: wenn das praktische Leben die Schüler in die Schule nimmt, so werden sie ihre Kraft schon zeigen. Darum gilt auch hier, im Blick auf die Entwicklung des Einzelnen, mein ceterum censeo: Wer dem Kinde eine tüchtige Sachbildung mit ins Leben giebt, der hat es zugleich mit den wirksamsten Sprachbildungsmitteln versorgt.

Unsere Untersuchung über den dritten, den Grundirrtum des hergebrachten Muttersprachunterrichts mag hier schließen.

Sie hat ergeben, daß zwischen Sachbildung und Sprachbildung zwei innige, verwandtschaftliche Beziehungen bestehen. Es sind, kurz ausgedrückt, diese:

a) In jedem Wissensgebiet bildet ein gewisser Grad von Sprachschulung schon einen integrierenden Teil der Sachbildung: das Redenlernen an einem Wissensstoffe ist schon um der Sachbildung willen nötig.

b) Die Sprachbildung — die echte, vollsaftige, gesunde — hat ihre drei stärksten Nährwurzeln im Wissensstoffe: darum muß sie ihrer Genesis nach betrachtet werden als hervorgegangen und zusammengesetzt aus der sprachlichen Schulung in sämtlichen Wissensgebieten.

Daß die bisherige Methodik des Muttersprachunterrichts diese enge Verwandtschaft zwischen Sachbildung und Sprachbildung und die daraus folgende principielle Zusammengehörigkeit von Sachunterricht und Sprachunterricht nicht begriff — das war ihr Grundirrtum. —

Um diese Wahrheit auch gegen mögliche Mißgriffe bei der praktischen Ausführung noch etwas schärfer zu umgrenzen, wird es gut sein, den beiden vorstehenden Hauptsätzen zwei ergänzende Nebenbemerkungen beizufügen.

c) Obgleich Sachbildung und Sprachbildung eng verbunden, ja verwachsen sein sollen, so darf doch nicht daraus gefolgert werden, daß die zu wünschende Sprachbildung in und mit der entsprechenden Sachbildung ganz von selbst entstehe — etwa so, wie die Rinde an und mit dem Baume wächst. Das würde schon falsch sein bei dem Grade von Schulung, der um der Sachbildung selbst willen erforderlich ist, vollends aber bei der gesamten Sprachbildung: wenn von „Bildung" geredet wird, so darf niemals an ein bloßes Naturprodukt gedacht werden. Will man ein Gleichnis haben, so denke man an die Politur, die irgend einem Naturkörper beigebracht werden soll. Auch die Politur kann nicht in der Luft schweben, nicht für sich allein existieren, sondern nur an und mit einem Körper. Wie sie jedoch erst dann entsteht, wenn die Kunst den Körper in die Schule nimmt, so entsteht an und mit einem bestimmten Sachunterricht auch die entsprechende Sprachbildung erst dann in dem wünschenswerten Maße, wenn gewisse sprachliche Übungen nicht versäumt werden, — aber, wohlgemerkt, nicht isolierte Sprachübungen, sondern sprachliche Übungen an dieser Sache.

d) Die Sprachbildung, welche an und mit einem bestimmten Sachunterricht gewonnen werden kann, wird auch dann nicht den gewünschten Grad erreichen, wenn dieser Unterricht sachlich mangelhaft ist — sei es, daß er zu wenig Kenntnisse mitteilt, oder daß die Denkübungen vernachlässigt werden. Nur wenn beim Sachunterricht diese beiden Stücke in Ordnung sind, kann auch das dritte, die Sprachbildung, in vollem Maße sich ergeben.

Die Hauptschuld an der verkehrten Grundanschauung im Sprachunterricht trägt ohne Zweifel die alte, mangelhafte Psychologie. Weil sie einerseits das Verhältnis zwischen der Verstandesbildung und dem Wissensstoffe und andrerseits den innigen Zusammenhang zwischen Verstand und Sprache nicht durchschaute, so mußte ihr auch das Verhältnis zwischen der Sprachbildung und dem Wissensstoffe dunkel bleiben. Daher schreibt sich der Mißgriff der isolierten „Sprachübungen", — daher der Mißgriff des grammatischen Theoretisierens und der des grammatischen Exercierens, — daher die übermäßige Ausdehnung des gesonderten Sprachunterrichts, — daher die Überschätzung des belletristischen Lesebuches, als ob dieses das Haupt-Sprachlehrbuch sei, — daher der mittelalterliche humanistische Irrtum des „Verbal-Realismus" und dessen treue Konservierung bis auf den heutigen Tag. — Die übeln praktischen Folgen dieser Mißgriffe mußten natürlich sehr verschlimmert werden, weil neben jenem Grundirrtum auch noch die zwei andern vorbesprochenen Irrtümer mit im Spiele waren — die Verkennung der praktischen Rangordnung der drei sprachlichen Lehrziele (Fertigkeit, Verständnis, Richtigkeit) und die Verkennung der praktischen Rangordnung der Sprachorgane (Mundsprache und Schriftsprache). Doch auch diese beiden Irrtümer schreiben sich aus der mangelhaften psychologischen Einsicht her.

Versuchen wir jetzt, das Gesamtergebnis unserer Untersuchung auf eine möglichst kurze Formel zu bringen.

In den Anfangszeiten des Schulwesens war die Lehrarbeit so eingerichtet, daß man sagen konnte: aller Sachunterricht ist beim Sprachunterricht einlogiert, die Schulen waren wesentlich nur Sprachschulen. — In einer folgenden Periode suchten sie aus dieser Einseitigkeit herauszukommen — zunächst die höhern Schulen, ihnen nach halbwegs auch die Volksschulen: man wünschte einen selbständigen Realunterricht, aber bald noch lebhafter einen selbständigen Sprachunterricht. Die alte Verbindung wurde getrennt, und nun standen denn beide Lehrfächer separat da, doch so, daß der Sprachunterricht den Löwenanteil bekam. Man hatte eine Trennung geschaffen, die im Grunde nicht besser war als jene Verbindung. An diesem Übel leiden wir heute noch, d. h. die Schulen, die sich aus dem „Verbal-Realismus" herausgearbeitet haben, und die, welche einen gesonderten Sprachunterricht erteilen. Es thut nach drei Seiten Schaden. Einmal entgehen dem isolierten Sachunterricht die Vorteile, die ihm ein verbündeter Sprachunterricht leisten könnte; und umgekehrt entgehen dem Sprachunterricht alle die Vorteile, die ihm ein verbündeter Sachunterricht leisten könnte. Zum andern: will der separate Sprachunterricht nun doch etwas Leidliches leisten, so muß er über Gebühr sich ausdehnen — wie vor Augen liegt; und für den Sachunterricht bleibt dann so wenig Zeit übrig, daß er ebenfalls nicht auf einen grünen Zweig kommen kann — wie auch vor Augen liegt. Wollte dagegen der Sachunterricht, um etwas Rechtes leisten zu können, ebenso eigensüchtig sich ausdehnen, so würde er dem Sprachunterricht das anthun müssen, was dieser ihm angethan hat. Zum dritten: der isolierte Sprachunterricht vermagert, verdorrt, gerät auf kuriose Einfälle, — kurz, er verdirbt in sich selbst. Der isolierte Sachunterricht gerät, wenn nicht in die gleiche, doch in eine ähnliche Verkümmerung. In ihrer Isolierung erinnert beider Schicksal an den armen Peter Schlemihl, der seinen Schatten verkauft hatte und nahe daran war, auch seine Seele zu verlieren. Was die Natur zusammengefügt hat und zusammengehalten haben will, soll die Kunst nicht scheiden. — Die aufgezählten Schäden jener Separation konnten unmöglich ganz verborgen bleiben: und so haben denn die einen mancherlei künstliche Annäherungen und Verbindungen gesucht, während andere in den „Verbal-Realismus" zurückgefallen sind. Will man aus den Verkehrtheiten rechts und links herauskommen, so muß ein radikaler, kühner Griff geschehen. Man stelle die mittelalterliche Praxis, den „Verbal-Realismus", wonach der ganze Sachunterricht beim Sprachunterricht einquartiert sein soll, vollständig auf den Kopf, — und sage:

Der Sprachunterricht soll — seinem Hauptteil und Kern nach — **in und mit dem Sachunterricht gegeben werden** — in der Weise, wie es die Thesen 8—13 dargelegt haben.

Oder mit andern Worten:

Man gebe einen tüchtigen Sachunterricht (in Naturkunde, im humanistischen Gebiet und in der Religion) **sprachmethodisch richtig: so ist die Hauptsache im Sprachunterricht gethan.**

Das ist das Rechte. Damit wird der „Verbal-Realismus", sowie jener Überrest des mittelalterlichen, bloß Phrasen und Formen lernenden Ur-„Humanismus", der sich als isolierter Sprachunterricht bis heute fortgeschleppt hat, ins Herz getroffen.

Was dann für die Sprachschulung noch insonderheit nötig ist:

a) einige onomatische Übungen, —*)

b) einige wenige gesonderte orthographische Übungen, —

dafür wird sich jetzt leicht die Zeit finden. Und damit lasse man es gut sein.**)

Wird es nötig sein, jetzt auch noch die Konsequenzen der aufgestellten These ausführlich aufzuweisen? Nach meiner wirklich mühseligen

---

*) Behufs des Sprachverständnisses. Im wesentlichen bestehen die Übungen darin, daß die Schüler sich ein onomatisch-lexikologisches Wörterbuch anlegen und einprägen. Dasselbe schließt sich genau an den Sachunterricht in allen drei Wissensfächern an: im Grunde gehört es also mehr zum Sachunterricht als zum separaten Sprachunterricht. Den Hauptstock des Wörterbuches bilden solche Wörter aus der naturkundlichen, humanistischen und religiösen Lektüre, welche den Schülern nicht sofort oder nicht ganz verständlich sind. Dieselben werden entweder durch bekannte synonymische Ausdrücke verdeutlicht, oder kurz umschrieben. Soweit ist also dieses Wörterbuch eine Sammlung von Synonymen. Dazu kommt zweitens eine kleine Anzahl von hervorragenden Wortfamilien. Im Wörterbuche stehen dieselben nur beispielsweise, als Repräsentanten; denn das, was sie bezwecken — nämlich die Schüler zu gewöhnen, sich bei einem Worte auf seine Abstammung zu besinnen — muß von der Mittelstufe an bei der Lektüre mit geübt werden. Der dritte Bestandteil des Wörterbuches enthält die Tropen (die bildlichen Ausdrücke und Redensarten), welche im Verlauf des Unterrichts aufgelesen worden sind. — Natürlich muß die Wörtersammlung nicht bloß aufgeschrieben, sondern auch eingeprägt und gelegentlich wie ein fremdsprachliches Vokabelbuch abgefragt werden. Auf die verschiedenen Vorteile dieser onomatischen Übungen — auch für die Orthographie — kann ich hier nicht näher eingehen. Es wird auch wohl nicht viel Überlegens bedürfen, um einzusehen, daß ein solch selbstgefertigtes Wörterbuch ein ungleich wertvollerer Sprachschatz ist, als eine Grammatik.

**) Den Umgang mit dem belletristischen Lesebuch rechne ich, wie früher bemerkt, vorwiegend mit zum Sachunterricht, obwohl derselbe allerdings auch einen bestimmten Sprachbildungszweck hat — die Sprachveredlung. Der Inhalt dieser Lesestücke und dessen Aufgabe für die Verstandes- und Gemütsbildung gelten mir mehr als die künstlerische Form und deren sprachliche Aufgabe. Überdies kann —

Aufräumungsarbeit ist hoffentlich der Leser geneigt, mit ein paar Andeutungen vorlieb zu nehmen und dann selbst die Gedanken zu Ende zu denken.

Die Konsequenzen des neuen sprachmethodischen Grundsatzes reichen in der That sehr weit. Er weiß nicht nur das zurechtzustellen, was der entgegenstehende Grundirrtum im Sach- und Sprachunterricht unmittelbar verwirrt und verdreht hat, sondern auch noch viele Fehler, die derselbe zwar nicht direkt verschuldete, aber begünstigte oder stillschweigend duldete.

Besehen wir zuerst die Konsequenzen für den Sachunterricht.

Im Realunterricht — um vom Religionsunterricht nicht zu reden — ließ der sprachmethodische Grundirrtum alle oben (im zweiten Stück) nachgewiesenen Gebrechen (den „Verbal-Realismus", den ungenügenden Leitfaden-Unterricht, das unzulängliche Lesebuch, den Mangel einer Fragesammlung) unbekümmert stehen. Ob etwas davon bemerkt wurde, daß sie die Sprachbildung behinderten, oder ob es nicht bemerkt wurde, — gleichviel, sie genierten nicht: man wähnte, bei der ausgeklügelten isolierten Sprachschulung werde an einer echten, vollkräftigen und gesunden Sprachbildung nichts fehlen. Ganz anders der neue sprachmethodische Grundsatz. Noch ehe er von besonderen sprachlichen Anliegen redet, fordert er einen regelrechten Sachunterricht — weil er weiß, daß jeder Mangel im sachlichen Lernen ein bestimmtes Manko im sprachlichen Lernen zur Folge hat. Zu einem regelrechten Sachunterricht gehört aber vorab die materiale Vollständigkeit, d. i. die Unterweisung in allen drei Wissensfächern. Damit sind also nicht nur die Schulen abgewiesen, welche ohne Naturkunde auszukommen meinen, sondern auch die, welche nur einen verkümmerten humanistischen und religiösen Unterricht erteilen können (z. B. die konfessionslosen Schulen) — und zwar abgewiesen nicht bloß im Namen der Sachbildung, sondern auch im Namen der Sprachbildung. — Zu einem regelrechten Sachunterricht gehört ferner die formale Vollständigkeit, d. i. daß in jedem Gebiete, den drei formalen Seiten der Bildung gemäß, auf ein dreifaches Ziel hingearbeitet werde: auf Kenntniserwerb, auf Denkenkönnen und auf Redenkönnen. Und damit diese Ziele wirklich erreicht werden, darum fordert die Methodik eine allseitige Durcharbeitung des Stoffes nach den drei Lernstadien: anschauliches Verstehen (vermittelst des mündlichen Lehrwortes), festes Einprägen (mit Hülfe eines geeigneten Lesebuches) und denkendes Wiedergeben (mit Hülfe bestimmter Reproduktionsfragen). Damit sind abgewiesen — um vom

wie die obige These sagt — auch die sprachveredelnde Wirkung nur dann vollaus eintreten, wenn dem Inhalt sein Recht geschieht, d. h. wenn derselbe nach den Gesetzen des Sachunterrichts behandelt wird.

Memorier-Materialismus und ähnlichen Verirrungen nicht zu reden —: erstlich der „Verbal-Realismus", der den Sachunterricht durch ein Buch erteilen lassen will, — ferner die Leitfaden-Lehrweise, die keines Lesebuches zu bedürfen glaubt, desgleichen solche Lesebücher, die nicht auch als realistische Lernbücher dienen können, — und endlich die Kurzsichtigkeit, welche fixierte Reproduktionsfragen für überflüssig hält; — und alle diese Fehler sind wiederum abgewiesen nicht bloß im Namen der Sachbildung, sondern auch im Namen der Sprachbildung.

Nun die Konsequenzen für den Sprachunterricht.

Hier hat der alte Grundirrtum eine so lange Reihe von Mißgriffen erzeugt, daß einem beim Aufzählen fast der Atem ausgeht: das (auf der Elementarstufe) unstatthafte Grammatisieren, gleichviel ob an losen Redeteilen oder am Lesebuche, — die dazu gehörigen, viele Zeit verschlingenden grammatischen Übungen an losen Redeteilen, — die lange sich hinziehenden Leseergötzungen der Anfänger an sinnlosen Silben und Wörtern, — die mangelhafte Pflege der Sprachfertigkeit, häufig verbunden mit Vernachlässigung des onomatischen und lexikologischen Verständnisses, — die Überschätzung des belletristischen Lesebuches nach seiner sprachlichen Seite, und wieder die Unterschätzung und verkehrte Behandlung desselben nach seiner Bedeutung für die Gemütsbildung, — die Verkennung der Vorteile fixierter Repetitionsfragen für die Sprachbildung, — die mangelhafte Pflege der Übung im freien Reden 2c. 2c. Dazu rechne man weiter die nicht ins reine zu bringenden Kämpfe, welche die Vertreter der verschiedenen Methoden, Manieren und Manierchen unter sich führten, während sie doch eigentlich nur darin wetteiferten, wer die Isolierung (d. i. die Austrocknung) des Sprachunterrichts am weitesten treiben könnte, und so eine Sprachbildung zuwege brachten, der es mehr oder weniger überall gebrach: an Gewandtheit, Verständnis und Reichtum wie an Klarheit, Feinheit und Kraft, und vielleicht nicht am wenigsten an der so eifrig erstrebten Korrektheit. — Hier, in der eigentlichen Werkstatt des bisherigen Sprachunterrichts, wird sich insonderheit zeigen, was der neue sprachmethodische Grundsatz im Aufräumen und Ausfegen leisten kann. Er erklärt und beweist, daß nur diejenigen sprachlichen Übungen, welche zugleich um der Sachbildung willen nötig sind, den Kern, den eigentlichen Wertteil des Sprachunterrichts bilden. Damit ist der gesamte isolierte Sprachunterricht, wie er auch gestaltet sei und heiße, mit einem Federstrich verurteilt, — verurteilt als eine Verirrung von solcher Großartigkeit, daß sie nur noch in der Verirrung des „Verbal-Realismus" ihresgleichen hat, — genau besehen aber denselben noch übertrifft, da der isolierte Sprachunterricht nichts anderes ist als der aus dem Mittelalter herübergeschleppte formen- und phrasenlernende Ur-„Humanismus". Über die Einzelmißgriffe dieses Grundirrtums braucht man nun keine Worte mehr zu verlieren. Wie das Gezweig des Baumes von selber fällt, wenn der Stamm abgehauen wird, so sind von jenen Verirrungen die einen samt den andern abgethan, wenn das Princip der Isolierung verworfen ist. Damit kann denn auch das endlose Streiten und Sorgen, womit der isolierte Sprachunterricht die Leute plagte, zu seiner Sabbathruhe gelangen, — und nach so vieler Mühe darf man ihm ein solch seliges Ende wohl gönnen.*)

Daraus will jedoch nicht gefolgert sein, daß die methodischen Handreichungsarbeiten, welche innerhalb des isolierten Sprachunterrichts geliefert worden sind, nun allesamt als wertlos über Bord geworfen werden müßten. Derjenige Teil dieser Arbeiten, welcher lediglich auf die isolierte Sprachschulung berechnet war, ist allerdings unbrauchbar geworden; was dagegen in den Dienst des Sachunterrichts eingehen kann, behält nach wie vor seinen Wert, wenn es für diesen Dienst zugerichtet wird.

Ganz besonders wichtig und interessant sind endlich die Konsequenzen hinsichtlich der Verbindung des Sachunterrichts und Sprachunterrichts.

Die drei Lehrmittel, welche der Sachunterricht zum gründlichen Durcharbeiten seines Wissensstoffes gebraucht — das wohlpräparierte mündliche Lehrwort (behufs des anschaulichen Verstehens), ein geeignetes Lesebuch (behufs des festen Einprägens) und fixierte Reproduktionsfragen (behufs des denkenden Wiedergebens) — eben diese drei Lehrmittel muß auch der Sprachunterricht wünschen; denn die dabei vorkommenden drei Lernoperationen: Hören, Lesen samt Memorieren, und freies (mündliches und schriftliches) Aussprechen — sind genau dieselben, auf welche auch die Sprachbildung hingewiesen ist. Je mehr nun einem Lehrer die Sachbildung anliegt, je eifriger er demgemäß die drei Lernoperationen betreibt — namentlich das einprägende Lesen und das freie Reproduzieren, weil diese die meiste Zeit in Anspruch nehmen — desto erfolgreicher arbeitet er zugleich für die Sprachbildung und zwar auf die beste Weise, welche die Sprachmethodik ersinnen kann. Und um-

*) Ein gewisser kleiner, ganz kleiner Rest besonderer Sprachübungen — behufs der Schreibrichtigkeit — kann allenfalls geduldet werden; aber auch bloß dann, wenn sich erweisen läßt, daß die dermalige regellose Orthographie dieselben vorderhand absolut nötig mache. Dieser Rest ist indessen so unbedeutend, daß es sich nicht lohnt, darüber viele Worte zu machen. — Die oben bei den aparten Sprachübungen miterwähnten onomatischen Exercitien gehören im Grunde gar nicht an diesen Platz, da sie es nicht mit der Form, sondern mit dem Inhalte (dem Sinne) der Worte und Redefiguren zu thun haben und überdies sich eng an den Sachunterricht anschließen.

gekehrt, je mehr einem Lehrer die Sprachbildung am Herzen liegt, je eifriger er demgemäß an dem sachlichen Stoffe die drei sprachlichen Übungen betreibt — nämlich durch das wohlpräparierte mündliche Lehrwort ein aufmerksames Hören weckt, tüchtig lesen und memorieren läßt und fleißig das (mündliche und schriftliche) freie Aussprechen übt, — desto erfolgreicher arbeitet er zugleich für die Sachbildung und zwar auf eine Weise, welche die Methodik des Sachunterrichts nicht besser erdenken kann. Kurz, jedes dieser beiden Lehrfächer kann nicht besser für sich selbst sorgen, als wenn es mit eifersüchtiger Liebe für das andere sorgt, — und kann nicht schlimmer sich schaden, als wenn es in thörichter Eigensucht von dem andern sich isoliert. Beide gehören zusammen wie rechtes Bein und linkes Bein, wie rechte Hand und linke Hand, wie Mann und Weib, wie — Vernunft und Sprache.*)

Wie anders beim isolierten Sprachunterricht. Was er auf seinem eigenen Gebiete verkehrt gemacht hat, bildet erst die Halbscheid seiner Schulden. Durch seine Absonderung entzog dieser naturwidrige Sprachunterricht auch dem Sachunterricht alle die Vorteile, die nur eine innig verbundene Sprachschulung ihm leisten kann — auf die derselbe absolut rechnen können muß, wenn er etwas Nennenswertes leisten soll. Und umgekehrt. — So hinkte denn der Sachunterricht durch die Welt auf seinem einen Beine, und ebenso der Sprachunterricht auf seinem einen Beine, — jeder für seinen Kopf. War das eine zwiefache „Altersweisheit", oder — — sottise de deux parts, wie der böse Voltaire sagen würde? Und doch ließen die deutschen Schulleute schon vor 50 Jahren mit Wohlbehagen sich (von Curtmann) vorsagen: auf dem pädagogischen Gebiete seien die großen Entdeckungsreisen bereits alle gemacht! —

Noch eins. Es muß mir viel daran gelegen sein, dieser Theorie des Muttersprachunterrichts einen gewissen irrigen Nebengedanken von vornherein vom Leibe zu halten. Durch meine Auseinandersetzung kann er zwar nicht entstehen; allein der Leser könnte ihn möglicherweise von anderswoher mitbringen. Ich meine die irrige Vorstellung, als ob die hier vertretene Weise des Sprachunterrichts sich auch darauf stützen wolle, daß die Volksschule für die Grammatik und andere isolierte Sprachübungen keine Zeit habe. Die Volksschule ist allerdings in sehr beschränkte Verhältnisse gestellt.

---

*) Wie es scheint, haben schon die alten Griechen die parallele Entwicklung der Intelligenz und der Sprache, oder vielmehr das Verwachsensein beider — denn das ist der Punkt, um den es sich handelt — richtig aufgefaßt: im Griechischen bedeutet der Ausdruck logos sowohl „Vernunft" als „Wort".

Wer ein noch älteres Dokument über die Zusammengehörigkeit von Sachunterricht und Sprachunterricht gebrauchen kann, der lese und bedenke 1. Mos. 2, 19.

Ein Lehrverfahren, das sich ihr anbietet, muß sich also in diese Schranken zu schicken wissen. Das ist in der That bei dem meinigen der Fall. Allein im Princip hat diese Lehrweise mit den äußern Schulverhältnissen, seien sie günstig oder ungünstig, nichts zu thun. Sie empfiehlt sich vielmehr für alle Schulverhältnisse, auch für die günstigsten, auch für die untern Klassen der höhern Schulen. Sie prätendiert, die naturgemäße zu sein, — die einzige, die eine allseitige, vollkräftige und gesunde Sprachbildung verbürgt. Wenn in einer Schule — heiße sie Volksschule, Realschule oder Gymnasium — alle Wissens- und Kunstfächer wohl versorgt wären und doch noch Zeit genug übrig bliebe, um die deutsche Grammatik selbständig betreiben zu können: so würde ich trotzdem bis zum 14. Jahre derselben ebensowenig eine einzige Minute abtreten wie der Dogmatik, sondern alle überschüssige Zeit den andern Lehrfächern zuwenden. Die Schüler sollen ja grammatisch richtig reden (wie in religiösen Dingen richtig denken, empfinden und leben) lernen, aber nicht durch einen besonderen Unterricht in der Grammatik (und jenes nicht durch einen aparten Unterricht in der Dogmatik), sondern auf dem Wege der Anschauung und Übung. Ihr Reden soll naturwüchsig-unbewußt grammatisch richtig sein (und das religiöse Denken naturwüchsig-unbewußt richtig sein): es soll nicht anders sein können. Wenn der Schüler in der elementaren Anschauung und Übung sattelfest ist, und wenn dann auf einer späteren Altersstufe wirklich ein Bedürfnis oder ein Interesse für eine theoretische Unterweisung in der Grammatik (und Dogmatik) sich kundgiebt — aber ein wirkliches, kein eingebildetes oder aufgedrungenes — dann mag im Fortbildungsunterricht auch Grammatik (und Dogmatik) gelehrt werden, dann wird es mit Nutzen und Erfolg geschehen können. Wo diese Voraussetzungen nicht zutreffen, da kommt das Grammatisieren (und Dogmatisieren) zu früh, und dieses Verfrühen stört die gesunde naturwüchsige Entwicklung — es ist unnatürlich, schädlich. Wenn man den Schaden auf dem Arbeitsfelde des grammatischen Unterrichts nicht sehen kann, so sollte man ihn wenigstens auf dem Gebiete des dogmatischen Religionsunterrichts sehen können — hier an der konfessionalistischen Engbrüstigkeit, Selbstbespiegelung und Zerfahrenheit, dort an der religiösen Gleichgültigkeit, Verödung und Blasiertheit, in die unser armes Volk durch die dogmatisierende Lehr- und Predigtweise der Theologen mit ihrer Kleinkrämerei, Haarspalterei und Haderei geraten ist.

Allein es handelt sich ja im Sprachunterricht keineswegs bloß um Zurückstellung der Grammatik — denn die Verfrühung des grammatischen Unterrichts ist nur ein Bruchteil des Übels — sondern um Beseitigung des gesamten isolierten Sprachunterrichts. Es handelt sich überhaupt nicht um eine bloße Negation, um ein Beschränken oder Abthun von etwas, sondern um die Einsetzung von etwas Positivem, um die Bepflanzung eines halb leeren, halb unzulänglich angebauten Platzes: um die Einführung des rechten Realunterrichts und den engen Anschluß der Sprachschulung an den gesamten Sachunterricht. Und das — nochmals gesagt — nicht um der beschränkten Verhältnisse der Volksschule willen, sondern weil diese Weise überall die richtige, die beste ist. Der Vorteil, den der fremdsprachliche Unterricht den höhern Schulen gewährt, läßt sich allerdings in der Volksschule durch nichts ersetzen. Derselbe wird aber auch erst auf den oberen Stufen bemerkbar. Überdies kann die Volksschule den drei Wissensfächern und der sprachlichen Schulung an denselben mehr Zeit zuwenden, als die höhere Schule bei ihrem ausgedehnten fremdsprachlichen Unterrichte. Wenn daher die höhern Schulen in den untern Klassen den Sachunterricht nicht so betreiben und so für die Sprachbildung ausnützen können oder wollen, wie es vorhin empfohlen ist: so wird der auf jene richtige Weise geschulte Zögling der Volksschule in seinem 15. Jahre dem gleichalterigen Zöglinge der höhern Schulen in der Sachbildung wie in der Sprachbildung nicht nur nicht nachstehen, sondern ihn entschieden übertreffen.

Darin — in dem Unterschiede zwischen einer bloßen Negierung der Grammatik und der Ponierung des rechten Sach- und Sprachunterrichts — liegt auch die große Kluft, die meine sprachmethodische Theorie von der des verehrten Professors Hülsmann scheidet. Soweit es sich um die Negation handelt, steht er mit seiner „radikalen" Ansicht keineswegs einsam da. Vielmehr hält meine Kritik so weit mit der seinigen getreue Kameradschaft. Aber dann sind wir erst an den Punkt gelangt, wo mein „Radikalismus" — der, auf den ich Wert lege — erst beginnt: einmal die Kritik des hergebrachten Realunterrichts und sodann — und das ist mir die Hauptsache — die Ponierung des rechten Sach- und Sprachunterrichts. Vor der bloßen Negation wollten die Anhänger des (grammatisierenden und nichtgrammatisierenden) isolierten Sprachunterrichts nicht völlig das Feld räumen. Und sie hatten ein gewisses Recht dazu. Wenn sie der scharfen Kritik Magers, Hülsmanns und Wackernagels auch direkt nichts mehr entgegenzusetzen wußten, so hielt sie doch ein gewisses Etwas ab, ohne Rückhalt beizustimmen. Sie sagten sich: „Das verbal-realistische Lesebuch, an das wir gewiesen werden, kann doch nur einen höchst ärmlichen Realunterricht ergeben; will man uns nun auch noch die selbständige Sprachschulung nehmen, so ist das ernsthafte Lernen sowohl aus dem Realunterricht wie aus dem Sprachunterricht verbannt, — abgesehen davon, daß der hergebrachte Religionsunterricht noch viel zu wünschen übrig läßt.

Leichtfertigkeit zur Rechten und Leichtfertigkeit zur Linken — daraus kann kein Heil erwachsen. Weiß man uns rechten Sachunterricht nicht zu zeigen, so wollen wir die Kinder wenigstens in der Muttersprache tüchtig schulen, so gut es geht." So räsonnierte — bewußt oder unbewußt — das pädagogische Gefühl; und gegen die bloß negative Kritik hatte es vollständig recht. Darum habe ich über den Sprachunterricht nicht eher schreiben mögen, — obwohl der richtige Weg mir seit langem klar vor Augen stand — bis es mir möglich war, ein praktisches Lehrhülfsmittel vorzulegen, das die rechte Weise des Sachunterrichts zeigen kann. Mein „Radikalismus" ist es also, welcher dermalen allein steht. Aber ich bin der guten Zuversicht, daß es nicht lange dauern wird. Praktisch sind zwar noch viele Schwierigkeiten im Wege, — sie liegen jedoch beim Realunterricht, nicht beim Sprachunterricht. Ich möchte auch beinahe glauben, daß gerade jenes pädagogische Gefühl, welches der bloß negativen Kritik nicht nachgeben wollte, meiner Theorie am ersten zustimmen werde. Sie setzt einen Sachunterricht, der an Ernst nichts zu wünschen übrig läßt, und zugleich einen Sprachunterricht, der an Ernst nichts zu wünschen übrig läßt. Wem es nun in Wahrheit um ein ernstliches — auf Kenntniserwerb, auf Denkenkönnen und auf Redenkönnen zielendes — Lernen zu thun ist, der kann hier ein Genügen finden.

Zum Schlusse kann ich mir nicht versagen, zwei kurze Zeugnisse von guter Herkunft beizufügen, die mir von jeher als das Treffendste gegolten haben, was über die hier besprochene Frage auf so engem Raume geschrieben worden ist. Die meisten Leser werden ohne Zweifel alte Bekannte in ihnen begrüßen. Auch sind sie zu meisterhaft deutsch geredet, als daß sie einer Erläuterung bedürften: doch meine ich die Erfahrung gemacht zu haben, daß diese goldenen Worte, wenn sie im Sinne der vorstehenden Betrachtung gelesen werden, einen noch helleren und eindringlicheren Klang gewinnen.

Ein Wort Dr. Luthers über Sachbildung und Sprachbildung.*)

„Das Erkenntnis ist zweierlei: eines der Worte, das andere der Sachen. Wer nun das Erkenntnis der Sache oder Handels nicht hat, dem wird die Erkenntnis der Worte nicht helfen. Nach einem alten Sprichwort pfleget man zu sagen: Was einer nicht wohl versteht und weiß, davon wird er auch nicht wohl reden können. Solcher Exempel hat unsere Zeit viel an den Tag gebracht. Denn viel sehr gelehrte und be-

*) Ich citiere die Stelle nach v. Raumers Gesch. d. Pädagogik, S. 181 ff.

redte Leute geben überaus närrische und lächerliche Dinge vor, nachdem sie sich unterstehen von solchen Händeln zu reden, die sie nie verstanden haben."

„Wer aber den Handel innen hat, der lehret recht und trifft die Herzen, ob er wohl unberedt und nicht fertig in Worten ist. Also that es Cato dem Ciceroni zuvor, wenn er im Rat redete, ob er gleich solche Dinge grob und ohne allen Schmuck und Zierde vorbrachte, die sich in keines Menschen Verstand schicketen und darauf niemand dachte."

„Also wird der Wort-Verstand oder die Grammatik leichte, wenn man den Handel recht versteht; wie Horatius auch lehret, daß die Worte leichtlich folgen, wo der Handel recht eingenommen, erkannt und betrachtet ist: wo man aber den Verstand des Handels nicht hat, da ist auch die Erkenntnis der Worte vergeblich." —

Ludwig Uhland: an die Frankfurter deutsche Sprachgesellschaft.*)

Gelehrte deutsche Männer,
Der deutschen Rede Kenner,
Sie reichen sich die Hand,
Die Sprache zu ergründen,
Zu regeln und zu ründen,
In emsigem Verband.

Indes nun diese walten,
Bestimmen und gestalten
Der Sprache Form und Zier:
So schaffe du inwendig,
Thatkräftig und lebendig,
Gesamtes Volk, an ihr.

Ja gieb ihr du die Reinheit,
Die Klarheit und die Feinheit,
Die aus dem Herzen stammt!
Gieb ihr den Schwung, die Stärke,
Die Glut, an der man merke,
Daß sie vom Geiste flammt!

An deiner Sprache rüge
Du schärfer nichts, denn Lüge,
Die Wahrheit sei ihr Hort!
Verpflanz' auf deine Jugend
Die deutsche Treu und Tugend
Zugleich mit deutschem Wort!

Zu buhlerischem Girren
Laß du ihn niemals kirren,
Der ernsten Sprache Klang!
Sie sei dir Wort der Treue,
Sei Stimme zarter Scheue,
Sei echter Minne Sang!

Sie diene nie am Hofe
Als Gauklerin, als Zofe,
Das Lispeln taugt ihr nicht;
Sie töne stolz, sie weihe
Sich dahin, wo der Freie
Für Recht, für Freiheit spricht.

Wenn so der Sprache Mehrung,
Verbesserung und Klärung
Bei dir von statten geht:
So wird man sagen müssen,
Daß, wo sich Deutsche grüßen,
Der Atem Gottes weht.

---

*) Zu ihren Mitgliedern gehörte u. a. auch der bekannte Sprachforscher Ferd. Becker.

III.

Die verschiedenen Ansichten vom Realienbuche.*)

Es giebt fünferlei Ansichten vom Realienbuche. Das klingt sonderbar, ist aber leider wahr, — wie sich zeigen wird.

Wenn wir folgende vier Fragen der Reihe nach zur Sprache bringen, so werden die fünf Parteien nacheinander deutlich zum Vorschein kommen.

1. Ob ein selbständiger Realunterricht erteilt werden soll?
2. Ob ein besonderes Realienbuch gebraucht werden soll?
3. Ob dasselbe auch beim Neulernen (an Stelle des mündlichen Lehrwortes) gebraucht werden darf — oder bloß als Einprägungs-Hülfsmittel?
4. Ob die Darstellung auszugartig sein soll — oder ausführlich (d. h. zum Lesen geeignet)?

ad 1. (Ob selbständiger Realunterricht?)

Die Regulativpartei sagt Nein; alle übrigen sagen einhellig Ja.

Da die Regulativpartei den selbständigen Realunterricht abweist, so hat sie also mit den drei andern Fragen (vom Hülfsbuche) nichts mehr zu thun.

Zur näheren Charakterisierung der Regulativ-Partei ist noch folgendes zu bemerken. Dort wünscht man zwar auch, daß aus den Realien etwas gelernt werde, aber nur so viel, als bei der Behandlung des belletristischen Lesebuches im Sprachunterricht nebenbei von selbst gelernt werden kann.

ad 2. (Ob ein besonderes Realienbuch?)

Dr. Dittes sagt Nein; alle übrigen, die noch mitzusprechen haben, antworten einmütig mit Ja.

Da Dittes das Realienbuch abweist, so hat er mit den beiden noch restierenden Fragen (von dem Zwecke und der Beschaffenheit desselben) nichts mehr zu thun.

Dittes will übrigens — soviel mir bekannt — nicht principiell bestreiten, daß ein Hülfsbuch im Realunterricht nützlich sein könne — bei richtigem Gebrauch. Er glaubt aber, daß das Realienbuch, wenn es ein-

*) Statt „Realienbuch" könnte man allgemein sagen: „sachunterrichtliches Lernbuch", indem dann auch mit an das bibl. Historienbuch zu denken wäre.

mal da ist, den Lehrer leicht zu mißbräuchlicher Benutzung verleite, — sei es, daß derselbe das Buch auch da heranziehe, wo von Rechts wegen das persönliche Lehrwort auftreten soll, oder daß die Last des Einprägens zu sehr auf die Schüler abgewälzt werde. Dieweil nun Dittes auf die persönliche Thätigkeit des Lehrers den Hauptwert legt, so will er lieber auf den Hülfsdienst des Buches ganz verzichten, als den Lehrer der Versuchung aussetzen, das Buch in verkehrter Weise zu gebrauchen. Seine Abweisung des Realienbuches beruht also nicht auf einem principiellen, sondern auf einem Opportunitätsgrunde.

(Da Dittes beim Realunterricht ein Buch als Lernhülfsmittel ablehnt, so wird man annehmen müssen, daß er es konsequenterweise auch beim bibl. Geschichtsunterricht thut.)

ad 3. (Ob das Realienbuch auch beim Neulernen gebraucht werden darf?)

Bei historischen Stoffen (genauer: wo die Objekte nicht der unmittelbaren Anschauung vorgeführt werden können) sagt Ziller Ja. Nach ihm soll nämlich die betreffende Lektion zunächst (abschnittsweise) von den Schülern gelesen werden, damit sie eine „Totalanschauung" gewinnen, und erst dann soll der Lehrer durch eine Unterredung in die genauere Anschauung einführen. Alle übrigen (Dr. Dittes eingerechnet) stimmen einhellig mit Nein, indem sie fordern, daß das Neulernen ausschließlich durch das mündliche Lehrwort geschehe und zwar bei historischen Stoffen gerade so gut wie bei den naturkundlichen. Ihnen gilt das Realienbuch lediglich als ein Hülfsmittel beim Einprägen. (Bei den Leitfaden-Freunden kündigt sich diese ihre Ansicht auch schon durch die Form des Buches an.)

ad 4. (Ob die Darstellung im Realienbuche auszugartig sein soll, oder aber ausführlich?)

Das ist der Punkt, wo die beiden letzten Parteien auseinandertreten: die Leitfaden-Anhänger wünschen nur einen kurzen Auszug; — ich fordere dagegen entschieden eine ausführliche Darstellung — d. h. eine solche, die sich zum Lesen eignet. (Ebenso Ziller, bei den historischen Stoffen.)

So haben sich uns also fünf verschiedene Ansichten vom Realienbuche zu erkennen gegeben. An der Hand der vorgelegten Fragen traten sie in folgender Reihenfolge auf.

1. Die Regulative,
2. Dittes,
3. Ziller,
4. Die Leitfaden-Freunde,
5. Meine Ansicht.

Die vorgeführten Fragen haben uns zwar gezeigt, daß wirklich fünferlei Ansichten da sind; sie lassen aber nicht genug den ganzen Sinn jedes dieser Standpunkte erkennen, und wie dieselben nach ihrem tieferen Sinne sich verwandtschaftlich oder gegnerisch zu einander stellen.

Um nun auch das Verwandtschaftsverhältnis etwas näher zu erforschen, müssen wir noch drei andere methodische Fragen in Betracht ziehen.

Vorab muß jedoch die Regulativpartei überhaupt ausgeschieden werden; denn da sie einen selbständigen Realunterricht nicht anerkennt, so hat sie also bei der methodischen Behandlung dieses Lehrfaches auch nicht mitzusprechen.

Die drei Fragen, über welche die vier übrigen Parteien sich noch auszusprechen haben, sind folgende:

5. Muß beim Neulernen eine möglichst genaue Anschauung erstrebt, mithin für eine dem entsprechende ausführlich-anschauliche Vorführung des Stoffes gesorgt werden?
6. Muß diese anschauliche Vorführung des Stoffes — auch des historischen — lediglich vermittelst des mündlichen Lehrwortes geschehen, oder darf dabei auch das Buch (durch Lesenlassen) mit zu Hülfe genommen werden?
7. Kann beim Einprägen auch ein Buch nützlich sein?

ad 5. (Ob genaue Anschauung?)

Vom Standpunkte der neueren Methodik (seit Pestalozzi) muß diese Frage unzweifelhaft als eine Kardinalfrage gelten und unter den Kardinalfragen als die erste und wichtigste.

Dittes, Ziller und ich antworten auf diese Frage entschieden und einhellig Ja. Ein Teil der Leitfaden-Anhänger stimmt ohne Zweifel ebenso. Die übrigen mögen in thesi gleichfalls diese Wahrheit bekennen; in der Praxis handeln sie aber nicht danach, da die von ihnen gebrauchten Leitfäden (und ihre Lehrpläne) viel mehr Stoff enthalten, als bei einer ausführlich-anschaulichen Vorführung durchgenommen werden kann. Da es sich nun um einen methodischen Grundsatz handelt, der unter den wichtigsten der erste ist, so ergiebt sich, daß dieser Teil der Leitfaden-Anhänger in praxi den übrigen Parteien so fern als möglich steht, ja noch ferner als die Regulativpartei, da dieselbe in denjenigen Fächern, welche sie als selbständige anerkennt, auch jenen methodischen Grundsatz anerkennt.

ad 6. (Ob das Neulernen lediglich vermittelst des mündlichen Lehrwortes geschehen soll?)

Durch diese Frage vollzieht sich eine neue Gruppierung der Parteien.

Dittes und ich sagen einstimmig und mit aller Entschiedenheit Ja. Ziller dagegen nimmt, wie oben bereits bemerkt, bei historischen Stoffen auch das Buch mit in Gebrauch. Hier sind also zwei scharf geschiedene Gruppen. Auf welcher Seite stehen nun die Leitfaden-Anhänger? Dem Anscheine nach auf seiten der ersten Gruppe (Dittes und Dörpfeld); denn da ihr auszugartiges Realienbuch sich nicht zum Lesen eignet, so kann dasselbe nicht so gebraucht werden, wie Ziller es bei historischen Stoffen gebraucht wissen will. Daneben steht aber eine andere Thatsache. Ein großer Teil der Leitfaden-Freunde läßt im bibl. Geschichtsunterricht beim Neulernen zuerst die Geschichte lesen, folgt also hier dem Zillerschen Verfahren, — was bekanntlich insoweit auch das Verfahren der Regulativpartei und in der bibl. Geschichte überhaupt das ur-altübliche ist. Diese Leitfaden-Anhänger halten es sonach in der vaterländischen Geschichte mit Dittes und Dörpfeld, in der bibl. Geschichte dagegen mit Ziller und den Regulativen. Wie stimmt das? Ziller weiß, was er thut, denn er verfährt in der bibl. Geschichte nicht anders als in der vaterländischen; diese Leitfaden-Anhänger dagegen haben offenbar ihre methodischen Gedanken noch nicht ins reine gebracht.

(NB. Besonders interessant und beachtenswert ist das Licht, welches bei Frage 5 und 6 auf die Partei der Leitfaden-Freunde resp. auf einige Teile derselben fällt.)

ad 7. (Ob beim Einprägen auch ein Buch irgend welche nützliche Dienste leisten kann?)*)

Ziller, die Leitfaden-Anhänger und ich wünschen und fordern übereinstimmend ein Hülfsbuch beim Einprägen; Dittes wünscht ein solches nicht.

Vorab wird darzustellen sein, was alle drei Parteien gemeinsam wider Dittes zu sagen haben; sodann das, was ich von meinem Standpunkte (kraft der zweckmäßigeren Form des Buches) noch besonders wider ihn geltend zu machen habe.

A. Alle drei Parteien vereint — können folgendes sagen:

Zunächst käme in Frage, ob Dittes die Nützlichkeit eines Hülfsbuches rundweg bestreiten will, oder ob sein Votum nur den oben erwähnten Opportunitätsgrund im Sinne hat.

Nehmen wir den letzteren Fall an — wobei also die Nützlichkeit an und für sich zugestanden ist — so ist darauf zu bemerken:

Das Dittesche Votum ist dann nicht eine Antwort auf eine methodische Frage, sondern auf die schulregimentliche: was zu thun sei, damit das Realienbuch nicht gemißbraucht werde. Man muß sehr bedauern, daß Dittes in die methodische Verhandlung eine Frage hereinzieht, die an einen ganz andern Ort gehört. Das kann nur Vernebelung

*) Diese Frage ist mit Absicht so formuliert, um Herrn Dittes, der in diesem Punkte am weitesten abseits steht, möglichst nahe — auf den Leib zu rücken.

und Verwirrung anstiften, und das ist um so mehr zu beklagen, da die Realienbuch-Verhandlung wegen der verschiedenen Parteien ohnehin sehr verwirrt ist. Sorgen wir doch erst dafür, daß die methodische Frage ins reine kommt! Mit der schulregimentlichen wollen wir dann schon bald fertig werden. — Doch sehen wir davon ab; prüfen wir auch Dittes Antwort auf die schulregimentliche Frage. Daß das Realienbuch (wie auch das bibl. Historienbuch) verkehrt gebraucht werden kann, namentlich dadurch, daß der Lehrer die Einprägungsarbeit fast ganz auf die Schüler abladet, ist bekannt. Wie soll dem gewehrt werden? Wenn nun einer rät, überhaupt kein Realienbuch zu dulden, so werden diejenigen Lehrer, welche es richtig zu gebrauchen wissen, mit Recht fragen, ob sie denn dafür gestraft werden sollten, weil andere das Buch mißbrauchen. Sie werden sich also den Dittesschen Verzweiflungsvorschlag entschieden verbitten. Die Lehrer an mehrstufigen Klassen, zumal die an einklassigen Schulen, werden überdies sagen: in ihrer Lage sei das Realienbuch nicht bloß nützlich, sondern absolut notwendig. Wolle man ihnen das benötigte Lehrmittel vorenthalten, dann möge man sie auch vom selbständigen Realunterricht entbinden. Entweder — oder. In Summa: Dittes Vorschlag hat somit nicht mehr Wert wie der: um den Zahnschmerzen aus dem Wege zu gehen, solle man sich alle Zähne ausziehen lassen. Das gemeinte Übel ist dann allerdings beseitigt; es ist aber ebenso gewiß, daß niemand dieses Mittel in Gebrauch nehmen wird.

Sollte Herr Dittes jedoch wirklich die Nützlichkeit eines Realienbuches (und bibl. Historienbuches) an und für sich bestreiten wollen, so dürfte man gespannt sein, wie er die nachstehenden Gründe für diese Nützlichkeit widerlegen will.

1. Der Schüler soll nicht bloß die Sache lernen, um die es sich handelt, sondern auch das Lernen lernen, also auch das Einprägen. Daraus folgt: Auch wo der Lehrer vollaus die Zeit hat, bei den nötigen Einprägungsübungen mitzuwirken und so dem Schüler die Arbeit zu erleichtern, so muß sich diese Mitwirkung doch eine bestimmte Grenze setzen — d. i. dem Schüler Raum geben, auch ohne Gängelband gehen zu lernen; ohne Bild geredet: ein Stück selbständiger Einprägungsarbeit zu verrichten. Dieses selbständige Repetieren kann geschehen einerseits durch schriftliche Arbeiten (in allerlei Form), die ohne Zweifel auch Herr Dittes fordert, und andrerseits (und zwar vorher) durch häusliches Nachlesen der Lektion. Diese letztere Übung setzt aber eben ein Buch voraus, — (sei's auch nur ein kompendiarischer Leitfaden).

2. Wollte der Lehrer den Schülern zumuten, zu Hause die Lektion ohne ein Buch zu repetieren, so würde die Auffrischung leicht lückenhaft werden, zumal bei den schwächeren. Das Buch ermöglicht eine genaue, vollständige Repetition, — auch bei den schwächeren Schülern.
3. Diejenigen Schüler, welche eine oder mehrere Lektionen haben versäumen müssen und doch gern mit der Klasse Schritt halten wollen, sind bei Dr. Dittes ratlos und verlassen. Das Buch ermöglicht es ihnen, durch häuslichen Fleiß das Versäumte wenigstens einigermaßen nachzuholen.
4. Im Verfolg des Unterrichts oder bei einer summarischen Repetition größerer Abschnitte (z. B. bei Monats- oder Quartalprüfungen) pflegt sich bekanntlich immer herauszustellen, daß der eine Schüler hier, ein anderer dort in seinem Wissen unsicher ist. Das Buch ermöglicht es ihnen, diese Lücken noch rechtzeitig auszufüllen. — Kurz, das Buch ermöglicht auch eine spätere Repetition.
5. In dem häuslichen Lesen tritt eine neue Form der Repetition auf und bringt somit mehr Mannigfaltigkeit in die Einprägungsarbeit. Variatio delectat. Da das Wiederholen, weil ihm der Reiz der Neuheit fehlt, ohnehin stark von der Langweile gedrückt ist, so darf jener Vorteil ja nicht unterschätzt werden.

Soweit gelten die Gründe auch für die einstufigen Klassen (und bei wenigen Schülern), wo der Lehrer durch nichts behindert ist, die Einprägungsübungen ausschließlich unter seiner Mitwirkung vorzunehmen, falls er dies für zulässig hält. Nun kommen aber auch die mehrstufigen Klassen in Betracht — bis hinunter zu den einklassigen Schulen, wo der Lehrer für alle Jahrgänge zu sorgen hat. Hier muß der Lehrer beim Einprägen die Selbstthätigkeit der Schüler noch mehr in Anspruch nehmen, zumal in der einklassigen Schule, — mehr, als es an und für sich wünschenswert wäre. Daraus folgt dann:

6. daß hier das Realienbuch nicht bloß nützlich, sondern absolut notwendig ist.

Das sind die Gründe, welche alle drei Parteien vereint wider Dr. Dittes geltend zu machen haben. Offenbar würde damit der Prozeß wider diesen Gegner bereits vollständig gewonnen sein. Hierzu kommen überdies

B. diejenigen Gründe, welche aus der von mir empfohlenen zweckmäßigeren Form des Hülfsbuches folgen — die sonach zugleich Gründe wider die Leitfaden-Anhänger sind:

7. (1.) Es tritt das Lesen in der Schule hinzu, — also eine abermalige neue Repetitionsübung.

8. (2.) Falls dieses Lesen, wie ich rate, nach Fragen geschieht, so wird die Memorierkraft des Lesens beträchtlich verstärkt. (S. die psychologische Monographie über Denken und Gedächtnis, S. 117 ff., Ges. Schriften, I. Bd. 1. Teil.)

9. (3.) Durch die zweckmäßigere Form des Buches (ausführliche Darstellung inkl. der dazu gehörigen gedruckten Repetitionsfragen) steigern sich alle unter 2—6 genannten Vorteile.

Bis dahin (1—9) wurden nur diejenigen Vorteile aufgeführt, welche dem sachlichen Lernen zu gute kommen.

Hiermit würde die Realienbuchfrage nicht bloß wider Dr. Dittes, sondern auch wider die Leitfaden-Anhänger zu Gunsten meiner Ansicht erledigt sein.

Die vorstehenden neun Vorteile im sachlichen Lernen bilden aber nur die Hälfte meiner Gründe für das ausführliche Realienbuch. Die andere Hälfte der Gründe liegt in den zahlreichen Vorteilen, welche das sprachliche Lernen gewinnt.

Der bisherige Grundsatz, daß das belletristische Lesebuch die Grundlage des Sprachunterrichts zu bilden habe, sagt nur die halbe Wahrheit. Die ganze lautet: Grundlage des Sprachunterrichts sind das belletristische Lesebuch und die sachunterrichtlichen Lernbücher, die aber dann ebenfalls „Lesebücher" sein müssen.

Wird dies anerkannt und werden dann alle praktischen Konsequenzen dieses Vollprincips gezogen — für die Behandlung des Sachunterrichts wie für die des Sprachunterrichts (vgl. „Zwei dringliche Reformen," Ges. Schriften, V. Bd., I. Teil), so ergeben sich für das sprachliche Lernen folgende Vorteile:

a) Der Sprachunterricht wird in jedem Betracht erfolgreicher — hinsichtlich
   1. der Sprachfertigkeit (Lesen, Sprechen, Schreiben),
   2. des Sprachverständnisses,
   3. der Sprachrichtigkeit.

b) Die Sprachbildung wird von mehrfachen Einseitigkeiten (belletristisch u. s. w.) erlöst und darum in jedem Betracht praktischer und gesunder.

Damit ist die Anhängerschaft des Leitfadens zweimal besiegt und Dr. Dittes dreimal.

IV.

Die Verwertung der physikalischen Lektionen für die Sprachbildung.

Die Gegner des Real-Lesebuches finden dasselbe insbesondere bei der Naturkunde nicht zweckmäßig, und so sind denn ihre Gründe vornehmlich von diesem Fache hergenommen. Es wird daher rätlich sein, auf diesen Lehrgegenstand etwas genauer einzugehen.

Der naturkundliche Unterricht unterscheidet sich bekanntlich von den beiden andern sachunterrichtlichen Fächern dadurch, daß dort das Auffassen des konkreten Stoffes durch das sinnliche Anschauen der Naturkörper oder Naturvorgänge geschieht, während es bei der Profan- und biblischen Geschichte vornehmlich nur durch die Sprache vermittelt werden kann. Gegnerischerseits wird nun geltend gemacht, es sei zu befürchten, daß durch das Reallesebuch das sinnliche Anschauen der Objekte, worauf hier alles ankomme, beeinträchtigt werde. Wie soll das zugehen? Das Realienbuch ist ja kein Lehrbuch, sondern bloß ein Lern- oder Wiederholungsmittel. Es setzt demnach voraus, daß alles, was zur Anschauungsoperation gehört, bereits ganz und richtig ausgeführt sei; auch die erste Repetition geschieht noch ohne Buch, durch mündliches Fragen. Erst wenn dies alles erledigt ist, soll anstatt einer nochmaligen frageweisen Wiederholung das Lesen der betreffenden Lektion eintreten. Dieses Lesen aber ist, weil das Wiederholen in einer neuen Form auftritt, für die Schüler ohne Zweifel interessanter als ein nochmaliges mündliches Repetieren, überdies in mehrfacher Hinsicht nützlicher. Wie soll nun dadurch eine Schmälerung der Anschauungsoperation geschehen? Glaubte ein Lehrer etwa, die Anschauungsoperation und die erste Wiederholung weniger sorgfältig vornehmen zu dürfen — in der Hoffnung, daß das nachfolgende Lesen das Versäumte wieder gut machen werde, so wäre er eben ein gewissenloser Mann, der seine Pflicht nur halb erfüllt. Jedes Mittel, auch das allernützlichste, kann mißbraucht werden; aber das Mittel selbst ist daran unschuldig. Und wenn thörichte oder pflichtvergessene Leute solchen Mißbrauch treiben, so wird es doch den übrigen nicht einfallen, um deswillen auf den richtigen Gebrauch zu verzichten. Über diesen Einwand der Gegner mehr zu sagen, wird nicht nötig sein.*)

Beleuchten wir nun die Frage etwas näher, ob vielleicht bei der Naturkunde das Reallesebuch weniger notwendig ist als bei den andern sachunterrichtlichen Fächern. Hier muß von vornherein im Auge behalten werden, daß dieses Hülfsbuch zwei Zwecke hat: Förderung des sachlichen Lernens und Förderung der Sprachbildung. Was zunächst die Hülfe beim sachlichen Lernen betrifft, so ist bereits früher bemerkt, daß Dörpfeld in diesem Betracht, falls die Schulklasse bloß aus einer Abteilung besteht, ein naturkundliches Lesebuch nicht für absolut und unentbehrlich hält; da bei sinnlich-vorführbaren Stoffen nicht bloß das Auffassen und Verstehen, sondern auch das Behalten leichter ist als bei den nicht sinnlich vorführ-

*) Diejenigen Leser, welche mit Dörpfelds Schriften nicht recht vertraut sind, könnten durch die Schriften der Gegner des Reallesebuches und durch die von denselben angeführten Gründe zu der Ansicht gelangen, als ob Dörpfeld der Anschauungsvermittlung zu wenig Gewicht beilege. — Solchen Lesern werden einige orientierende Bemerkungen nicht unwillkommen sein.

Niemand von den Gegnern hat litterarisch so entschieden auf eine gründliche Anschauungsvermittlung in allen Fächern gedrungen, — und niemand hat, was doch die Hauptsache ist, diese methodische Frage so gründlich psychologisch untersucht als Rektor Dörpfeld. Nicht einmal Herr Dr. Dittes, geschweige einer der übrigen Gegner.

Seit Pestalozzi sind uns Schulleuten die Ausdrücke „Anschauung" und „veranschaulichen" so geläufig geworden, wie vielleicht kein anderer methodischer Begriff. Aber wie reich die pädagogische Litteratur auch ist, so fehlt doch bis auf den heutigen Tag eine psychologische Monographie über die Anschauung und ihre unterrichtliche Vermittlung. Diese Lücke muß auffallen. Sie beweist, daß man durchweg der Meinung gewesen, die Ausführung des Anschauungsprincips sei so einfach, zumal bei sinnlich vorführbaren Stoffen, daß hier nichts Sonderliches mehr ins reine zu bringen wäre. Selbst die Zillersche Schule, der man das Verdienst zuerkennen muß, die verschiedenen Lehroperationen einer Lektion (die sog. formalen Stufen) sorgfältiger durchdacht und bearbeitet zu haben, als von einer der übrigen pädagogischen Richtungen geschehen ist, selbst sie begeht gerade in der Anschauungsoperation, wenigstens bei den nicht sinnlich-vorführbaren Stoffen (Geschichte u. s. w.), noch schwere Fehler, wie Dörpfeld in einer besonderen Abhandlung klar nachgewiesen hat.

Das Problem der Anschauungsvermittlung ist bisher von niemand eingehender und gründlicher psychologisch untersucht worden als eben von Dörpfeld. Außer den älteren Schriften und Aufsätzen über den bibl. Geschichtsunterricht, wo er sich über diesen Punkt mit den Anhängern der Regulative herumdisputieren mußte, weil sie das freie mündliche Lehrwort, die umständlich-ausführliche Darstellung 2c. nicht gestatten wollten, zeigen dies namentlich zwei umfassende Aufsätze, welche speciell baren. Gleichwohl ist die Lernhülfe, welche ein solches Buch leisten kann, auch bei einstufigen Klassen bedeutend genug, um willkommen geheißen zu werden, wenn man sie haben kann, — zumal im Blick auf die schwächeren Schüler. Ein auszugartiger Leitfaden wäre immer noch besser als gar kein Buch; am besten ist freilich ein wirkliches Lesebuch. Bei mehrstufigen Klassen aber, und vollends bei einklassigen Schulen, macht sich der Mangel eines solchen Hülfsmittels stets so fühlbar, daß dasselbe hier für unentbehrlich erklärt werden muß.

Bis jetzt haben wir lediglich das sachliche Lernen ins Auge gefaßt. Nun will aber auch die Hülfe, welche die Sprachbildung erwartet, mit in Rechnung gebracht sein; und hier liegen, wie wir bereits wissen, die Hauptgründe zur Entscheidung der Frage. Vorab steht fest, daß alle die Dienste, welche ein Lesebuch in der biblischen und Profangeschichte für die Sprachbildung leistet, auch in der Naturkunde geleistet werden. Nun kommt aber bei der Naturkunde noch eine besondere Förderung der Sprachbildung hinzu und zwar eine von ganz ausgezeichnetem Werte. Dieselbe

---

der Anschauungsoperation im Sachunterricht gewidmet sind. Der eine: „Zur Auseinandersetzung über einige Differenzen mit der Zillerschen Schule hinsichtlich der Anschauungsoperation," erschien zuerst als Anhang zu der 2. Auflage der Schrift über den „didaktischen Materialismus" (Gütersloh 1886); derselbe weist die oben erwähnten Mängel der Zillerschen Anschauungsoperation bei der biblischen und Profan-Geschichte nach und stellt dann das richtige Verfahren daneben. Der zweite Aufsatz: „Die Vermittlung der Anschauung im Unterricht," (Ev. Schulblatt 1888, Heft 3) behandelt das ganze Problem der Anschauungsvermittlung, also bei sinnlich vorführbaren Stoffen (Naturkunde u. s. w.) wie bei nicht sinnlich-vorführbaren (bibl. und Profangeschichte u. s. w.). Derselbe ist ein Referat des Hauptlehrers Hindrichs in Barmen über Vorträge, welche Dörpfeld früher über das genannte Thema gehalten hat, inhaltlich werden also nur die Gedanken des Vortragenden geboten.

Da die psychologische Monographie über die Anschauungen, welche in „Denken und Gedächtnis" in Aussicht gestellt war, leider nicht hat erscheinen können, so muß man Herrn Hindrichs dankbar sein, daß er den hauptsächlichsten Inhalt jener Vorträge auch der entfernteren Kollegenschaft zugänglich gemacht hat. Die genauere psychologische Begründung der Dörpfeldschen Ansicht, welche die Monographie liefern würde, fehlt nun zwar einstweilen noch, allein was die praktischen Schulmänner vornehmlich interessiert, liegt doch in den genannten beiden Aufsätzen deutlich und vollständig vor.

Der Leser wird daraus ersehen, daß Dörpfeld von der Anschauungsoperation weit mehr fordert, als anderswo bisher darin erstrebt worden ist. Wenn nun etliche der Gegner sich so anstellen, als ob zu besorgen wäre, daß bei Dörpfelds Lehrverfahren die Anschauungsvermittlung zu kurz komme, so nimmt sich das, gelinde gesagt, sonderbar aus. Mich dünkt, sie hätten eher alle Ursache, darob Sorge zu tragen, daß ihre eigene gewohnte Anschauungsvermittlung in allen sachunterrichtlichen Fächern die Prüfung bestehen könnte. Lambeck.

hängt damit zusammen, daß der naturkundliche Unterricht es mit sinnlich-vorführbaren Stoffen zu thun hat. Wenige Worte werden hinreichen, um dieselbe dann in die Augen fallen zu lassen, welche den vorteilhaften Einfluß kennen, welche vom Sachunterricht her, zumal bei der Unterstützung durch sachunterrichtliche Lesebücher, auf die stilistische Schulung ausgeübt werden kann, wenn es gelten soll, daß nach Lessing, Klarheit, Bestimmtheit und Kürze die Hauptzierden des Stils sind. Können nun schon die Lesebücher der biblischen und der Profangeschichte in diesem Betracht eine schätzbare Hülfe leisten, wie viel mehr muß dies beim naturkundlichen Lesebuche der Fall sein, welches nur mit sinnlich vorführbaren Stoffen zu thun hat, und wo deshalb die Deutlichkeit im Ausdruck am leichtesten zu erreichen ist. Man werfe einmal einen Blick auf die Litteratur der verschiedenen Wissenschaften und sehe zu, auf welchem Gebiete das Lessingsche Kennzeichen des schönen Stils am meisten vertreten ist. Es wird sich finden, daß die naturwissenschaftlichen Schriften es sind, welche durchschnittlich hierin vor allen andern hervorragen. Was alles zu dieser Auszeichnung mitgewirkt hat, will ich nicht näher erörtern. Genug, sollen die Schüler dahin gebracht werden, in ihrem Gedankenbereiche klar, bestimmt und kurz sich auszudrücken, so muß dies vor allem mit Hülfe des naturkundlichen Unterrichts erstrebt werden. Hier, bei den sinnlich vorführbaren Stoffen, ist es am leichtesten, sich deutlich auszudrücken; hier auch läßt sich jede Undeutlichkeit am schnellsten zum Bewußtsein bringen. In dem Maße, wie die Schüler auf diesem Gebiet die rechte Ausdrucksweise sich angeeignet haben, in dem Maße wird es dann auch in den andern Gebieten besser gelingen. Wir sehen also, für die Sprachbildung kann die Naturkunde Dienste leisten, welche durch nichts anders zu ersetzen sind. Wer nun begriffen hat, wieviel die sachunterrichtlichen Lesebücher zur Eingewöhnung in die richtigen Sprachformen beitragen können, der wird auch einsehen, daß der naturkundliche Teil des Reallesebuches nicht etwa überflüssig, sondern gerade unersetzlich und darum unentbehrlich ist.

Nun wäre noch eine Frage zu erörtern, welche nur die Freunde des Reallesebuches angeht, nämlich was aus der Naturkunde in dasselbe aufgenommen werden soll. Ich werde mich auf einige Andeutungen beschränken müssen, da dieses Thema eigentlich einen besonderen Aufsatz erfordert. — Unter den naturkundlichen Stoffen, wie sie die Volksschule zu behandeln hat, lassen sich zwei Arten unterscheiden: Bei den einen (drei Naturreiche, physische Geographie, Himmelskunde und Gesundheitslehre) überwiegt die Beschreibung; bei den andern (Physik) überwiegt die Reflexion. Diese Verschiedenheit der Stoffe will bei der Bearbeitung des naturkundlichen Lesebuches ja beachtet sein. — Reden wir zunächst von jener ersten

Art der Stoffe. Von diesen müssen (nach Dörpfelds Ansicht) im Lesebuche der Unter- und Mittelstufe alle zu behandelnden Lektionen vertreten sein; dieselben müssen auch alle in der Schule gelesen werden. Auf der Oberstufe würde es nicht gerade nötig sein, daß alle Lektionen im Lesebuche vorkommen, aber es wird doch rätlich sein, ein Teil braucht jedoch nur zu Hause nachgelesen zu werden. Die in diesen Lektionen vorkommenden Reflexionen können teilweise mit in die Lesestücke aufgenommen werden; die übrigen müssen durch Reflexionsfragen vertreten sein; die von den Schülern mündlich und schriftlich zu beantworten sind. — Die Eigentümlichkeit der Stoffe, bei denen die Reflexion vorwiegt (Physik), macht für dies Lesebuch eine besondere Überlegung notwendig. Der physikalische Unterricht schreitet bei jedem Kapitel bekanntlich in der Weise vor, daß erstlich an einem Anschauungsbeispiel (Experiment) das betreffende physikalische Gesetz entwickelt wird. Sind so die Anschauungs- und die Denkoperation vollzogen, dann gilt es, das erkannte Gesetz in seinen mancherlei Anwendungen zu verfolgen; dies geschieht an der Hand von Anwendungsfragen, die möglichst zahlreich sein müssen. Die Lehr- und Lernarbeit zerfällt somit bei jedem Kapitel in zwei Teile, die hinsichtlich der darauf zu verwendenden Zeit sehr ungleich sind. Der erste Teil, der Entwicklung des physikalischen Gesetzes, erfordert verhältnismäßig wenig Zeit; während der Beantwortung der Anwendungsfragen möglichst viel Raum gegönnt werden muß, weil dies der fruchtbarste Teil der Lernarbeit ist. (Es geht demnach im physikalischen Unterricht ganz so zu wie im Rechnen, wo das Auflösen der sog. Aufgaben, die nichts anders sind als Anwendungsfragen, ebenfalls den Hauptteil der Lernarbeit ausmacht.)

Wie stellt sich nun das Realienbuch zu diesen beiden Teilen des Physikunterrichts? Vorab ist klar, daß der erste Teil jedes zu behandelnden Kapitels, die Anschauungs- und Denkoperation, durch ein Lesestück vertreten sein muß. Ein solches Lesestück wird also enthalten: die Beschreibung des Experiments (inkl. Apparat) und die Entwicklung des betreffenden physikalischen Gesetzes. Daß die sprachliche Darstellung möglichst einfach, deutlich und knapp sein muß, versteht sich von selbst; in dieser Form der Darstellung besteht gerade ihr Wert für die Sprachbildung. Die Zahl dieser Lesestücke ist ebenfalls bestimmt: so viele physikalische Gesetze im Unterricht entwickelt werden, so viele Lesestücke müssen da sein. Soweit steht demnach der physikalische Inhalt des Lesebuches fest. —

Was nun ferner den zweiten Teil, die Anwendungsfragen, angeht, so ist wiederum klar, daß die Antworten auf diese Fragen nicht im Lesebuche stehen dürfen; denn die Schüler sollen sie ja selbst finden. Statt dessen können aber diese Fragen (nebst den oben erwähnten Reflexionsfragen aus dem Beschreibungsstoffe) mit in das Lesebuch aufgenommen werden, falls man nicht vorzieht, dieselben (zusamt den geschichtlichen Repetitions- und Reflexionsfragen) in einem besonderen Hefte zu bieten. Nichtsdestoweniger hat das Lesebuch auch hinsichtlich der Anwendungsfragen noch etwas zu thun und zwar etwas überaus Nützliches; da es durch nichts anderes ersetzt werden kann. Im Beantworten dieser Fragen liegt nämlich wieder eine so eigentümliche wie wichtige sprachliche Übung: die Übung im richtigen und knappen Demonstrieren, indem hier nachgewiesen werden muß, daß der namhaft gemachte Naturvorgang unter das physikalische Gesetz falle. Zu dieser sprachlichen Schulung bietet sich im gesamten Sachunterricht nirgend eine so geeignete und so reichliche Gelegenheit als in der Physik. Da nun dieses Demonstrieren um des sachlichen Lernens willen ohnehin geübt werden muß, so ist wünschenswert, daß es auch dialektisch und sprachlich gut gelernt werde. Dazu gehören aber Musterbeispiele. Wollte nun der Lehrer bei jedem Kapitel die ersten Beantwortungen der Schüler so lange dialektisch und sprachlich korrigieren, bis sie für musterhaft gelten können, so würde das viel Zeit kosten; und wollte er solche Muster diktieren, so würde das wiederum unnötige Zeitverschwendung sein, da sie das Lesebuch, wenn sie dort vertreten sind, wohlfeiler liefern kann. Darum muß also das Realienbuch auch Musterformen für die Beantwortung der Anwendungsfragen enthalten; bei jedem Kapitel etwa zwei oder drei. Das erste Beispiel wird sprachlich möglichst einfach zu halten sein — im Blick auf die schwächeren Schüler; die beiden andern dürfen dann in etwas verändertem sprachlichen Ausdruck auftreten. Wie der Lehrer diese Musterantworten zu behandeln hat, kann ich übergehen. Genug, sie müssen, nachdem für das sachliche Verständnis gesorgt ist, dialektisch und sprachlich analysiert und schließlich eingeübt werden. Sind so die Schüler mit dem Gedankengang und den sprachlichen Formen einer richtigen Demonstration vertraut gemacht, so werden sie bei der schriftlichen und mündlichen Beantwortung der weiteren Fragen — falls das sachliche Verständnis genügend vorbereitet ist — sich schon zu helfen wissen.

Blicken wir auf das über die Naturkunde Gesagte zurück, so muß, wie ich meine, jeder nachdenksame Leser die Überzeugung gewinnen, daß dieses Fach und zwar gerade auch im physikalischen Teile, wenn ihm ein gutes Reallesebuch zu Hülfe kommt, für eine gesunde Sprachbildung ganz ausgezeichnete und dazu unersetzliche Dienste leisten kann.

Anhang.

Die psychologisch-pädagogischen Grundsätze, auf welchen Dörpfelds sprachunterrichtliche Reformvorschläge ruhen.

(Notwendigkeit eines Reallesebuches.)

Einige orientierende Bemerkungen.

Bekanntlich ist es Rektor **Dörpfeld** gewesen, welcher die Frage vom Reallernbuch zuerst in Bewegung gebracht hat, indem er forderte, die Darstellung in diesem Buche müsse so ausführlich sein, daß dasselbe gleich dem biblischen Historienbuche den Charakter eines sachunterrichtlichen Lesebuches erhalte.

Diese Anregung geschah aber nicht erst durch die Schrift: „**Zwei dringliche Reformen im Realunterricht und im Sprachunterricht**" (Ges. Schriften V. Bd. 1. Teil), welche im Jahre 1885 erschien und eigens dieser Frage gewidmet war. Schon lange vorher hatte Dörpfeld seine Ansicht vom Reallernbuch mit zur Sprache gebracht und zugleich eingehend erörtert. So im Jahre 1872, als noch die Regulative bestanden, in dem Schulblatt-Aufsatze: „**Der naturkundliche Unterricht in der Volksschule**" (Ges. Schriften IV. Bd. 1. Tl., S. 14); der als methodisches Begleitwort zu dem damals erschienenen **Real-Repetitorium** gelten sollte, und dann ein Jahr später in der gewichtigen Schrift: „**Grundlinien einer Theorie des Lehrplans**" 1873. (Ges. Schriften II. Bd. 1. Tl.)

Aber die Anfänge der Äußerungen Dörpfelds über die sachunterrichtlichen Lernbücher liegen noch weiter zurück. Sie finden sich schon in seiner ersten methodischen Schrift: „**Ein Wort über Anlage, Zweck und Gebrauch des Enchiridions der bibl. Geschichte,**" 1865, (Ges. Schriften III. Bd. 2. Tl.). Dort ist bereits darauf hingewiesen, daß der Sachunterricht eine fruchtbare Nährquelle für die Sprachbildung werden kann, wenn er richtig betrieben wird. Das Wie wurde dann an der biblischen Geschichte und ihrem Lernbuche (Historienbuche) gezeigt.

Die Gegner, sei es, daß sie einen bloßen auszugartigen Leitfaden wünschen oder gar kein Lernhülfsbuch, scheinen, soweit ihre Ansichten bisher bekannt geworden sind, allesamt nicht recht gemerkt zu haben, wo der Schwerpunkt der Dörpfeldschen Begründung liegt. Die Gründe, welche vornehmlich hätten geprüft werden müssen, nämlich die ausschlaggebenden, — gerade diese kommen bei ihnen am wenigsten zur Sprache. Daher schreibt es sich denn, daß ihre Kritik die Ansicht Dörpfelds viel zu wenig trifft, und somit trotz der mehrfachen Beleuchtung die Frage doch nicht genügend aufgehellt ist.

Für Dörpfeld liegt nämlich die Entscheidung der Realienbuchfrage offenbar darin, welcher Gewinn für die Sprachbildung abfällt. Wohl behauptet er auch einen Gewinn für das sachliche Lernen; aber derselbe ist in seinen Augen nicht so bedeutend, daß um deswillen allein ein großer Disput erhoben werden dürfte. Im Blick auf das sachliche Lernen ist er sogar mit den Gegnern mehr einig, als diese zu glauben scheinen. Die eigentliche Differenz liegt, wie gesagt, auf dem sprachlichen Gebiet. Wenn Dörpfeld von einer Reform spricht, so hat er vornehmlich eine Reform des Sprachunterrichts im Sinne; aber eine solche, die vom Sachunterricht herkommen muß.

Daß dies gegnerischerseits zu sehr übersehen wird, liegt wohl darin, daß das Buch unter dem Namen R e a l i e n b u c h auftritt, nicht unter dem Namen eines S p r a c h hülfsmittels. Jener Name des Buches verleitet dazu zu denken, es handle sich hauptsächlich um eine Frage im Sachunterricht und nur nebenbei um eine solche im Sprachunterricht. Die Frage liegt aber in Wahrheit gerade umgekehrt. Sie ist in erster Linie eine sprachunterrichtliche und nur nebenbei eine sachunterrichtliche. Es handelt sich darum, eine Reform im Sprachunterricht zu gewinnen, die aber das Eigentümliche an sich hat, daß sie nur durch methodische Maßnahmen beim sachlichen Lernen zu erlangen ist. Wenn daher Dörpfeld auf dem Titel seines bekannten Werkchens von einer Reform an zwei Stellen, im Real- und im Sprachunterricht, redet, so kann der Inhalt desselben doch keinen aufmerksamen Leser im Zweifel lassen, daß es hauptsächlich auf einen Gewinn in der Sprachbildung abgesehen ist. Kurz gesagt: die Frage h e i ß t: Realienbuchfrage — aus den vorhin angegebenen Gründen — sie i s t aber vornehmlich eine sprachunterrichtliche.

Dörpfelds sprachunterrichtliche Reformvorschläge beruhen auf bestimmten psychologisch-pädagogischen Grundsätzen. In seinen Schriften kommen dieselben deutlich zur Sprache, jedoch nicht separat, sondern an verschiedenen

Stellen. Daher mag es kommen, daß sie vielen Lesern nicht in ihrem vollen Gewichte bemerkbar geworden sind.

Dieselben bieten sich hier in den Formen an, wie sie nach genauem Durchsprechen mit Dörpfeld niedergeschrieben, ihm danach vorgelesen und dann, wo es ihm nötig erschien, genau nach seinen Angaben, meist wörtlich, umgeändert worden sind.

Remscheid im Juni 1895.

Lambeck, Hauptlehrer.

Die psychologisch-pädagogischen Grundsätze, auf welchen Dörpfelds sprachunterrichtliche Reformvorschläge ruhen.

Die geschichtliche Entwicklung der Sprache lehrt uns, daß die Mundsprache die älteste, die ursprünglichste ist, oder wie Dörpfeld es scherzhaft ausdrückt: „Sprache kommt her von sprechen, nicht von schreiben.“ Die Schriftsprache ist bloß ein künstlicher Ersatz für die mündliche Rede.

Die höhere Bedeutung der mündlichen Rede zeigt sich ferner darin, daß das Schöne der Sprache sich am deutlichsten dem Ohr zu erkennen giebt, nicht dem Auge.

Dafür zeugt weiter, daß die mündliche Sprache viel verständlicher und eindringlicher ist als die geschriebene. Um deswillen pflegen wir ja auch das mündliche Wort ein „lebendiges“ zu nennen, so daß also im Vergleich damit das geschriebene gleichsam ein totes wäre, dem der Geist fehlt. Dasselbe will der von Dörpfeld citierte Dichterspruch sagen, der von jener Zeit redet, wo die Geschichte der Väter von Mund zu Mund sich fortpflanzte: „Das Wort so heilig dort war, weil es ein gesprochen Wort war.“

Die höhere Bedeutung der Mundsprache steht also fest.

Daraus folgt für die Pädagogik als erster Grundsatz in diesem Lehrfache:

1. Die Hauptwurzel der Sprachbildung liegt in den Organen Ohr und Mund, also in der Mundsprache.

So lange daher diese Pfahlwurzel der sprachlichen Entwicklung nicht bedeutend kräftiger gepflegt wird, als es bisher der Fall war, so lange muß die Sprachbildung notwendig hinter ihrem Ziele zurückbleiben.

Diese Wahrheit scheint der Sprachmethodik bisher in vielen Kreisen sehr verhüllt gewesen zu sein; denn in den sämtlichen sprachunterrichtlichen Schriften ist höchst selten davon die Rede. Woher mag das kommen?

Bevor die schulmäßige Pflege der Sprache beginnt, ist die Mundsprache schon sechs Jahre lang geübt worden; das Kind bringt daher schon einen bedeutenden Sprachschatz mit. Bereits in dem vorschulpflichtigen Alter ist das Bedürfnis befriedigt worden, ehe die Schule einsetzte. Die Natur hat es selbst befriedigt.

Diese Thatsache ist selbstverständlich allen Schulmännern bekannt. Indessen, wie es so oft geht, daß man eine nicht zu verkennende Thatsache einfach hinnimmt, aber nicht daran denkt, daß eine nützliche Lehre dahinter steckt, so ging es auch hier. Daß jene Thatsache für die Sprachmethodik einen Wink giebt, merkte man nicht. — Blicken wir zum Vergleich auf eine andere Stelle des sprachlichen Lernens, auf den fremdsprachlichen Unterricht. Hier läßt man bekanntlich Mund- und Schriftsprache von Anfang an zusammen auftreten. Das ist auch ganz richtig, da die Schüler für diesen Bedarf bereits genügend lesen und schreiben können. Erst allmählich, und zwar erst in neuerer Zeit, ist man darauf aufmerksam geworden, daß der fremdsprachliche Unterricht weder in der Mundsprache noch in der Schriftsprache den Erfolg hat, den man bei der reichen Stundenzahl und der vielen häuslichen Übung erwarten sollte. Man hat sich auf die Ursache besonnen und diese auch ganz richtig gefunden, nämlich darin, daß die Mundsprache nicht genug gepflegt wird durch Lesen, Memorieren und Sprechen. Demzufolge wird jetzt von vielen Schulmännern darauf gedrungen, daß Ohr und Mund mehr in Übung genommen werden müssen und zwar nicht bloß um ihrer selbst willen, sondern weil dann auch die Schriftsprache dadurch gewinnt. Hätten die höheren Schulmänner den Dörpfeldschen Grundsatz von der pädagogischen Wichtigkeit der Mundsprache gekannt, oder die vorhin erwähnte Thatsache, wie in der Muttersprache die Natur vorarbeitet, bedacht, so würden sie die erwähnte methodische Verbesserung schon längst eingeführt haben. Weil auf ihrem Gebiet die Natur nicht vorarbeitet, so haben sie erst Schaden erleiden müssen, um auf den Fehler aufmerksam zu werden. Die Volksschullehrer, denen jene Vorarbeit der Natur in der Muttersprache zu gute kommt, haben aber auch jenen Naturwink nicht verwertet.

Wenn hier die Mundsprache betont wird, so geschieht das nicht bloß um ihrer selbst willen, sondern gerade auch im Interesse der Schriftsprache, kurz im Interesse der gesamten Sprachbildung. Die Schriftsprache gedeiht eben am besten, wenn die Mundsprache voraus und mit besonderem Fleiße gepflegt wird.

Hören wir auch noch ein Wort aus „Dörpfelds Grundlinien zur Theorie eines Lehrplans", dort heißt es (Ges. Schr. II, 1, S. 60): „Wo der Sprachunterricht das erste Organ, das Ohr, verschlossen findet, da ist nicht bloß die Zunge merklich gebunden, sondern Auge und Hand sind es mehr oder weniger auch. Nur sehr langsam rückt der Taubstumme im Lesen, Schreiben und Sprechen vor, und selbst im schriftlichen Gedankenaustausch bringt er es nie zur völligen Gewandtheit. Damit ist genugsam gewiesen, daß die gesamte Sprachbildung, die Mundsprache wie die Schriftsprache auch bei den Vollsinnigen in den Organen der Tonsprache wurzelt und von dort her ihre Triebkraft empfangen muß — und zwar nicht bloß beim Anfangslernen, sondern auf allen Stufen."

So steht also fest:

Die Hauptwurzel der Sprachbildung liegt in den Organen Ohr und Mund, also in der Mundsprache.

Ähnlich nun, wie im praktischen Unterricht die Pflege der Mundsprache vorwiegen soll, so muß

2. unter den Zielen des Sprachunterrichts die Fertigkeit (das Können) so betrieben werden, daß sie einen Vorsprung gewinnt vor dem sprachlichen Wissen (Grammatik u. s. w.), welches vornehmlich der Sprachrichtigkeit dienen will.

Auch diese Wahrheit ist nicht deutlich zum Bewußtsein gekommen. Das Warum liegt an derselben Stelle wie beim ersten Grundsatze.

Das junge Kind übt sich sechs Jahre lang in der Sprache, ohne daß von sprachlichem Wissen (Grammatik u. s. w.) die Rede ist; denn die Korrektur ist nur einfach, sie besteht im richtigen Vorsprechen, und doch bringt das Kind einen reichen Wortschatz mit in die Schule. Hier giebt die Natur wieder einen Fingerzeig, nämlich auf die methodische Wahrheit, daß die Übung im Können (Fertigkeit) sehr nützlich werden kann, wenn auch kein sprachliches Wissen (Grammatik) gelehrt wird. Aber auch dieser Wink scheint von vielen Schulmännern nicht beachtet worden zu sein.

Einen weiteren Beleg für den erwähnten zweiten Grundsatz giebt Dörpfeld in seinen Grundlinien, a. a. O. S. 57: „Wenn ein kleines Kind seine ersten Versuche im Gehen macht, so wird keine verständige Mutter sofort schon an der Haltung und Beinstellung regeln wollen. Sie weiß, daß die Losung hier heißen muß: marschieren! marschieren! d. h. Fertigkeit, das übrige wird sich finden.*) Ähnlich ist's beim Erlernen einer Sprache — nicht bloß in den Anfängen, sondern auf jeder Stufe der Kunst. Geht in den ersten Schuljahren das Verfolgen und Rügen jedes Sprachfehlers immer dicht hinter dem Kinde her, so wird das Kind scheu und „stumm".

*) Vgl. o. S. 105. D. H.

Mit andern Worten: hat das Können nicht einen Vorsprung, so kommt die Sorge für die Richtigkeit (Grammatik) zu früh, macht zaghaft und unsicher.

Diese Wahrheit wird auch noch durch eine Thatsache bestätigt, die jeder Lehrer oft genug Gelegenheit hat zu beobachten, nämlich, daß manche Kinder, wenn sie sich zu Hause oder unter ihres gleichen befinden, recht beredt sind, während sie in der Schule nur sehr schwer zum Sprechen bewogen werden können. Diese Erscheinung ist in der Regel darauf zurückzuführen, daß ihnen die Korrektur in der Schule zu dicht auf den Fersen gewesen ist, nämlich bevor das Können eine Strecke voraus war. Weil in der Sprachrichtigkeit zu viel von ihnen gefordert wurde, so haben sie auch an ihrer Fertigkeit gezweifelt und sind so unsicher und deshalb scheu geworden. Die Richtigkeit muß man auf anderem Wege erlangen als durch Kritik und Theorie, nämlich durch richtiges Vorsprechen, Lesen, Reproduzieren u. s. w.

Werfen wir zum Vergleich noch einen Blick auf den fremdsprachlichen Unterricht. Diejenigen Lehrer, welche bedenken, daß die Natur hier nicht vorgearbeitet hat, wie sie es bei der Muttersprache thut, fassen vor allem die Übungen ins Auge, die die mündliche Fertigkeit pflegen sollen, Hören, Reden, Lesen. Geschieht das ernstlich, so daß in jeder Lektion nicht eher weiter gegangen wird, bis sie vollständig in Ohr und Mund des Schülers sitzt, sowohl im Lesen als auch in der Reproduktion, dann zeigt sich ein ähnlicher Erfolg, wie bei dem jungen Kinde, das in der Mutterstube sich in die Sprache einlernt, nämlich ein staunenswerter Fortschritt, den man im Vergleich zu dem Herkömmlichen magisch nennen kann. Das Kind gewinnt Sprachgefühl für das Richtige, außerdem das Bewußtsein, daß es Fortschritte macht und damit einen Zuwachs an Interesse und Lust zu diesem Lernen. Damit ist keineswegs gemeint, daß die schriftlichen Übungen vernachlässigt werden sollen, nur soll das mündliche Üben so gepflegt werden, daß in jeder Lektion die wünschenswerte Sicherheit und Fertigkeit im mündlichen Ausdruck erlangt wird. Der gewonnene Schatz an Worten und Satzformen soll dem Kinde jeden Augenblick disponibel sein.

Demnach gilt als ausgemacht:

> Unter den Zielen des Sprachunterrichts muß die Fertigkeit (das Können) so betont werden, daß es einen Vorsprung gewinnt vor dem sprachlichen Wissen (Grammatik u. s. w.).

Doch der erste Unterricht, wie ihn das Kind in der Familie erhält, giebt uns noch den weiteren beachtenswerten Fingerzeig, daß das Kind naturgemäß die Sprache mit den Sachen lernt, nicht ohne dieselben. Dies führt uns zu unserm dritten Grundsatz, welcher lautet:

3. **Der fruchtbarste Boden der Sprachbildung ist nicht das belletristische Lesebuch, sondern der Sachunterricht (Naturkunde, Geschichte, Religion).**

Betrachten wir diesen Grundsatz noch etwas näher.

Der Unterricht, wie er naturgemäß in der Familie von statten geht, ist vereinigter Sach- und Sprachunterricht. Von einer Trennung weiß die Natur auf dieser Stufe nichts. Das Kind erhält den Namen für eine Sache, weil die Sache es interessiert, und daher schreibt es sich auch, daß es nachher stets, wenn es etwas Neues sieht, fragt: Was ist das? Mithin geht der Unterricht, wo er naturgemäß von statten geht, von der Anschauung der Sache zur Sprache. Es ist daher wohl zu beachten, daß das Interesse an der Sprache herkommt von den Sachen, daß es also ein abgeleitetes Interesse ist. Darauf haben auch diejenigen Forscher hingewiesen, welche über den Ursprung der Sprachen geschrieben haben; indem sie nachweisen, daß die sprachliche Bezeichnung von den Sachen entstanden sei, namentlich von den Stimmen der Tiere. Der Sprachunterricht hat es mit Formen zu thun, die als solche für den Schüler wenig oder gar kein Interesse bieten. Was sein Interesse erregt, sind Sachen. Indem nun die Sachen beim Sprachenlernen hinzutreten, gewinnt dieses Lernen an Interesse, da dasselbe von der Sache auf die Sprache übertragen wird. Schon Jacotot hat das gewußt, da er die fremdsprachlichen Übungen nicht an abgerissenen Sätzen, sondern an einer interessanten Geschichte vornahm, und die Herbartsche Schule befolgt ja auch diesen Rat. Vielleicht darf auch daran erinnert werden, daß der älteste geschichtliche Bericht über Sprachunterricht (1. Mos. 2, 19) etwas Ähnliches scheint sagen zu wollen.

Damit ist aber nachgewiesen, daß ein besonderer Gewinn darin steckt, wenn der Sprachunterricht in Verbindung mit dem sachlichen Lernen gehalten wird.

Diese psychologische Wahrheit ist glücklicherweise auch der Methodik nicht mehr ganz fremd. Das bezeugt zunächst schon der Name Anschauungs- und Sprachunterricht, den die Pestalozzische Schule aufgebracht hat. Damit war ausgesprochen, daß der Sprachunterricht am besten gedeiht, wenn er in Verbindung mit den sachlichen Stoffen betrieben wird.

Ein weiteres Zeugnis dafür ist das, daß im Leseunterricht neben der gewöhnlichen Schreiblesemethode die sog. Normalwörtermethode oder Realmethode mit in Aufnahme gekommen ist. Diese Lehrweise sieht bekanntlich ihren Vorzug darin, daß sie das Lesenlernen mit dem sachlichen Lernen verknüpft.

Ferner zeugt dafür die Periode der sprachunterrichtlichen Methodik, die mit Kellner, Mager, Wackernagel ꝛc. eintrat. Ihr Hauptsatz gipfelte in der Forderung: die sprachunterrichtlichen Übungen, Reden, Lesen, Grammatik und Aufsatz, die bisher isoliert betrieben waren, sollten vereint werden zum einheitlichen Sprachunterricht in der Art, daß das Lesebuch den Mittelpunkt bildet. Damit war ein Doppeltes ausgesprochen: einmal war die Zerspaltenheit des Sprachunterrichts abgewiesen und statt dessen Einheit gefordert. Dann aber, indem sie das Lesebuch in die Mitte rückte, so that sie das mit dem Bewußtsein, daß nun die Sprachübungen nicht an abgerissenen, inhaltlosen Formen vorgenommen würden, sondern daß sie mit einem Gedankeninhalt zu thun hätten. Mit andern Worten: daß das sprachliche Lernen mit dem Sachlernen verknüpft werde.

Von da an hat man immer mehr eingesehen, daß die Sprachbildung nicht lediglich in den sprachunterrichtlichen Stunden gesucht werden darf, sondern daß auch im Sachunterricht, in Religion, Geschichte ꝛc. darauf Bedacht genommen werden muß, damit der Schüler auch dort sprachlich gefördert werde. — Und in Konsequenz dieses Gedankens ist dann als weiteres Zeugnis auch bereits vielfach die Ansicht verbreitet, daß die Aufsatzübungen sich keineswegs bloß an das belletristische Lesebuch anschließen dürfen, sondern ihren Inhalt auch aus dem ganzen Gebiete des Sachunterrichts nehmen müssen, weil sie dadurch gehaltvoller und mannigfaltiger werden.

Mit dieser Forderung ist anerkannt, daß die Schriftsprache, wenn sie gedeihen soll, ganz besonders auch auf dem Boden des Sachunterrichts erwachsen muß. Diese Erkenntnis ist ohne Zweifel richtig; allein was hier von der Schriftsprache gefordert wird, das gilt in erster Linie von der Pflege der Mundsprache. Denn nicht nur jene, sondern der gesamte Sprachunterricht kann nur gedeihen, wenn er aufs engste mit dem Sachunterricht verbunden wird. Die Sprachbildung, welche allein oder auch hauptsächlich an dem belletristischen Lesebuch gewonnen wird, nennt Dörpfeld mit Recht eine hochbeinige, stelzengängerische (Didakt. Materialismus, S. 69, Ges. Schriften II. Bd. 2. Tl.). Zu dem schlichten Kleide des Volksschülers paßt eben nur eine einfache, schlichte Sprache. Wie man es mit Recht tadeln würde, wenn die Kinder der Volksschule in Putz und Flitter dahergingen, so ist es noch vielmehr tadelnswert, wenn ihnen eine gezierte Sprache angebildet wird, was dann leicht Einbildung und Unwahrhaftigkeit im Gefolge hat.

Die Sprache erhält ihren Inhalt, die Vorstellungen, aus allen Gebieten des Wissens und Erkennens, also aus Religion, Geschichte, Naturkunde u. s. w., kurz aus den Wissensfächern. „Sie empfängt," bemerkt

Dörpfeld treffend in seinem „Didaktischen Materialismus", 3. Aufl. S. 65, „ihr inneres Licht von den Sachen und leuchtet wiederum mit ihrem Formenlicht in alle Sachgebiete hinein." Wenn nun die Methodik eine angemessene Verbindung zwischen Sach- und Sprachunterricht fordert, so heißt das nichts anderes, als beiden Teilen wieder zu ihrem natürlichen Recht zu verhelfen. Diese wechselseitige Förderung kann glücklicherweise auch bei den meisten hier vorzunehmenden Übungen (Lesen, Reden, Hören) geschehen, weil sie für beide Teile, den Sach- und Sprachunterricht, dieselben sind, wie Dörpfeld in seinen Grundlinien, 2. Aufl. S. 42 f., ausführt, wo es heißt: „Die drei Lehrmittel, welche der Sachunterricht zum gründlichen Durcharbeiten seines Stoffes gebraucht: Hören, Lesen und freies Aussprechen, sind genau dieselben, auf welche auch der Sprachunterricht hingewiesen ist. Je mehr nun einem Lehrer an der Sachbildung gelegen ist, je eifriger er demgemäß die drei Lernoperationen treibt, namentlich das einprägende Lesen und das freie Reproduzieren, desto erfolgreicher arbeitet er zugleich für die Sprachbildung und zwar auf die beste Art, welche die Sprachmethodik ersinnen kann. Und umgekehrt: je mehr einem Lehrer die Sprachbildung am Herzen liegt, je eifriger er demgemäß am Wissensstoffe die drei sprachlichen Übungen betreibt, nämlich durch das wohlpräparierte mündliche Lehrwort ein aufmerksames Hören weckt, tüchtig lesen läßt und fleißig das freie Aussprechen übt, — desto erfolgreicher arbeitet er zugleich für die Sachbildung und zwar auf eine Weise, welche die Methodik des Sachunterrichts nicht besser ersinnen kann. Wenn es sonst „Kunst" heißt, zwei Töpfe über einem Feuer kochen zu können, — hier, bei der Association von Sachunterricht und Sprachunterricht ist es Natur. Doch dieses Bild sagt nicht genug. Jeder dieser beiden Lehrzweige kann nicht besser für sich selbst sorgen, als wenn er mit eifersüchtiger Liebe für den andern sorgt, — und kann nicht schlimmer sich schaden, als wenn er in thörichter Eigensucht von dem andern sich isoliert. Kurz, Sachunterricht und Sprachunterricht gehören zusammen wie rechtes Bein und linkes Bein, wie rechte Hand und linke Hand, wie Mann und Weib, wie — Vernunft und Sprache.*) Vernunft und Sprache, Denken und Reden, Sachverstand und Wortverstand sind zu gleicher Zeit auf die Welt gekommen, — darum wollen sie auch zusammen geschult sein."

Für die sorgfältige Ausnutzung des Sachunterrichts für die Sprachbildung spricht noch mehr. Auch wo diese Ausnutzung nicht mit Absicht und Fleiß geschieht, da wird doch jeder Lehrer wissen, daß es gerade der Sachunterricht ist, aus welchem den Schülern eine große Bereicherung ihres Wortschatzes zufließt; denn jedes der drei sachunterrichtlichen Fächer hat eine

---

*) Vgl. o. S. 140. D. H.

große Menge eigentümlicher Ausdrücke. Wenn man nun bestimmt im Sinne hat, das sachliche Lernen für die Sprache in Dienst zu nehmen, so müssen alle unterrichtlichen Übungen zu diesem Zwecke in Funktion genommen werden. Der Sachunterricht bietet dem Schüler die Bereicherung des Wortschatzes an, ob er dieselbe annimmt, ist die Frage. Werden aber die sachunterrichtlichen Übungen, Hören, Reden, Lesen u. s. w. fleißig betrieben, so wird aus der angebotenen Bereicherung eine thatsächliche.

Endlich noch eins, was seiner Bedeutsamkeit nach zu oberst hätte gestellt werden können.

Von einer Sprache, wie sie auf dem Boden der Wissenschaft sich ausbildet, wird gefordert, daß sie klar, bestimmt und kurz sei. Jedes, was davon abweicht, wird wissenschaftlich nicht geschätzt, sondern mißtrauisch angesehen. Diese Eigenschaften der wissenschaftlichen Sprache fallen mehr in die Augen, wenn man sie mit der belletristischen vergleicht, in der die rhetorischen und poetischen Verzierungen hinzukommen. Schüler, die nur rhetorisch geschult sind, ermangeln dieser Klarheit, Bestimmtheit und Kürze; ihre Sprachbildung ist nicht gesund.

Was die Wissenschaft fordert, das fordert auch das praktische Leben (man denke an Geschäftsaufsätze u. s. w.), nämlich diese selben Eigenschaften; alle andern sind hindernd. So deckt sich das Sprachziel für das praktische Leben mit den Anforderungen, welche auf wissenschaftlichem Gebiete gemacht werden. Daraus folgt, daß die Sprachschulung vornehmlich diese wissenschaftlichen Eigenschaften im Auge behalten muß; die Volksschule aber zweimal. Die höhere Schule muß später auch die litterarische oder rednerische Schulung hinzutreten lassen. Hier hat die Pflege der belletristischen Seite der Sprache guten Grund; aber die Volksschule hat nicht im Sinn, daß ihre Schüler litterarisch oder rednerisch thätig sein sollen, sondern sie hat genug gethan, wenn sie dieselben innerhalb ihrer Berufssphäre gut geschult hat. Darum hat sie insonderheit diese Seite des Sprachunterrichts, also die Eigenschaften der wissenschaftlichen Darstellung zu pflegen, nämlich Klarheit, Bestimmtheit und Kürze. Wenn das aber geschehen soll, so ist klar, daß die Sprache in erster Linie an den sachunterrichtlichen Fächern geschult werden muß. Die Schulung an der belletristischen Litteratur aber wird man hinzunehmen nicht um besonderer sprachlicher, sondern um allgemeiner Kulturzwecke willen.

Wenn man nun zusieht, ob die Schulen, höhere und niedere, diese Mahnung genugsam beachteten, so trifft man auf eine Menge Thatsachen, die das Gegenteil bezeugen. Lessing, ein Stilist ersten Ranges, geht bekanntlich soweit, von der sprachlichen Darstellung zu sagen: Die größte

Deutlichkeit war mir immer die größte Schönheit, und Diesterweg stimmt diesem Diktum ausdrücklich zu, indem er dasselbe seinem Lehrbuch der mathematischen Geographie als Motto vorsetzt.

Nimmt man diesen Probierstein und besieht danach unsere Zeitungslitteratur und was alles auf praktischem und wissenschaftlichem Gebiete geboten wird, Geschichtsschreibung, Predigten u. s. w., um zu erkunden, ob unsere Schulen, die höheren wie die niederen, den Lessingschen Satz wirklich als Leitstern genommen haben, so wird man seltsame Entdeckungen machen. In der That trifft man in der wissenschaftlichen Litteratur, um von der andern zu schweigen, gute Stilisten im Sinne Lessings, nämlich solche, die klar, bestimmt und doch kurz zu schreiben verstehen, verhältnismäßig so selten, daß man meinen könnte, die Schulen hätten bei ihren Sprachübungen jene drei Zierden des Stils gar nicht angestrebt. In Wahrheit haben sie es doch gethan. Der mangelhafte Erfolg rührt nun daher, daß sie unseren obigen dritten Grundsatz nicht beachtet, d. h. daß sie die sprachliche Schulung nicht in erster Linie auf dem Boden des Sachunterrichts gepflegt haben.

Wie können nun diese drei Grundsätze praktisch ausgeführt werden, — und wie hängen sie mit der Frage vom Reallesebuch zusammen?

Ich will hier nur soviel darüber sagen, als zur nächsten Orientierung des Lesers nötig ist. Vergegenwärtigen wir uns vorab noch einmal in Kürze, was ausgeführt werden soll.

1. Besondere Pflege der Mundsprache, damit sie vor der Schriftsprache immer eine gewisse Strecke voraus sei; — wohlgemerkt auch darum, weil so die Schriftsprache am besten gedeiht.

2. Besondere Pflege des sprachlichen Könnens (Fertigkeit), damit dasselbe vor dem sprachlichen Wissen immer einen gewissen Vorsprung habe; — wohlverstanden auch deshalb, weil auch das sprachliche Wissen (Richtigkeit) so am besten gedeiht.

3. Die Sprachbildung muß nicht bloß am belletristischen Lesebuche, sondern ganz besonders an den drei sachunterrichtlichen Fächern gepflegt werden, — aus vielen Gründen, namentlich aber deshalb, damit der Schüler sich klar, bestimmt und kurz ausdrücken lernt.

Richten wir unsere Überlegung zunächst auf die ersten beiden Grundsätze für sich allein (Mundsprache und Fertigkeit).

Was ist zu ihrer Ausführung zu thun?

Da die Mundsprache pädagogisch wichtiger ist als die Schriftsprache, so folgt daraus, daß in erster Linie die Fertigkeit im mündlichen Ausdruck gepflegt werden muß. Die Hauptmittel dazu sind: Lesen, Memorieren und Sprechen. Offenbar sind Lesen und Memorieren für die Schulung der Mundsprache viel einflußreicher als die Unterredung. Zwar findet auch ein Einprägen der sprachlichen Formen statt, wenn die Kinder den Lehrer und ihre Mitschüler sprechen hören; allein dieses Einprägen steht um ein Bedeutendes hinter dem lesenden zurück und zwar um soviel, als ein Auffassen bloß mit einem Sinne hinter einem solchen mit mehreren Sinnen zurückbleibt. Denn während die Schüler beim Sprechen bloß mit dem Ohr die Sprachformen vernehmen, fassen sie dieselben beim Lesen und Memorieren mit dem Ohr und dem Auge auf und üben sie zu gleicher Zeit mit den Sprachorganen. So ist dieses Einprägen wenigstens um das Dreifache eindringlicher und sicherer als beim bloßen Hören. Außerdem werden beim Lesen und Memorieren auch die richtigen Wort- und Satzformen eingewöhnt, wogegen beim bloßen Hören auch noch allerlei Unvollkommenes und Falsches mit unterläuft.

Untersuchen wir nun, was gethan werden muß, um die Fertigkeit (Können) in der Mundsprache in den eigentlichen sprachunterrichtlichen Stunden so zu pflegen, daß mehr erzielt wird, als bis jetzt erreicht worden ist. Es sagt sich von selbst, daß dann die Kinder in diesen Stunden mehr lesen, mehr memorieren oder mehr sprechen müßten als bisher. Sehen wir zunächst darauf, woher den Kindern die Gelegenheit geboten werden könnte, sich im Sprechen mehr zu üben als bis jetzt. Selbstverständlich würde das nur dann möglich sein, wenn in dem Wechselverkehr, der zwischen dem Lehrer und den Schülern stattfindet, der erstere weniger spräche als bisher. Da nun aber die methodische Behandlung des Stoffes genau vorschreibt, was da zu thun ist, und da man ferner annehmen muß, daß geschieht, was sich gebührt, so kann in den Sprachstunden für den Schüler unmöglich mehr Raum zum Sprechen gewonnen werden. Aus ähnlichen Gründen, — um dies schon hier zu erwähnen, — wird auch in den sachunterrichtlichen Fächern (Religion, Geschichte, Naturkunde) eine Mehrübung im Sprechen nicht thunlich sein. Denn was dort an Unterredung vorkommt, kann nur den Zweck haben, dem sachlichen Lernen zu dienen. Wollte man mehr Sprachübung treiben, so würde das sachliche Lernen dadurch geschmälert werden. Damit ist bewiesen, daß ein Mehr im Sprechen nicht erzielt werden kann.

Da es nun nicht angeht, daß die Kinder im Sprachunterricht mehr sprechen, so würde zu überlegen sein, ob sie nicht mehr lesen können als bisher. Das einfachste Mittel dazu würde sein, die Zahl der Lesestunden zu vermehren. Es fragt sich nur, woher man die Mehrstunden im Lesen nehmen soll. Bedenkt man nämlich, daß die Zahl der Stunden, welche für die Religion und die Realien angesetzt sind, ohnehin eine geringe ist, so wird man nicht gewillt sein, hier etwas abzustreichen. — Wenn nun auch auf diese Weise für unsere Forderung nichts mehr gewonnen werden kann, so ließe sich vielleicht in den für den Sprachunterricht angesetzten Stunden selbst mehr lesen als bis jetzt geschieht. In denselben ist eine zwiefache Aufgabe zu lösen, der Inhalt der Lesestücke muß zum Verständnis des Schülers gebracht werden, und die Schüler müssen sich im Lesen üben. Wollte man nun hier die Leseübung vermehren, so müßte man die Erklärung beschränken, mithin würde der Schüler nur Halbverstandenes lesen, und das wird niemand befürworten wollen. Dazu ist noch zu bedenken, daß bei diesem Lesen jedes einzelne Kind nur wenig an die Reihe kommt, und also auch daher die Übung nur eine geringe ist. — Nun könnte man daran denken, das häusliche Lesen mehr in Dienst zu nehmen. Aber auch dieser Gedanke ist auf dem Boden des eigentlichen Sprachunterrichts nicht wohl ausführbar. Denn da ein vermehrtes häusliches Lesen auch ein vermehrtes Durchsprechen der Lesestücke bedingt, dafür aber einfach keine Zeit ist, so ist auch dieser letzte Ausweg abgeschnitten, und daraus ergiebt sich, daß es nicht möglich ist, das häusliche Lesen mehr auszunutzen, als es bis jetzt der Fall ist.

Demnach steht fest: Es ist nicht möglich, den Kindern durch den Sprachunterricht mehr Gelegenheit zum Sprechen wie zum Lesen zu geben, als bisher geschehen; mithin ist auf diesem Wege ein höheres Maß von Fertigkeit (Können) in der Aussprache nicht zu erreichen.

Es würde noch zu untersuchen sein, ob nicht mehr memoriert werden könnte als bis jetzt? Bedenkt man aber, was alles das Kind in Religion, im belletristischen Lesebuch und im Gesang zu memorieren hat, so ist damit gewiesen, daß man dem Schüler in diesem Stücke nicht auch noch weitere Leistungen zumuten darf, wenigstens nicht als häusliche Aufgabe.

Somit ist ausgemacht: Auf dem Boden des eigentlichen Sprachunterrichts läßt sich weder mehr im Sprechen, noch im Lesen, noch im Memorieren leisten als bisher geschah, und somit läßt sich von dort aus eine größere Fertigkeit in der Mundsprache nicht erzielen.

Glücklicherweise giebt es doch noch eine Stelle, wo das so wichtige Lesen und Memorieren eine größere Ausdehnung gewinnen kann und zwar ohne Beeinträchtigung irgend einer andern Lernaufgabe. Diese Stelle ist der gesamte Sachunterricht.

Bei einer sachunterrichtlichen Lektion ist natürlich die erste Aufgabe des Lehrers die, daß er den betreffenden Stoff zur deutlichen Anschauung bringe. Ich nehme an, daß dies, sowie die erste Wiederholung, vermittelst des freien mündlichen Wortes geschehe, wobei in der Naturkunde selbstverständlich die Objekte sinnlich vorzuführen sind. Diese einmalige Repetition reicht aber zur Befestigung des Stoffes nicht aus, es muß für diesen Zweck mehr geschehen. Man kann nun die weitere Wiederholung nochmals mündlich vornehmen. Aber einmal ist das nicht zweckmäßig, weil diese Form keine Abwechslung bietet und daher für die Kinder leicht langweilig wird, sodann aus dem Grunde, weil sie von ihren Mitschülern manches Mangelhafte zu hören bekommen und ferner, weil es nur auf dem Gehör beruht.

Nehmen wir nun an, daß dieses zweite Wiederholen durch Lesen des betreffenden Stückes im sachlichen Lernbuche geschehe. Damit gewinnen wir folgende Vorteile:

Erstlich tritt die Wiederholung in einer neuen Form auf und ist darum interessanter.

Zum andern kommt den Kindern nichts sachlich und sprachlich Mangelhaftes in Ohr und Auge, sondern nur das Richtige.

Drittens basiert dieses Einprägen nicht auf einem Sinne, sondern Ohr, Auge und Mund sind zugleich thätig.

Da nun die zweite Wiederholung um des sachlichen Lernens willen nötig ist, mithin die Zeit dafür verfügbar sein muß, so wird durch dieses repetierende Lesen nicht nur keine andere Lernaufgabe beeinträchtigt, sondern vielmehr einer solchen gedient. Weil nun dieses Repetieren, wenn es lesend geschieht, keine andere Lernaufgabe einschränkt, vielmehr dem sachlichen Lernen dient und außerdem die drei vorhin genannten Vorteile bietet, so kann es m. E. keine Frage sein, daß das weitere Einprägen nicht unterredungsweise, sondern durch Lesen geschehen muß.

Gleichwohl bildet dieses Lesen in der Schule erst die Anbahnung zu der geforderten Verbesserung des Sprachunterrichts; denn die behauptete Ausdehnung im mündlichen Üben wird dadurch nicht etwa schon erreicht, sondern erst eingeleitet. Das Lesen in der Schule soll nämlich in erster Linie dazu dienen, die Kinder in die richtige Betonung hineinzubringen und sie damit in den Stand setzen, daß sie die Lektion zu Hause richtig, geläufig und darum leicht und ohne ein nennenswertes Opfer an Zeit nachlesen können. Da nämlich allem, was zur methodischen Behandlung mündlich geschehen muß, genügt wurde, so wird durch dieses häusliche Lesen zunächst der S a c h u n t e r r i c h t gefördert, er verliert nicht, sondern er gewinnt, der Erfolg wird größer. Dasselbe gilt aber in noch weit höherem Maße vom S p r a c h u n t e r r i c h t. Die mündliche Behandlung, die im Interesse des Sachunterrichts ohnehin nötig ist, liefert dem häuslichen Lesen einen deutlich zur Anschauung gebrachten Stoff, an dem nun das Üben aufs erfolgreichste vor sich gehen kann. Außerdem fällt dieser Vorteil dem Sprachunterricht völlig gratis zu, ohne daß derselbe auch nur eine Minute dafür opferte und ohne, daß irgend eine andere Lernaufgabe auch nur im geringsten etwas einbüßt. Durch das Lesen an diesem Stoffe werden den Schülern die Sprachformen, wie sie im sachlichen Lernbuche vorkommen, geläufig gemacht, sie prägen sich dieselben dadurch am sichersten ein und zwar die richtigen, und zugleich machen sie sich dadurch die Zierden der sprachlichen Darstellung zu ihrem Eigentum; d. h. sie lernen sich klar, bestimmt und kurz ausdrücken. So wird auch der Forderung Dr. Magers genügt, welcher bekanntlich rät: „Man mache ein gut geschriebenes Buch zum völligen Eigentum des Schülers, er spricht dann ebenso gut, wie der Autor schreibt.“ *)

Nun sollen die sachunterrichtlichen Lektionen womöglich auch eine schriftliche Wiedergabe erfahren. Wenn sich dieselbe nun bloß auf das Mündliche stützt, so können die Schüler möglicherweise auf die sachliche Wiedergabe gerüstet sein, aber nicht auf die sprachliche. Bei diesen schriftlichen Arbeiten ist nicht nur an den sog. Aufsatz zu denken, der gründlich durchgesehen werden kann, sondern auch an die Arbeiten, die auf die Tafel gefertigt werden, bei denen eine genaue Korrektur ausgeschlossen ist. Damit die Schüler wirklich Vorteil von diesen Arbeiten haben, und man nicht schließlich darüber im Zweifel sein muß, ob der Schaden derselben in sprachlicher Beziehung nicht größer ist als der Nutzen, so muß die Hülfe in der Vorsorge gesucht werden. Durch das Lesen aber prägen sich die Schüler nicht nur die grammatische Form richtig und sicher ein, sondern auch die stilistische und die Orthographie; die Sprachbildung wird besser, weil richtiger.

Ist nun die schriftliche Arbeit angefertigt, so wird der Lehrer auch freie mündliche Reproduktionen im Zusammenhange vornehmen lassen. Diese erfordern dann aber wohl kaum noch eine weitere Vorübung von seiten des Kindes. Denn wenn Anschauung, frageweise Reproduktion, Lesen und schriftliche Übung ihre Schuldigkeit gethan haben, so ist ein Memorieren geschehen, nicht ein wörtliches, aber ein judiciöses, und eben das ist gemeint.

In einem der sachunterrichtlichen Fächer, der bibl. Geschichte, ist das, was die drei Grundsätze fordern, bereits im Gange, da hier ein Lesebuch vorhanden ist. Sollen die drei Grundsätze nun auch in den beiden Realfächern zur Ausführung kommen, so darf auch hier ein sachliches Lesebuch nicht fehlen.

---

*) Vgl. o. S. 118. D. H.

Die Gesellschaftskunde

eine

notwendige Ergänzung des Geschichtsunterrichts.

Begleitwort zur vierten Auflage

des

„Repetitoriums der Gesellschaftskunde“.

Von

Friedrich Wilhelm Dörpfeld.

Dritte Auflage.

Gütersloh.
Druck und Verlag von C. Bertelsmann.
1895.

Aus dem Vorwort zur zweiten Auflage.

Schon nach wenigen Monaten ist eine neue Auflage der nachstehenden Abhandlung nötig geworden. Ohne Zweifel liegt darin ein Anzeichen, daß für die erörterte Frage jetzt fruchtbareres Wetter eingetreten ist, als sie bisher erlebt hatte. Bekanntlich verdanken wir diesen günstigen Witterungsumschlag dem kaiserlichen Erlaß vom 1. Mai 1889, der auf bestimmte Mängel im üblichen Religions- und Geschichtsunterricht hinwies. In der That waren es gerade diese beiden wichtigsten Lehrgegenstände, bei denen die durch Pestalozzi und Herbart eingeleiteten Verbesserungen der neueren Pädagogik bisher am wenigsten vollen Eingang finden konnten. Möchte nur die so lange verzögerte und jetzt eiligst begonnene Reformüberlegung davor bewahrt bleiben, durch Übereilung wieder gut machen zu wollen, was durch die Verzögerung versäumt worden ist. Die gute Sache hat an dem einen Übel schon schwer genug zu tragen.

Die zweite Auflage ist ein unveränderter Abdruck der ersten. Verbesserungen von Belang wußte ich vorderhand nicht anzubringen. Soweit die ergangenen Recensionen mir zu Gesicht gekommen sind, lauten dieselben in der Hauptsache allesamt zustimmend und anerkennend.

Ronsdorf, den 1. Dezember 1890.

F. W. Dörpfeld.

Vorwort zur dritten Auflage.

Wenn auch dieses „Begleitwort“ einen Bestandteil des demnächst zu veröffentlichenden vierten Bandes von Dörpfelds gesammelten Schriften darstellen soll, so entspricht es doch dem augenblicklichen Bedürfnis sowohl, wie dem Plane der Gesamtausgabe, daß diese Schrift einzeln herausgegeben wird.

Sachlich ist in der vorliegenden Auflage nichts geändert.

Bielefeld, den 4. Dezember 1894.

Der Herausgeber.

Es ist ein Erstling seiner Art, der sich im „Repetitorium" als Wegweiser und Lernhülfsmittel der schulmäßigen Gesellschaftskunde anbietet, — jedoch kein völliger Neuling mehr, wie die Vierzahl der Auflagen beweist.*)

In den ersten beiden Auflagen bildet der Inhalt dieses Frageheftchens einen Bestandteil der größeren Schrift: „Repetitorium des naturkundlichen und humanistischen Realunterrichts." Das Gesamtrepetitorium enthält im I. Teile Fragen aus der Naturkunde; im II. Teile, überschrieben „Menschenleben", zur Hälfte Fragen aus der Geschichte, zur andern Hälfte Fragen aus der Gesellschaftskunde. Wie man sieht, sind Geschichte und Gesellschaftskunde als zusammengehörig, als ein einiger Lehrgegenstand gedacht. Auf mehrfachen Wunsch erschien bei der dritten Auflage der Bestandteil „Gesellschaftskunde" in einer getrennten Ausgabe. Jener Wunsch hängt zum Teil damit zusammen, daß die Geschichtsfragen nur für evangelische Schulen bestimmt sind, während die Gesellschaftskunde allen Schulen sich anbieten kann, da die Betrachtung der kirchlichen Gemeinschaftsformen ohnehin dem mündlichen Unterricht überlassen bleiben muß.

Der Gedanke, daß die Schulen, die niederen wie die höheren, mehr als bisher die Gesellschaftskunde berücksichtigen möchten, ist in neuerer Zeit von verschiedenen Seiten, auch aus nicht-schulmännischen Kreisen, zur Sprache gebracht und dringend befürwortet worden. Die Dringlichkeitsgründe sind bekannt. Dem Vernehmen nach sollen auch die Schulbehörden bereits diesem Vorschlage näher getreten sein und namentlich erwogen haben, wie in den Lehrerseminaren dafür vorgearbeitet werden könne. Vom schulregimentlichen Standpunkte würde das der richtige Anfang in dieser Sache sein, wenigstens für die Volksschule; — wie denn auch der deutsche Seminarlehrertag zu Nürnberg (1889) sich mit dieser Frage *beschäftigt* hat. Man darf aber hoffen, daß die höhern Schulen *nicht zurückbleiben* werden. — Das vorliegende Schriftchen hat auf diese Mahnungen nicht gewartet. Das „Repetitorium des naturkundlichen und humanistischen Real-

---

*) Ich muß darauf aufmerksam machen, daß die nachstehende Abhandlung nur dann recht verstanden werden kann, wenn dem Leser auch das „Repetitorium" zur Hand oder bereits bekannt ist.

unterrichts" wurde schon zur Zeit der preußischen Regulative bearbeitet und seine erste Auflage erschien bereits 1871, ein Jahr vor den neuen „Allgemeinen Bestimmungen". In der ministeriellen Schulkonferenz, welche im Jahre 1872 unter dem Vorsitze des Ministers Dr. Falk stattfand, hat der Schreiber dieses beim Verhandeln über die Realien in längerer Auseinandersetzung darauf hingewiesen, daß der Geschichtsunterricht, wenn sein Lehrstoff nicht halb unverwertet bleiben soll, eine notwendige Ergänzung fordere, nämlich eine elementare Betrachtung der gesellschaftlichen Verhältnisse, in denen die geschichtlichen Handlungen sich bewegen, — kurz, eine elementare Gesellschaftskunde.*) Durch Überreichung einiger Exemplare des „Repetitoriums" konnte ich auch zeigen, daß das theoretisch Geforderte in diesem Schriftchen bereits in praktischer Bearbeitung vorliege: eine genaue und bestimmt begrenzte Auswahl des Lehrstoffes, die zugleich den Weg der methodischen Behandlung deutlich erkennen lasse. Der damals empfohlene Lehrstoff, wie ihn die erste Auflage des Repetitoriums enthielt, ist ganz derselbe, der jetzt in der vierten Auflage sich anbietet. Es sind die vier Kapitel:

I. Etwas von der menschlichen Seele.
II. Lebensweise und Sitten.
III. Die sechs Klassen der Arbeiten (entsprechend den sechs allgemeinen Bedürfnissen).
IV. Die Gesellschaften.

Mein Vorschlag wurde von der Konferenz geduldig angehört, fand aber von keiner Seite her Unterstützung, weder von rechts, noch von links. In die „Allgemeinen Bestimmungen", die auf Grund dieser Vorberatungen bearbeitet wurden, ist nichts davon übergegangen. Vielleicht war dies vom schulregimentlichen Standpunkte einstweilen das praktisch Richtige. Hatte doch schon die Einführung eines selbständigen Realunterrichts mit mancherlei Hemmnissen zu kämpfen. Überdies hätten die Seminare erst vorarbeiten müssen; hier aber gab es ohnehin manches Neue zu lernen.

Die Gründe für die Berücksichtigung der elementaren Gesellschaftskunde in den Schulen finden sich dargelegt in meiner Schrift: „Grundlinien einer Theorie des Lehrplans" S. 17 ff. (Gesammelte Schriften 2. Bd., I.), welche in erster Auflage 1873 kurz nach Erlaß der „Allgemeinen Bestimmungen" erschien. Da diese Schrift aber jahrelang vergriffen war, so schien es geboten, schon hier wenigstens das Nötigste

*) Vgl.: „Protokolle über die im Juni 1872 im Königlich Preußischen Unterrichts-Ministerium gepflogenen, das Volksschulwesen betreffenden Verhandlungen" (Berlin, W. Hertz). S. 27 ff.

zu sagen. Das Vorwort mußte sich darum zum Begleitwort erweitern. Die neue und vermehrte Auflage der „Grundlinien“, welche nunmehr herausgegeben ist, giebt aus dem Zusammenhang der ganzen Theorie des Lehrplans heraus noch genauere Auskunft.

Es handelt sich vornehmlich um die beiden Fragen: was ist oder bedeutet der Lehrstoff, den wir elementare Gesellschaftskunde heißen, innerhalb des Schullehrplans? und: was bezweckt er?

Bedeutet er etwa einen neuen selbständigen Lehrgegenstand? Durchaus nicht; denn er soll einen unerläßlichen Teil des Geschichtsunterrichts bilden. Ist aber dieser Lehrstoff nicht doch etwas Neues für die Schüler? Nein; denn die konkreten Thatsachen, welche in der Gesellschaftskunde betrachtet werden sollen, sind entweder den Kindern schon aus ihrem heimatlichen Anschauungskreise her bekannt, oder sie kommen im Geschichtsunterricht vor (wozu im weiteren Sinne auch die biblische Geschichte und die humanistischen Stücke des sprachlichen Lesebuches gehören). Hier, im Geschichtsunterricht, müssen also die betreffenden Ausdrücke ohnehin erläutert und insoweit die Dinge, auf welche sich dieselben beziehen, auch betrachtet werden. Die Thatsachen als solche und die bezüglichen Ausdrücke sind mithin für die Schüler durchaus nicht etwas Neues. Hat aber die Gesellschaftskunde nicht doch etwas im Sinne, was bisher unterrichtlich nicht zu geschehen pflegt? — Allerdings; sie will, daß jene gesellschaftskundlichen Daten, welche im Geschichtsunterricht bisher nur gelegentlich, mithin zerstreut und zerstückt vorkamen, und dann laufen gelassen wurden, hinfort nicht den Winden und dem Vergessen preisgegeben sein, sondern sorgfältig gesammelt, aufbewahrt und begrifflich geordnet werden sollen, damit aus dieser begrifflichen Ordnung eine Übersicht und Einsicht entstehe, welche auch das Einzelne wieder heller beleuchtet. Das ist's, was die „Gesellschaftskunde“ bedeutet und bezweckt. Dieses Sammeln, Aufbewahren und begriffliche Ordnen mag allerdings für viele Schulen etwas Neues heißen; aber es ist nichts Neues hinsichtlich des Stoffes, sondern nur hinsichtlich der Methode: eine gründlichere Durcharbeitung und Verwertung des Gelernten.

Unter den deutschen Pädagogen war es vornehmlich Professor Ziller in Leipzig, der in seinen Schriften und in seinem akademischen Seminar in diesem Sinne vorgearbeitet hat. Was er die „kulturhistorischen Stoffe“ nannte, welche im Geschichtsunterricht (und in der biblischen Geschichte u. s. w.) bei jeder Lektion herausgehoben und hernach in besondern Stunden näher betrachtet und begrifflich geordnet werden sollten —

das Psychologische, Ethnographische, die sechs Arbeiten und die Gemeinschaftsformen, — das ist in seiner Zusammenstellung das gesellschaftskundliche Material, wie es die Schule bedarf. Vom Standpunkte des Geschichtsunterrichts ist die Bezeichnung „kulturhistorische Stoffe“ durchaus zutreffend; nur bleibt dabei verdeckt, daß es sich um gesellschaftliche Kulturwerte handelt und zwar, was hier eine Hauptsache ist, auch für die Gegenwart. Der Name „Gesellschaftskunde“ hebt gerade diese Seite hervor; freilich bleibt dann wieder ungesagt, daß es sich um Kulturgüter handelt. Hätte Ziller uns mit einer Zusammenstellung und begrifflichen Ordnung der kulturhistorischen Stoffe beschenkt, so würde die sociale Bedeutung der Sache jedem sofort in die Augen gefallen sein. Für meine Person bedaure ich diese Lücke in seinen praktischen Schriften auch deshalb, weil ein Vorversuch von seiner kundigen Hand mir viele Mühe erspart haben würde, — ungerechnet, daß dann das ermöglichte Vergleichen zweier Versuche jedem Teile zu gute gekommen wäre. Auch in diesem Betracht müssen wir praktischen Schularbeiter das frühe Hinscheiden dieses pädagogischen Forschers betrauern. Möglicherweise hat er, nachdem mein „Repetitorium“ bereits vorlag, eine Bearbeitung der elementaren Gesellschaftskunde seinerseits einstweilen nicht für nötig gehalten.*)

Betrachten wir jetzt die Frage, was der gesellschaftskundliche (oder kulturhistorische) Stoff eigentlich ist und bezweckt, noch von einem höheren, allgemeineren Standpunkte.

Was die Schulsprache auf dem sachunterrichtlichen Gebiete „Lehrgegenstände“ nennt (Religion, Geschichte samt Geographie, Naturkunde), das ist bekanntlich in jedem Falle eine Stoffauslese aus mehreren Wissenschaften, die dann als ein unterrichtliches Ganzes betrachtet und behandelt wird. So besteht der religionsunterrichtliche Stoff aus: biblischer Geschichte, Kirchenliedern, Bibelsprüchen, Katechismus u. s. w.; der humanistische aus: Geschichte und politischer Geographie, wobei an geeigneter Stelle auch epische und andere Gedichte als Begleitstoffe herangezogen werden; der naturkundliche aus Bestandteilen der Astronomie, der physischen Geographie, der Mineralogie, Botanik und Zoologie, der Physik u. s. w. Nach meiner Auffassung hat im humanistischen Realunterricht die Geschichte als Centralstoff zu gelten, während die politische Geographie und die Gedichte als Begleitstoffe anzusehen sind. Frage: welches ist denn nun der Zweck

*) Über die Bedeutung Zillers (und Herbarts) für die Pädagogik vgl. meine Schrift: „Der didaktische Materialismus. Eine zeitgeschichtliche Betrachtung und eine Buchrecension.“ 3. Aufl. (Gütersloh, C. Bertelsmann.) — Diese Schrift behandelt auch die bekannte Überbürdungsfrage; sie deckt die eigentliche Grundursache dieses Übels auf.

des humanistischen Realunterrichts, und warum soll die Geschichte den Centralstoff bilden? Nach der altherkömmlichen Auffassung galten hier Geschichte und Geographie als zwei gesonderte, selbständige Lehrfächer; von einem Centralstoffe war nicht die Rede, wenn man auch die Geschichte als das wichtigere Fach betrachtete. Warum dies ein Fehler ist, wird sich zeigen, wenn wir der oben gestellten Frage näher treten. Orientieren wir uns zu dem Ende an den beiden andern Gebieten des Sachunterrichts, an der Religion und der Naturkunde.

Welches ist der Zweck des Religionsunterrichts? Kenntnis der Sittenlehre und der Glaubenslehre, und zwar mit dem erziehlichen Endzwecke, daß dadurch auch eine sittlich-religiöse Gesinnung gepflanzt werde. Sittenlehre und Glaubenslehre aber sind abstrakte Objekte. Hier bedarf man also eines Anschauungsstoffes, d. i. eines Stoffes, an dem die sittlich-religiöse Gesinnung samt ihren einzelnen Wahrheiten gegenständlich, leibhaftig und in lebendiger Bethätigung angeschaut werden könne. Schon seit langem ist bekannt, daß auf christlichem Boden die bibl. Geschichte dieser Anschauungsstoff sein müsse, — aus mehrfachen Gründen, die aber hier nicht aufgezählt zu werden brauchen. Als Anschauungsstoff ist dann die biblische Geschichte selbstverständlich der Centralstoff. Als Centralstoff steht sie denn auch mit Recht in aller Breite auf dem Lehrplan, so daß es aussieht, wie wenn sie hier der eigentliche Lehrgegenstand wäre. Allein der Name des eigentlichen Lehrgegenstandes, der zugleich den Zweck angiebt, heißt Religion, genauer: Sittenlehre und Glaubenslehre. Die biblische Geschichte ist nicht Selbstzweck, sondern bloß Mittel zum Zweck. Auch die Begleitstoffe (Sprüche, Lieder, Katechismus) weisen darauf hin, daß die biblische Geschichte bloß Mittel ist, mithin das eigentliche Zweckobjekt anderswo liegt und anders bezeichnet werden muß. Wie der Unterricht von dem Anschauungsstoffe aus zu dem Zielobjekte zu führen hat, gehört des näheren nicht hierher; es ist nur festzustellen, daß bei jeder Lektion nach dem anschaulichen Erzählen der geschichtlichen Begebenheit zwei Abstraktions- oder Denkübungen vorzunehmen sind, nämlich um

1. die betreffenden sittlichen Wahrheiten,
2. die betreffenden religiösen Wahrheiten,

welche beim Erzählen bereits kenntlich gemacht wurden, jetzt vollends begrifflich klarzustellen und in die systematische Übersicht einzureihen. Werden diese beiden Reflexionsübungen unterlassen, so mag das anschauliche Vorführen des konkreten Geschichtsstoffes immerhin Religionsunterricht heißen, aber es würde doch nur ein halber sein. (Daß die biblische Geschichte außer jenen zwei wichtigsten Stücken auch noch andere Bildungselemente in sich schließt, nämlich mehrfache „kulturhistorische" Stoffe, und daß dieselben nun wieder Anlaß zu weiterer Denkthätigkeit geben können, dürfen wir einstweilen übergehen, da es nicht zum Hauptzwecke des Religionsunterrichts gehört.) *)

Auf dem naturkundlichen Gebiete liegt die Sache einfacher. Das Objekt heißt Natur oder Naturleben. Der Lehrzweck ist: Kenntnis und Verständnis dieses Naturlebens — nach dem Maß der gegebenen Schulzeit. Da seine Objekte selber in natura sich der unmittelbaren Anschauung darstellen, so bedarf es keines besonderen Veranschaulichungsstoffes; mithin kann auch von keinem Centralstoffe die Rede sein. Die Zweigstoffe (aus Astronomie u. s. w.) sind als solche gleichberechtigt, müssen aber zu einem Ganzen zusammengefaßt werden. — Als Ziel dieses Unterrichts setzten wir: Kenntnis und Verständnis der Natur. Kenntnis beruht auf Anschauung, Verständnis auf Reflexion. Was schließt das Endziel „Verständnis" hier in sich? genauer: wie vielerlei Denkthätigkeiten können an dem gegenständlichen Stoffe vorgenommen werden? Nun, so vielerlei, so vielerlei Reflexionsgesichtspunkte der ausgewählte Stoff zuläßt; was nicht in dem Objekte liegt, kann auch nicht herausgeholt werden. Dieser Reflexionsgesichtspunkte sind nicht weniger als sieben. Ich muß mich hier darauf beschränken, sie kurz anzudeuten:

A. Formen:
1. Klassifikation der Naturkörper;
2. morphologische Betrachtung; **)
3. ästhetische Betrachtung.

B. Zusammenhang: ***)
4. Zusammenhang innerhalb des Einzelorganismus;
5. Zusammenhang des ganzen Naturlebens;

---

*) Die drei Begleitstoffe der biblischen Geschichte stellen die sittlichen und religiösen Wahrheiten, welche aus den vorgeführten Lebensbildern entwickelt worden sind, in dreierlei Fassung dar: die Sprüche in sentenzartiger Form, die Lieder in poetischer Form, der Katechismus in systematisch-doktrinärer Form. Beim letzteren liegt das Eigentümliche jedoch nicht in der systematischen Ordnung des Lehrmaterials — denn die Sprüche und Liederstrophen lassen sich ebenfalls systematisch ordnen — sondern einmal in der doktrinären Darstellung, und zum andern (wenigstens bei den herkömmlichen Katechismen) darin, daß Fragen gestellt und zugleich die Antworten beigedruckt sind und zwar mit der Absicht, daß dieselben von den Schülern ebenso wörtlich memoriert werden sollen wie die Sprüche und Liederstrophen. Ob diese Form und Behandlung des Katechismus das didaktisch Richtige ist, haben wir hier nicht zu untersuchen.

**) Auf dem botanischen Gebiete kann Goethes „Metamorphose der Pflanzen" verständlich machen, was gemeint ist.

***) Wie man sieht, greift hier die abstrakte Naturkunde: Physik u. s. w. mit ein.

C. **Benutzung**: { 6. praktische Betrachtung (die Naturdinge als Güter).

Und endlich, auf Grund dieser sechserlei Aufschlüsse:

7. religiöse Betrachtung, — in dem Sinne, wie z. B. Ps. 104, 24 die sechsfachen Resultate für die sabbathliche (7.) Betrachtung zusammenfaßt:
   A. mannigfaltig in der Form,
   B. weislich geordnet,
   C. Güter in Fülle.

Soll nun die Natur ihren reichen Bildungsgehalt nicht einseitig, sondern allseitig bethätigen können, so müssen sämtliche sieben Betrachtungsweisen — je nach ihrer Bedeutsamkeit — in irgend einem Maße im Unterricht berücksichtigt werden. „Etwas Ganzes" im Naturverständnis heißt also nicht bloß, daß in der Stoffauswahl die verschiedenen Zweige der Naturkunde (so viel als thunlich) vertreten seien, sondern auch und zwar vornehmlich, daß der konkrete Stoff in jener siebenfachen Weise durchgedacht werde. Ob das Quantum des ausgewählten konkreten Stoffes — je nach der Schulart — groß ist und sein darf, oder aber klein, vielleicht recht klein bleiben muß, ändert an jener letzten Forderung nichts. Wohl aber folgt aus dieser Forderung umgekehrt: der konkrete Stoff darf der Quantität nach nur so groß sein, daß für die siebenfache Durcharbeitung die nötige Zeit bleibt; und muß der Qualität nach als Ganzes so geartet sein, daß die sieben Gesichtspunkte in gebührendem Maße darin vertreten sind.*)

Treten wir nach diesem orientierenden Ausblick auf den Religionsunterricht und die Naturkunde an das humanistische Gebiet.

Wie heißt hier das eigentliche Lehrobjekt, und welches ist sein unterrichtlicher Endzweck? Die herkömmlichen Lehrpläne nennen als Haupt-

*) Wie der Leser sieht, bildet die Klassifikation, welche weiland so viel Raum einnahm, nur einen sehr kleinen Bruchteil der erforderlichen Denkübungen. Und der Kausalzusammenhang, welcher jüngst mit Recht mehr betont wird, bildet ebenfalls nur einen Bruchteil. Die Didaktik hat demnach auf diesem Gebiete noch eine große Aufgabe vor sich, bevor das methodische Ideal erreicht ist. — Selbstverständlich meint die obige Forderung nicht, daß bei jeder einzelnen Lektion (Lehreinheit) sämtliche 7 Reflexionsübungen vorzunehmen seien, — denn bei einer physikalischen Lektion z. B. kann von Klassifikation, von morphologischer und ästhetischer Betrachtung nicht die Rede sein; der Stoff ist es, welcher angiebt, welche Reflexionen anzustellen sind. Das Genauere über diesen Punkt gehört in die Theorie des Lehrplans und in die specielle Methodik.

gegenstand die Geschichte und daneben die Geographie. Wird nun die Geschichte um deswillen vorgeführt, damit der Schüler von dem, was in früheren Zeiten und in der weiten Welt Erfreuliches und Unerfreuliches, Löbliches und Nichtsnutziges geschehen ist, möglichst viel höre und wiederzuerzählen wisse? Gewiß nicht; der Lehrzweck muß demnach anders liegen. Der Lehrgegenstand heißt, richtig bezeichnet: Mensch und Menschenleben. Und der Zweck ist demnach: Kenntnis und Verständnis des vielgestaltigen Menschenlebens, damit der Schüler darin — nämlich im gegenwärtigen Menschenleben — sich so weit zurechtfinde, um dereinst als Erwachsener nach Beruf und socialer Stellung zum gemeinen Besten mitthätig sein zu können und zu wollen. Warum steht dann aber, wenn es sich doch in letzter Instanz um das Menschenleben der Gegenwart handelt, die Geschichte so breit voran? Genau aus demselben Grunde, warum im Religionsunterricht die biblische Geschichte in erster Linie auf dem Lehrplan steht, nämlich als Anschauungsstoff und somit als Centralstoff. Zwar bieten sich die humanistischen Objekte der Gegenwart — Personen, Handlungen und die mancherlei Lebensverhältnisse — dem Beobachter ganz in natura dar, gerade wie die naturkundlichen Objekte, und dazu schon im heimatlichen Anschauungskreise, also zum unmittelbaren Besehen, was bekanntlich vor dem phantasiemäßigen Anschauen durch Erzählen bedeutende Vorzüge hat. Allein die Personen und Handlungen der Gegenwart, welche der Schüler in seinem Bereiche zu sehen bekommt, sind teils nicht so bedeutsam und instruktiv, als die, welche man aus der Vergangenheit auswählen kann, teils lassen sich die lebendigen Personen meistens nicht so offen ins Herz schauen und noch weniger so geduldig kritisch beurteilen, als die geschichtlichen es sich gefallen lassen müssen. Was dann die socialen Einrichtungen (Sitten, Beschäftigungsweisen, Werkzeuge, Waffen, Anstalten, Gemeinschaftsformen u. s. w.) betrifft, so kommen die der Vergangenheit freilich dem Kinde vielfach fremdartig vor; sie stehen zu fern, um deutlich aufgefaßt werden zu können. Wiederum stehen aber die socialen Einrichtungen der Gegenwart manchmal gleichsam dem Auge zu nahe, um von selbst die Aufmerksamkeit auf sich zu ziehen, oder genau aufgefaßt und unbefangen beurteilt werden zu können. Glücklicherweise bietet diese doppelte Form, in welcher die äußeren Lebensverhältnisse vor den Blick treten, zugleich das Mittel, das Manko auf beiden Seiten mehr als auszugleichen. Denn wenn bei den Lebensverhältnissen der Vergangenheit, welche in einer geschichtlichen Erzählung vorkommen, an die entsprechenden der Gegenwart erinnert wird: so beleuchten sie sich gegenseitig und können darum beiderseits auch deutlicher aufgefaßt werden; und das nicht bloß, sondern durch die Nebeneinanderstellung wird überdies ein Vergleichen angeregt und durch das Vergleichen ein wertendes Beurteilen wachgerufen. Alles lauter Vorteile! Endlich kommt dem Auffassen der sachlichen Objekte noch ein anderer günstiger Umstand, der mit der Geschichte zusammenhängt, zu gute. In der Vergangenheit, zumal in den ältesten Zeiten, sind alle Lebensverhältnisse, namentlich die gesellschaftlichen, weit einfacher als in der Gegenwart und können daher auch leichter verstanden werden; selbst die Denkungsart der Personen ist einfacher und durchsichtiger, und damit wird auch wieder ihr Handeln verständlicher. Indem nun der Geschichtsunterricht (besonders die biblische Geschichte) mit den älteren Zeiten beginnt, so kann der Blick des Schülers an diesen einfacheren Formen sich kräftigen und schärfen, um dann auch allmählich in den zusammengesetzteren und verwickelteren der Gegenwart sich zurechtfinden zu lernen. — So steht also im humanistischen Realunterricht mit allem Recht die Geschichte breit im Vordergrunde, nämlich als Anschauungsstoff und darum als Centralstoff — und zwar gerade im Blick auf das Endziel: Verständnis des Menschenlebens der Gegenwart.

Worin liegt nun der Bildungsgehalt des humanistischen Gebietes, der specifisch humanistische, den die Geschichte (mit Hülfe der Heimatserfahrung) zur Anschauung und die denkende Betrachtung zum Verständnis bringen soll? Offenbar in den verschiedenen Kulturpotenzen (persönlichen Kräften und sachlichen Einrichtungen) des Menschenlebens. Welches sind diese Kulturmächte? Es sind ihrer insgesamt — sagen wir einstweilen: fünf.

Der erste und wichtigste Kulturfaktor begreift das in sich, worin die eigentliche Würde des Menschenwesens liegt, — das, um deswillen der Mensch nach biblischem Ausdruck ein „Bild Gottes“ oder „göttlichen Geschlechts“ heißt, die Kultur der höchsten Potenz: das Ethische. (Da die Ethik zu ihrer Verwirklichung der Religion bedarf, so ist dieselbe immer stillschweigend mit einzurechnen.)*)

Der zweite Kulturfaktor ist das, warum der Mensch ein geistiges Wesen heißt, — das, wodurch alles kulturelle Streben erst möglich wird,

*) Wenn hier das Ethische als einer der Kulturfaktoren aufgeführt wird, so soll damit natürlich nicht vergessen, geschweige verleugnet sein, daß dasselbe auch in sich selbst Wert und Würde besitzt. Diese seine eigene Würde ist ja dadurch anerkannt, daß die Ethik im Lehrplane eine besondere berufliche Stellung erhält — im Religionsunterricht. Darin, daß das Ethische in sich selbst Wert und Würde hat, liegt gerade der Grund, warum es auch einer der Kulturfaktoren ist und zwar der erste und oberste.

was darum vor allem gekannt sein muß, wenn man auf dem Gebiete des Menschenlebens nicht im Dunkeln tappen will: das Psychologische.

Der dritte Kulturfaktor begreift das in sich, was für die Lebensführung als altbewährt angesehen wird, namentlich im Familienkreise, und darum in Lebensweise und Sitte sich festgesetzt hat, — was der einzelne sich nicht anlernt, sondern anlebt, in das er hineinwächst wie in seine Haut: das Ethnographische. Mag die herrschende Sitte auch verbesserungsbedürftig sein — was ja von allen Kulturgütern gilt — so ist sie nichtsdestoweniger ein hochbedeutsamer pädagogischer Faktor, hochbedeutsam auch um deswillen, weil darin sich deutlich offenbart, wie weit kulturelle Einsicht und moralische Gesittung wirkliches Volkseigentum geworden sind. Tacitus, der fein gebildete Römer, giebt den alten Germanen das ehrenvolle Zeugnis, daß bei ihnen gute Sitten mehr gälten als anderswo gute Gesetze. Offenbar galt dieses Kompliment eigentlich der deutschen Erziehung.

Der vierte Kulturfaktor nennt uns die Vor- und Grundbedingung aller Kultur: die sechs Klassen der Arbeiten für die sechs allgemeinen Bedürfnisse (für Landesschutz, Rechtsschutz, Wohlstand, Gesundheit, Bildung und Seelenheil), — von denen keine fehlen oder vernachlässigt werden darf, wenn die anderen nicht allesamt schwer zu Schaden kommen sollen. Hier stehen wir an den Werkstätten der Kultur, also im eigentlichen Centrum der Gesellschaftskunde.

Die fünfte Kulturmacht endlich stellt uns die mathematisch-sociale Wahrheit vor die Augen, daß 1 + 1 manchmal, nämlich wenn es Faktoren sind, in Summa mehr ausmachen als 2, wie denn z. B. zwei Hände nicht etwa bloß doppelt so viel ausrichten können als eine Hand, sondern mehr als fünfzigmal so viel; und weiter die pädagogisch-sociale Wahrheit, daß die Menschen wie die Kiefern nur dann gerade emporwachsen, wenn sie im Schlusse stehen, kurz: die menschlichen Gesellschaften aller Art, von der Urgemeinschaft, der Familie, an bis zu den beiden umfangreichsten und bedeutsamsten, Kirche und Staat. Dieser fünfte Kulturfaktor hängt aufs engste zusammen mit dem vierten (Arbeit); denn jede Gesellschaft, welche eine kulturelle Bedeutung haben soll, muß eine Vereinigung zu gemeinsamem Arbeiten sein und zwar für eins oder für mehrere der sechs allgemeinen Bedürfnisse; wobei die Mitglieder von der Überzeugung ausgehen, mit vereinten Kräften mehr wirken und mehr werden zu können, als in der Isolierung (Spr. 18, 1). Die Gesellschaften sind nicht Selbstzweck, sondern bloß Mittel. Der Zweck ist Förderung der kulturellen Arbeit, oder eigentlich kurzweg: der Arbeit; denn eine Thätigkeit, die den Namen „Arbeit“ verdienen soll, muß einem der sechs notwendigen Bedürfnisse gewidmet sein. Aristoteles drückt die Notwendigkeit der Vergesellschaftung aus durch sein bekanntes Wort: „der Mensch ist ein politisches Wesen.“ Diese antike Auffassung bedarf jedoch einer bedeutsamen Berichtigung; es muß heißen: ein gesellschaftliches Wesen.

Hat nun der Unterricht auf dem humanistischen Gebiete den Zweck: Kenntnis und Verständnis des Menschenlebens (und zwar des Menschenlebens der Gegenwart) zu vermitteln, so können wir dies jetzt genauer ausdrücken durch: Kenntnis und Verständnis der genannten fünf Kulturmächte. Diese Vermittlung soll geschehen an der Hand und auf Grund der Geschichte, die hier als Anschauungsstoff gilt und darum das Centralfach bildet. Reicht aber das anschauliche Vorführen der Geschichte für sich allein aus, um auch zu dem Endziele: Verständnis der fünf Kulturfaktoren, zu gelangen? Keineswegs; so wenig wie im Religionsunterricht und in der Naturkunde das anschauliche Vorführen des konkreten Stoffes genügte, um den gewünschten Endzweck zu erreichen, ebensowenig kann das hier genügen. Im besten Falle, nämlich wenn die Geschichte wahrhaft anschaulich, umständlich-anschaulich vor die Augen gemalt wird, läßt sich eine gute Kenntnis der fünf Zielobjekte gewinnen. Verständnis aber bedeutet mehr. Dafür ist erforderlich — gerade wie wir es beim Religionsunterricht und bei der Naturkunde fanden — daß der konkrete Geschichtsstoff auch denkend betrachtet werde und zwar nach den genannten fünf Gesichtspunkten. Das heißt methodisch genauer: nach jeder geschichtlichen Lektion muß das, was darin von jenen fünf Kulturfaktoren vorkommt, der Reihe nach herausgehoben und, wo nötig, durch stetes Vergleichen mit den entsprechenden Daten im gegenwärtigen Menschenleben deutlicher gemacht werden. Das Sammeln der so vorläufig gemerkten gesellschaftskundlichen Daten, ihr begriffliches Ordnen und das Anwenden der so gewonnenen Begriffe — in der Weise, wie es das Repetitorium verlangt — geschieht dann nach längeren Zwischenräumen, etwa alle vier bis sechs Wochen, in etlichen Lehrstunden, während die Geschichte solange pausiert. Hier liefert dann das Menschenleben der Gegenwart, wie es im heimatlichen Gesichtskreise vor den Augen steht, den eigentlichen Anschauungsstoff. Der geschichtliche Anschauungsstoff ist nur der Ausgangspunkt gewesen, wird aber bei den Anwendungsübungen fleißig mit heranzuziehen sein, damit das erworbene begriffliche Licht nun auch rückwärts die Vergangenheit beleuchte.

Das Genauere der methodischen Behandlung gehört nicht an diesen Ort. Nur auf eins muß noch aufmerksam gemacht werden.

Der erste und wichtigste Kulturfaktor, das Ethische, hat im Lehrplan der Schule seine berufliche Stelle im Religionsunterricht. Wenn daher bei einer profangeschichtlichen Lektion die darin enthaltenen ethisch-religiösen Elemente (Charakterzüge und Wahrheiten) anschaulich klargestellt und deutlich hervorgehoben sind, so werden sie dann behufs der weiteren begrifflichen Bearbeitung dem Religionsunterricht (Katechismus) überwiesen, scheiden also in der gesellschaftskundlichen Betrachtung der Profangeschichte aus. Und umgekehrt: was in der biblischen Geschichte aus dem Bereiche der vier übrigen Kulturfaktoren vorkommt, das wird, nachdem die Anschauungsoperation es genügend klargestellt hat, behufs der begrifflichen Bearbeitung an die gesellschaftskundlichen Lektionen der Profangeschichte überwiesen, weil dort seine berufliche Stelle ist.

Die Gesellschaftskunde behält mithin folgende vier Hauptabschnitte:

1. Die menschliche Seele (Psychologisches);
2. Lebensweise und Sitten (Ethnographisches);
3. Die 6 Klassen der Arbeiten (Kulturwerkstätten);
4. Die Gesellschaften (Socialistik = vereintes Arbeiten).

Was heißt es nun, bei der Profangeschichte diese viererlei Reflexionen versäumen? Es heißt: nur halben Geschichtsunterricht geben. Es heißt: das Menschenleben der Vergangenheit kennen lehren, um die Schüler in dem der Gegenwart, wo sie mithandeln sollen, recht unwissend zu lassen. Es heißt: nicht einmal das Menschenleben der Vergangenheit wird genügend verständlich gemacht, weil dazu auch die Beleuchtung von der leibhaftigen Gegenwart her nötig ist. Kurz, es heißt dasselbe, wie wenn man im Religionsunterricht bloß die Thatsachen der biblischen Geschichte vorführte, ohne die sittlichen und religiösen Wahrheiten herauszuheben, also von Sprüchen, Liedern und Katechismus nichts wissen wollte; — oder wie wenn man in der Naturkunde die Dinge und Vorgänge bloß äußerlich betrachtete, ohne auf die Mannigfaltigkeit und Schönheit der Formen aufmerksam zu machen und ohne nach Warum und Wozu zu fragen, also alles bloß begaffen, aber nichts bedenken lassen wollte. So hat man's aber im humanistischen Realunterricht mit einem großen Teile des geschichtlichen und Erfahrungsstoffes bis jetzt gemacht — ganz im Widerspruch mit dem, was man im Religionsunterricht und in der Naturkunde längst richtig thut. Soll dieser Widerspruch bleiben? — Man wünscht Vaterlandsliebe zu pflanzen. Mit Recht. Aber kann man etwas lieben, von ganzem Herzen und von ganzer Seele, was man nur zu einem kleinen Bruchteil nach seinem wahren Wesen kennt? Ist etwa der staatliche Grund und Boden, wie ihn die Geographie mit ihren Landkarten kennen lehrt, das Vaterland? oder sind es die Gewächse und Gebäude, welche auf diesem Boden stehen, oder das Getier, was darauf herumläuft? Sind es nicht vielmehr die Menschen, die darauf wohnen, und ihr ganzes, großes, reiches Besitztum an Kulturgütern: vorauf der Väter Art und Sitte, — dann die durch Fleiß und Schweiß zahlreicher Vorgeschlechter bis zu ihrer jetzigen Leistungsstufe fortgeschrittenen Kulturarbeiten für Landesschutz, Rechtsschutz, Wohlstand, Gesundheit, Bildung und Seelenheil, — und endlich die lange Reihe von kleinen und großen gesellschaftlichen Verbänden zu gemeinsamem Wirken für irgend welche Wohlfahrtszwecke, von der unscheinbaren Krankenauflage an bis zu den bedeutsamen Gemeinschaften der Kirche und des Staates? Und diese Menschen und diese ihre Kulturgüter, leben und bestehen sie nicht alle unter dem Schutzdache des Vaterlandes, d. i. des Vaterlandes als Staat? Vermittelt nun etwa die geographische Karte mit ihrem Zubehör die Übersicht und den einsichtigen Blick zur Wertschätzung dieser vaterländischen Kulturgüter und der daraus fließenden täglichen Wohlthaten? Oder vermittelt etwa das Erzählen der geschichtlichen Begebenheiten diese nötige Kenntnis, Übersicht und Schätzungsfähigkeit in einem auch nur halbwegs genügenden Maße? Wenn das nun nicht der Fall ist, wenn die Schüler das reiche gesellschaftliche Kulturerbe der Väter nicht gebührend kennen und verstehen, wie soll da die Liebe zum Vaterlande entstehen, eine wohlgegründete, festgewurzelte Liebe? Und wenn sie auch die Bedeutung des Staates für diese Erbgüter nicht recht kennen und fassen, wenn sie dann in der Geschichte sich vorsagen lassen, wie treffliche Regenten mit ihren Beamten für die Wohlfahrt des Landes gewirkt und gesorgt und mit ihrer Wehrmannschaft für die Erhaltung und Freiheit des Staates schwer und blutig gekämpft hätten, — verstehen sie dann wirklich, wofür eigentlich gesorgt, gerungen und gekämpft worden ist? Und wenn sie es nicht verstehen oder nur dumpf ahnend: können sie dann mit vollem Gefühl die Dankbarkeit, Hochachtung und Pietät empfinden, welche diese Vorarbeiter und Vorkämpfer mit Recht verdienen? Oder vermögen bei der Geschichtserzählung etwa hochtönende, bombastische und echauffierte Phrasen oder die Klänge der Poesie zu ersetzen, was den Schülern an Kenntnis und Verständnis der Kulturgüter, um welche sich doch die Geschichte allein dreht, fehlt? — Doch genug der Fragen. Blicken wir auf die erfreulichere Kehrseite!

In dem Maße, in welchem die gesellschaftskundlichen Lektionen den Blick für das reiche Kulturerbe erhellen und erweitern, in eben dem Maße wird auch die Geschichte erst vollaus das leisten, was sie vermöge ihres dramatischen Charakters und ihrer Lebenswärme leisten kann und soll. Erst so, nämlich unter dem Zusammenwirken beider Faktoren — der Geschichte und der Gesellschaftskunde — wird in Kopf und Gemüt des

Schülers der Grund gelegt, auf dem (unter Mitarbeit der ethisch-religiösen Unterweisung) eine echte, gesunde, wurzelkräftige Liebe zum Vaterlande, Dankbarkeit gegen die verdienten Männer der Vorzeit und Pietät gegenüber den vaterländischen Institutionen erwachsen können und erwachsen werden. —

Wie unentbehrlich nun die Gesellschaftskunde ist, so darf doch eins nicht übersehen werden. Handelt es sich vor allem um Einwirkung auf Gemüt und Gewissen, — worin nach Goethes bekanntem Ausspruche das Beste und der Hauptzweck des Geschichtsunterrichts liegt — so sind es unzweifelhaft zunächst nicht die sachlichen Objekte, sondern die vorgeführten geschichtlichen Personen mit ihren Thaten und Schicksalen, von denen diese Eindrücke ausgehen können. Darum eben soll auf dem humanistischen Gebiete (wie im Religionsunterricht) die Geschichte den Anschauungsstoff bilden und als Centralstoff breit im Vordergrunde stehen. Weiter aber hängt dann die kräftige Einwirkung auf Gemüt und Gewissen nicht ab von dem Quantum des historischen Materials und vollends nicht von der Menge bloßer Notizen, Namen und Jahreszahlen, sondern davon, ob die geschichtlichen Personen mit ihren Thaten und Schicksalen wahrhaft anschaulich, umständlich-anschaulich vor die Augen gemalt werden. Hier also, im möglichst anschaulichen Vorführen, liegt der Punkt, wo der Geschichtslehrer seine Hauptaufgabe zu lösen hat. Wie die Anschauungsoperation zeitlich die erste ist, so ist sie auch pädagogisch die wichtigste und praktisch die schwierigste.*) Treten nun die gesellschaftskundlichen Reflexionen hinzu, so geschieht das nicht, um irgend etwas wieder gut zu machen, was die Geschichtserzählung vielleicht versäumt hätte, sondern um etwas zu leisten, was die Geschichte mit ihren Mitteln beim besten Willen selber nicht leisten kann. Was dann diese Reflexionen über rein sachliche Objekte die Schüler an Einsicht gewinnen lassen, das hat aber nicht bloß für sich selbst Wert, sondern kommt — wie früher gezeigt wurde — rückwirkend auch dem Auffassen der geschichtlichen Personen, dem Verstehen ihrer Handlungen und der Würdigung ihrer Opferwilligkeit zu gute, — mithin auch der gewünschten Einwirkung auf Gemüt und Gewissen.

Nachdem wir den gesellschaftskundlichen Lehrstoff im allgemeinen und ganzen betrachtet haben, wird jetzt das Eigentümliche jeder der vier einzelnen Abschnitte etwas näher besehen werden müssen.

---

*) Vgl.: „Der didaktische Materialismus“, insbesondere den Anhangsaufsatz über: „Die Anschauungsvermittelung bei historischen Stoffen,“ 3. Aufl. S. 105—140.

Zu I. (Die Seele.) In diesem Abschnitte handelt es sich nur um solche psychologische Thatsachen, welche den Schülern bereits bekannt sind. Die sprachlichen Ausdrücke dafür (für die mancherlei Erkenntnisthätigkeiten, Gefühle, Willensregungen u. s. w.) kommen nämlich allesamt vor in denjenigen Lehrfächern, welche auf geistigem Gebiete liegen: in der Religion, in der Geschichte und in den humanistischen Stücken des sogen. Lesebuches. Dort müssen sie also beim Unterricht erklärt, d. i. ihr Inhalt muß auf irgend eine Weise zur Anschauung gebracht werden, — gleichviel ob Gesellschaftskunde getrieben werden soll oder nicht. Geschähe dieses Erklären, d. i. Veranschaulichen dort nicht, so säße der Unterricht in jedem dieser Fächer bald fest, oder er redete für die Kinder gutenteils Chinesisch oder Hottentottisch, was beim Nichtverstehen ja ein und dasselbe ist. Man darf somit annehmen, daß diese psychologischen Thatsachen im Laufe der Schulzeit wirklich zur Anschauung gebracht werden und zwar schon von unten auf, so viele ihrer auf jeder Stufe in den genannten Fächern vorkommen. Wer in den betreffenden Schulbüchern nachsehen will, wird finden, daß die Zahl der psychologischen Ausdrücke ungemein groß ist, viel größer, als er anfangs gedacht haben mag. In Abschnitt I soll nun dieses reiche psychologische Material begrifflich geordnet und in etwa auch schon in seinem genetischen Zusammenhange aufgefaßt werden. Das ist, wie man sich aus dem Fragehefte überzeugen kann, in der Hauptsache eine recht leichte Denkübung, wenigstens für 12—14jährige Schüler. Durch das begriffliche Ordnen und was vom genetischen Zusammenhang herangezogen werden kann, fällt aber auch ein neues Licht auf die psychologischen Thatsachen selbst zurück; und das hat die weitere nützliche Folge, daß dann zugleich die sachlichen Stoffe der drei Fächer (Religion, Geschichte u. s. w.) eine hellere Beleuchtung empfangen. Ist daher die Behandlung dieses psychologischen Abschnittes im Gange und einigermaßen im Schuß, so macht sich dem Lehrer bald bemerkbar, daß dadurch der Unterricht in jenen drei Fächern beträchtlich erleichtert und gefördert wird, indem einerseits das Erklären neuer psychologischer Ausdrücke schneller von statten geht, und andrerseits die Schüler den sachlichen Inhalt (Ethisch-Religiöses u. s. w.) von vornherein besser verstehen. Es steht in der That so, daß der I. Abschnitt den Lehrplan nicht mit einer neuen Last beschwert, sondern vielmehr die ohnehin notwendige Arbeit in Religion, Geschichte u. s. w. begünstigt; daß derselbe im Interesse dieser drei Fächer also auch dann willkommen geheißen werden müßte, wenn an keine Gesellschaftskunde gedacht wird.

Seine Bedeutung für die Gesellschaftskunde liegt, wie oben bereits angedeutet wurde, zunächst darin, daß von vornherein festgestellt wird, der Geist sei der eigentliche Faktor der Kultur, nicht die Materie. Der eröffnete Einblick in das verschlungene und geheimnisvolle Geistesleben, wenn er sich auch in bescheidenen Grenzen halten muß, zieht die Schüler sehr an. Sein vielseitiger Bildungswert wurde vorhin erwähnt. Der Gewinn für biblische Geschichte, Profangeschichte und Lesebuch kommt übrigens mittelbar auch noch den übrigen Abschnitten der Gesellschaftskunde zu gute, da dieselben aus jenen geschichtlichen Stoffen einen Teil ihres Anschauungsmaterials entnehmen. Daß der psychologische Abschnitt an der Spitze steht, ist somit nicht bloß theoretisch, sondern auch praktisch gerechtfertigt.

Zu II. (Lebensweise und Sitte.) Die Bedeutung des Ethnographischen innerhalb der Gesellschaftskunde wie für die Erziehung überhaupt fällt wenig in die Augen und kann daher leicht unterschätzt werden. Dieselbe liegt in folgenden drei Zwecken. Einmal soll dieser Abschnitt den Blick dafür schärfen, daß alle geschichtlichen Begebenheiten nicht bloß einen geographischen, sondern auch einen bestimmten ethnographischen Untergrund haben und darum in den verschiedenen Zeiten immer viel ethnographisch Eigentümliches an sich tragen, was man kennen muß, wenn man die Personen, Handlungen und Zustände richtig auffassen und beurteilen will. Zum andern sollen die Schüler merken, daß die Lebensweise und Sitte in Gegenwart und Vergangenheit einerseits durch die Naturverhältnisse und andrerseits durch Bildung und moralische Gesinnung bestimmt werden, darum in jener Beziehung stark abhängig, in dieser aber frei, mithin auch verbesserungsfähig sind. Zum dritten sollen sie angeregt und befähigt werden, in reiferen Jahren die überkommenen Lebensformen zu prüfen — in Bezug auf Zweckmäßigkeit, Anstand und Moralität, um das Bewährte treu festzuhalten, das Fehlerhafte aber auch entschlossen abzuthun, ohne Rücksicht auf Vettern, Basen und Moden. Dieser Punkt ist ernster, als mancher denken mag. Es schleppen sich nicht bloß veraltete „Gesetze und Rechte“ wie eine ewige Krankheit fort, wie der Dichter sagt, sondern auch viele verkehrte Sitten — teils aus Gedankenlosigkeit, teils aus Feigheit. Ich will nur erinnern an das Duellunwesen mit seinem mißbildeten Ehrbegriffe in den höheren Ständen und an die bramarbasierenden rohen Beteuerungsausdrücke (sog. Flüche) in den unteren Ständen. Weitere Beispiele lassen sich leicht in Menge finden. Auch auf dem Gebiete der Sitte und Mode giebt es Bann und Bande, die der Lösung harren. Da ist jede Hülfe willkommen zu heißen.

Viel Zeit nimmt der ethnographische Abschnitt des Frageheftes nicht in Anspruch; unter seinen Genossen ist er in dieser Beziehung der bescheidenste und anspruchsloseste. Die Hauptarbeit für seinen Bedarf wird anderswo und ohnehin geleistet. Einmal im gesamten Geschichtsunterricht (inkl. biblischer Geschichte). Hier müssen nämlich im eigenen

Interesse bei jeder Erzählung die ethnographischen Eigentümlichkeiten bemerkbar gemacht werden, wobei selbstverständlich die entsprechenden Formen des heimatlichen Lebens zum Vergleich heranzuziehen sind. Zu diesem doppelten Thatsachenmaterial (aus Geschichte und Erfahrung) liefert dann auch die Geographie noch einen Beitrag — wiederum im eigenen Namen und Interesse — aber von besonderer Art, indem nämlich dadurch die Naturseite der Lebensweise deutlicher ins Licht tritt. Damit dies recht handgreiflich geschehe, werden namentlich etliche abgerundete ethnographische Lebensbilder aus fremden Gegenden vorzuführen sein: etwa eins aus der heißen Zone, eins aus der kalten und eins aus der gemäßigten, — letzteres natürlich aus einem Lande, das von Deutschland und seiner Volksart merklich abweicht. Von Rechts wegen sollten diese drei Sittenbilder durch Lesestücke im Realien-Lesebuche vertreten sein. — Die Herbeischaffung des ethnographischen Thatsachenmaterials muß somit ohnehin geschehen und geschieht wirklich, wenn in den genannten Fächern nichts versäumt wird. Die gesellschaftskundlichen Lektionen haben damit nichts zu thun. Was hier als besondere, neue Aufgabe hinzutritt, ist lediglich die abschließende Betrachtung nach den Fragen des II. Abschnittes, die sich aber bloß mit der heimatlichen Lebensweise zu befassen hat. Auf der Oberstufe kann dieselbe füglich als selbständige Aufsatzübung behandelt werden, die einer Beihülfe des Lehrers gar nicht bedarf. Das Muster dafür haben die Schüler in den erwähnten geographischen Sittenbildern vor sich. Auch handelt es sich bei dieser schriftlichen Darstellung nicht darum, möglichst viel Stoff zusammenzutragen, sondern ein geordnetes und abgerundetes Sittenbild der Heimat zu liefern. Überhaupt will festgehalten sein: das Ziel des gesamten ethnographischen Unterrichts liegt nicht in dem Wissensquantum, sondern darin, daß der Blick für diese Dinge geschärft werde, damit der Schüler das Bewährte schätzen und lieben lerne und befähigt sei, später das Fehlerhafte bessern zu helfen.

Zu III. (Die 6 Klassen der Arbeiten.) Hier treten wir an das eigentliche Centrum des gesellschaftskundlichen Gebietes, an die Werkstätten der Kultur; denn die Gemeinschaften, welche im nächstfolgenden Abschnitte zur Sprache kommen, sind ja nur Mittel und Hülfen für diese sechserlei Arbeiten. Ist nun dieser Teil der Gesellschaftskunde von so hervorragender Wichtigkeit, so wird das, was die Schüler daraus kennen lernen sollen mit besonderer Sorgfalt und Gründlichkeit zu behandeln sein, — auch darum, weil der Unterricht beim IV. Abschnitt sonst fortwährend mit Hemmnissen zu kämpfen hätte. Selbstverständlich hat die Schule es bei diesen Arbeiten nicht mit ihrer Technik zu thun, sondern bloß damit, daß sie da sind und wofür sie da sind, nämlich für die sechs allgemeinen

Bedürfnisse: Landesschutz, Rechtsschutz u. s. w. Glücklicherweise kommen der unterrichtlichen Behandlung dieses III. Abschnittes zwei günstige Umstände zu gute.

Fürs erste bietet derselbe den Lernenden durchaus keine Schwierigkeiten; er ist trotz seiner Wichtigkeit doch der leichteste von allen. Der konkrete Stoff, um den es sich hier handelt, steht dem Schüler im heimatlichen Gesichtskreise zumeist unmittelbar vor Augen; und was dort nicht vertreten ist, das kennt er teils aus den Fabrikaten, welche im täglichen Gebrauche vorkommen, teils aus dem übrigen Unterricht und aus den Gesprächen der Erwachsenen. Kurz, das benötigte Anschauungsmaterial bringt er schon mit, und was er nicht mitbringt, das ist auch gar nicht nötig für den Lehrzweck. Das Aufzählen der verschiedenen arbeitenden Personen (Schuster, Bauer, Postbote, Polizeidiener, Arzt, Lehrer, Pastor u. s. w.) kann schon auf der Unterstufe seinen Anfang nehmen; wie denn bekanntlich der ehemals übliche (Pestalozzische) sog. „Anschauungsunterricht" dies auch immer zu thun pflegte. Das begriffliche Ordnen in die sechs Hauptarbeitsklassen geschieht an dem Stoffe, der eben gekannt ist; und diese Denkthätigkeit macht so wenig Kopfzerbrechen, daß sie schon auf der Mittelstufe mit Leichtigkeit gelingt. Nur bei der Anwendungsübung wird der Schüler in gewissen Fällen anfänglich stutzen (z. B.: in welche Arbeitsklasse gehört die Hausfrau, der Totengräber u. s. w.? — ferner: der Dieb, der Falschmünzer?), und darum der Lehrer ihm ein wenig zu Hülfe kommen müssen. Für die Oberstufe bleibt nur übrig, das Gelernte auf den erweiterten Anschauungskreis zu übertragen. Als neue Lektionen treten hier hinzu: die nähere Klassifizierung der Volkswirtschaftsarbeiten (§ 4) und der Zusammenhang der sechs Arbeitsklassen (§ 5).

Der zweite günstige Umstand liegt darin, daß dieses Gebiet für die Schüler ausnehmend interessant ist. Dem Lehrer wird dieses gesteigerte Interesse sofort merkbar werden. Woher es rührt, läßt sich unschwer entdecken. Wohl wirkt dabei mit, daß der Stoff aus dem bewegten täglichen Leben stammt und auch die Erwachsenen so viel davon sprechen; daß er so anschaulich nahe bei der Hand ist; daß beim Unterricht jeder, auch der schwächste, etwas beisteuern kann; daß alles so leicht und glatt von statten geht, und daneben auch wieder ein Allzuflinker zuweilen übel „hereinfällt". Allein der Hauptgrund muß doch an einer andern Stelle gesucht werden. Die große Mannigfaltigkeit der menschlichen Berufsthätigkeiten, das Hin und Her in Kauf und Verkauf, das bunte Getriebe des Verkehrs u. s. w. — kurz, das gesellschaftliche Arbeitsleben in seiner Vielgestaltigkeit und Verschlungenheit erscheint dem Kindesblicke beinahe wie das Durcheinander der hin- und herwogenden Wolkenhaufen am Himmel, oder wie das Krimmeln und Wimmeln in einem geschäftigen Ameisenhaufen. Das Kind ahnt wohl, daß darin Sinn und Verstand sein müsse; allein es kann diesen Sinn nicht überall finden. Nun wird sein Blick auf die sechs allgemeinen Bedürfnisse gelenkt. Es merkt, daß all die verschiedenen Arbeiten einem oder mehreren dieser notwendigen Bedürfnisse gelten. Der Zweckbegriff bringt Licht in das Dunkel, das Durcheinander entwirrt sich: die Arbeiten ordnen sich gemäß den sechs Bedürfnissen in sechs Klassen, und vermöge dieser einfachen Ordnung kann jetzt die Mannigfaltigkeit bequem übersehen werden. So wird alles heller und heller. Das Kind lernt begreifen, was eigentlich „arbeiten“ ist. Es erkennt, daß jeder wirkliche Arbeiter, wo und wie er beschäftigt sein mag, etwas leistet, was andern Menschen zu gute kommt, was sie nicht entbehren wollen; daß sie also ihm Dank schuldig sind. Es erkennt weiter, daß jeder Arbeiter, wie unscheinbar sein Werk aussehen mag, ein nützliches Glied der menschlichen Gesellschaft ist, also einen achtungswürdigen Beruf hat. Es erkennt endlich, daß die sechs Klassen der Arbeiten zusammengehören wie die Glieder am menschlichen Leibe, wo keins fehlen darf, wenn die andern nicht schlimm zu schaden kommen sollen. Diese überraschende Aufhellung vermittelst des Zweckbegriffs, wodurch an die Stelle der früheren Wirrnis und unübersehbaren Vielgestaltigkeit jetzt Ordnung und Übersichtlichkeit tritt, und sodann der Anschein, als ob des Schülers wohlfeile Denkanstrengung selbst die zauberhafte Enthüllung bewirkt habe, — die sind es vornehmlich, welche diesem Abschnitte das hervorragende Interesse verleihen. (Eine ähnliche Steigerung des Interesses, und zwar durch denselben starken Gegensatz zwischen der früheren verwirrenden Mannigfaltigkeit und Verschlungenheit und der nach und nach eintretenden Entwirrung und Übersichtlichkeit, fanden wir auch bei der psychologischen Lektion.)

Es trifft sich daher gut, daß die centrale Wichtigkeit des III. Abschnittes zugleich von den genannten zwei günstigen Umständen — geringe Schwierigkeit und großes Interesse — begleitet ist.

Wie bereits bemerkt, soll innerhalb des III. Abschnittes den volkswirtschaftlichen oder Wohlstandsarbeiten eine besondere Betrachtung gewidmet werden (in § 4). Warum diese Arbeitsklasse allein es ist, welcher eine genauere Besichtigung zu teil wird, läßt sich leicht erkennen. Einmal sind die übrigen Arbeitsklassen dem Kindesstandpunkte zu wenig im Detail besehbar. Zum andern nehmen die volkswirtschaftlichen Arbeiten in der Gesellschaft den größten Raum ein, da hier die allermeisten Personen beschäftigt sind. Und zum dritten hat das begriffliche Ordnen dieser Arbeiten in ihre fünf Unterabteilungen nicht die geringste Schwierigkeit. Auf dieses Einteilen und das Erfassen des Zusammenhanges der fünf Unterabteilungen muß sich aber der Unterricht auch hier beschränken. Von technischen Doktrinen ist bei der volkswirtschaftlichen Lektion ebensowenig zu reden, als in den andern Kapiteln der schulmäßigen Gesellschaftskunde. Wer die Jugend mit volkswirtschaftlichen Theorien behelligen will, — wie das zuweilen vorgeschlagen worden ist — hat sich Begriff und Aufgabe der elementaren Gesellschaftskunde noch gar nicht klar gemacht. Ob der eine oder andere doktrinäre Punkt den Schülern verständlich gemacht werden könnte, entscheidet nicht, sondern nur der Zweck des gesamten Schulunterrichts, wie ihn die Theorie des Lehrplans feststellt. Auch aus andern Wissensgebieten (Religion, Geschichte, Naturkunde u. s. w.) könnte ja noch vieles den Schülern verständlich gemacht werden, aber darum wird es doch noch nicht in den Lehrplan aufgenommen. Die schulmäßige Gesellschaftskunde hat es in allen ihren Abschnitten nirgends mit technischen Theorien zu thun, sondern lediglich mit Thatsachen und zwar mit bereits gekannten Thatsachen und zwar behufs Ergänzung des Geschichtsunterrichts. Das gilt mithin auch von der kleinen Zweiglektion, die speciell den Wohlstandsarbeiten gewidmet ist. Die Volkswirtschaft kann im Schulunterricht nur auftreten im Rahmen des III. Abschnittes. Damit sind Inhalt und Grenzen bestimmt gewiesen.

Zu IV. (Die Gesellschaften.) Wie früher bereits bemerkt wurde, sind die Gemeinschaften nicht Selbstzweck, sondern bloß Mittel, nämlich zur Förderung der sechs Kulturarbeiten. Sie können demnach nur in dem Maße vollkommen oder unvollkommen heißen, als die Arbeiten, denen sie dienen wollen, auch wirklich durch ihre Hülfe gefördert werden. Das gilt auch von den größten Gemeinschaften: Kirche und Staat, — was häufig nicht bedacht wird. Gleichwohl kommt den Gesellschaften eine ungemeine Wichtigkeit zu, da die Kulturarbeiten nur durch vereintes Wirken vieler Kräfte recht gedeihen und größere Erfolge erzielen können, und überdies erst innerhalb des gesellschaftlichen Zusammenlebens und durch dasselbe die wünschenswerte Anregung und Anspornung erhalten. Mit Recht hat daher der IV. Abschnitt, die Socialistik, den viererlei Stoffen aus dem Kulturgebiete, wie sie im Schulunterricht vorkommen, den Gesamtnamen „Gesellschaftskunde" gegeben. Die Berechtigung dieses Gesamtnamens im Schulgebrauch zeigt sich auch darin, daß die wissenschaftliche Socialistik (von der die Staatswissenschaft nur ein Teil ist), bevor sie an ihr eigentliches Werk gehen kann, sich vorher um Psychologie, Ethnographie und die eigentümliche Natur der sechs Kulturarbeiten ernstlich bekümmern muß, — wie namentlich Riehl in seiner bekannten Schrift „die Naturgeschichte des Volks als Grundlage der Socialpolitik" nachdrücklich eingeschärft hat. Die frühere Vernachlässigung dieser Vorstudien von seiten der Staatswissenschaft muß die jetzige Generation schwer büßen, namentlich auf dem volkswirtschaftlichen Gebiete.*)

Unter den vier Abschnitten der elementaren Gesellschaftskunde ist der IV. ohne Zweifel der schwierigere. Manche Leser mögen denken, daß dieser Stoff überhaupt über die Fassungskraft 12—14jähriger Schüler hinausgehe. Diese Meinung muß ich entschieden für irrig erklären, — vorab schon auf Grund mehrjähriger praktischer Erfahrung, die mir das Gegenteil gezeigt hat. Doch sehen wir die Sachlage selbst näher an, sie muß entscheiden. Wo sie nicht überzeugt, da soll meine subjektive Erfahrung nicht mit hineinsprechen.

Der Schlüssel zum Verständnis des Gemeinschaftslebens liegt in dem, was ich die fünf Hauptstücke einer Gesellschaft genannt habe: Zweck, Statut, Vorstand, Anstalten und Leistungen der Mitglieder. Wer die Einleitungsfragen des IV. Abschnittes durchsieht und die dazu gehörigen Übersichtstabellen im Anhang, wird finden, daß das Erfassen dieser fünf Begriffe, wenn sie an einem bekannten kleinen Verein schulgerecht entwickelt werden, für 12—14jährige Schüler nicht die geringste Schwierigkeit macht, — ja ebenso leicht ist wie das Erfassen der sechs Arbeitsklassen, was doch selbst 10—12jährigen Kindern keine Anstrengung kostet.**) Hat nun der Schüler irgend einen kleinen und einfachen Verein zergliedern gelernt, d. i. die fünf Hauptstücke desselben begriffen: so wird er dieselben auch an jeder andern ihm bekannten einfachen Gemeinschaft unschwer auffinden und zwar jetzt schon selbständig, ohne Hülfe des Lehrers. Die Schwierigkeit dieses Kapitels beginnt überhaupt erst bei den größeren und zusammengesetzteren Gesellschaften, namentlich (abgesehen von der Kirche) bei der bürgerlichen Gemeinde und vollends beim Staate. Hier will aber näher zugesehen sein, wo denn die Schwierigkeit steckt und wo nicht.

Sie liegt nicht in dem, was zum Wesen einer Gesellschaft gehört, sondern lediglich in der Zusammengesetztheit dieser Gemeinschaften. Als Gemeinschaften ist ihr Wesen genau so einfach wie das der kleinen Vereine: es besteht eben aus den nämlichen fünf Hauptstücken. Für den

---

*) Aber auch wir Schulleute bekommen es empfindlich zu fühlen, daß die Staatsmänner bisher nach der eigentümlichen Natur der Schularbeit und ihrer Institute wenig gefragt haben. Ich erinnere nur an die Kapitel von der Schulverfassung (Schulregiment) und von der Schuleinrichtung. Freilich könnten die Staatsmänner erwidern, daß die Schulmänner im ganzen sich auch wenig bemüht hätten, ihnen auf diesem Felde zu Hülfe zu kommen.

**) Ich brauche wohl kaum darauf aufmerksam zu machen, daß das Repetitorium keine eigentlichen Entwicklungsfragen enthält, sondern nur Wiederholungsfragen. Wie das Entwickeln der Begriffe auf Grund von Anschauungsbeispielen zu geschehen hat, wird jeder praktische Schulmann selber wissen.

Blick des Kindes sind dieselben aber anfänglich etwas verhüllt, nämlich dadurch, daß sie kompliziert sind, namentlich beim Staate: der Zweck ist zusammengesetzt, das Statut ist zusammengesetzt, der Vorstand, vollends sind es die Anstalten und ähnlich die Leistungen der Mitglieder. Aus Geschichte und Geographie, aus den Gesprächen der Erwachsenen und durch eigenes Sehen sind ihm so viele und vielerlei Dinge und Namen aus dem Gebiete des Staatswesens bekannt geworden, daß diese Menge und Mannigfaltigkeit seinen Blick verwirrt. Es geht hier gerade wie bei den sechs Arbeitsklassen und beim Seelenleben: weil das ihm bekannte Thatsachenmaterial so groß und vielgestaltig ist, eben darum kann sein Verstand sich in demselben nicht zurechtfinden. Wüßte es weniger von den staatlichen Dingen, so würde ihm das begriffliche Ordnen eher gelingen. Hier muß man daher seinem Denken anfänglich wieder ein wenig zu Hülfe kommen. Es geschieht dies dadurch, daß der Lehrer aus der Masse der bekannten Thatsachen einige wenige heraushebt, welche die fünf Hauptstücke repräsentieren und deutlich kenntlich machen. Sieht nun der Schüler, daß bei der bürgerlichen Gemeinde und selbst bei dem noch komplizierteren Staate sich dieselbigen fünf Hauptstücke finden, welche ihm von den kleinen Gemeinschaften her geläufig sind, so ist in dieser einfachen Weise die Hauptsache der anscheinend so schwierigen Lehr- und Lernarbeit gethan: das Einordnen der übrigen bekannten Thatsachen unter die fünf Gesichtspunkte wird jetzt ohne Mühe gelingen. Es will aber nicht vergessen sein, daß es sich bloß um Einreihung der bereits bekannten Thatsachen handelt. Neue Begriffe, nebst den betreffenden neuen Ausdrücken, wird der Schüler ja lernen; aber neue Thatsachen soll er nicht lernen. Denn hier wie in den früheren Abschnitten hat die Gesellschaftskunde nicht die Aufgabe, die konkreten Kenntnisse zu vermehren, sondern in das vorhandene sociale Wissen begriffliches Licht, d. i. Ordnung und Zusammenhang zu bringen. Haben die Schüler in ihrem Maße gefaßt, wie die bürgerliche Gemeinde und der Staat — soweit sie dieselben bis jetzt kennen — eingerichtet sind und warum, so hat der Unterricht seinen Zweck erfüllt.

Ob sie dann das so geordnete Thatsachenmaterial auch gedächtnismäßig beherrschen, ob sie etwa imstande sind, die gekannten Staatseinrichtungen vollständig tabellenmäßig zu Papier zu bringen (in der Weise der Anhangsübersicht), oder gar dies alles der Reihe nach mündlich vortragen können, das geht den Hauptzweck dieses Unterrichts, dem es vornehmlich um Einsicht zu thun ist, nichts an; es ist eine aparte Leistung, an der etwa die fähigeren Köpfe sich versuchen mögen. Wehe der Schule und der guten Sache, wenn ein Examinator den Erfolg und Nutzen dieses Unterrichts nach solcher Gedächtnisleistung beurteilen wollte! (Das wäre eine ähnliche

Verirrung wie jene bekannte, wo der Erfolg des Religionsunterrichts danach bemessen wird, ob die biblischen Geschichten vollständig und geläufig wieder erzählt werden können.) Wenn die Schüler in der Gesellschaftskunde, wo es vornehmlich auf Übersicht und Einsicht ankommt, auf verständige Fragen verständig zu antworten wissen, und zum Erweis des Überblicks eine einfache Tabelle (die Hauptbegriffe nebst etlichen Beispielen) aufzustellen verstehen, dann hat die Schule ihre Schuldigkeit gethan. Denn an dem vorhandenen Kenntnismaterial — gleichviel ob es groß oder klein war — ist der Kopf so weit geklärt und das Denken so weit geschult, daß das, was im späteren Leben durch Lektüre und Erfahrung weiter vom Staatswesen kennen gelernt wird, ohne langes Überlegen sich in die rechte begriffliche Stelle einordnet. Wenn so viel Verstand erworben ist, um selbständig neues verstehen zu können, — was will man mehr?

Wo steckt nun das Schwierige im Kapitel von den Gemeinschaften? Wie der Leser sieht, haben wir in der eigentlichen Aufgabe nichts Derartiges gefunden, — nicht einmal bei der kompliziertesten Gesellschaft, dem Staate. Stößt der Unterricht doch einmal auf Schwierigkeiten, nämlich hinsichtlich des Verständnisses, so darf der Lehrer getrost annehmen, daß die Schuld an ihm selber liegt; sei es, daß er die Grenzen seiner Aufgabe überschreitet, z. B. dadurch, daß unbekannte Thatsachen hereingezogen sind, oder daß außer der Centralverwaltung auch die der Provinzen, Bezirke und Kreise betrachtet werden soll; — oder sei es, daß er bei den kleinen Vereinen nicht so lange verweilt hat, um die fünf Hauptstücke völlig geläufig zu machen. Nur wenn die Lehrarbeit bei den einfachen Gemeinschaften gut gethan wird, kann sie bei den komplizierten gelingen. Es will darum von vornherein fest gemerkt sein:

1. die Grenzen der Aufgabe müssen streng im Auge behalten werden;
2. der Schlüssel zum Verstehen der Gesellschaften liegt in den fünf Hauptstücken;
3. der Weg zu den komplizierten Gemeinschaften geht durch die eineinfachen.

Was bei den früheren Abschnitten über ihr Verhältnis zur Geschichte gesagt wurde, gilt auch beim IV.: den Ausgangspunkt zum Kennenlernen der Gemeinschaften (im Sinne des Aufmerksammachens) bildet der Geschichtsunterricht, also das, was dort von gesellschaftlichen Einrichtungen vorkommt, namentlich im Staatswesen; doch auch die bürgerliche Gemeinde und die Kirche dürfen nicht übersehen werden. Den End- und Zielpunkt aber (bei der abschließenden Besprechung) bilden die Gesellschaften der Gegenwart. Weil hier die Objekte, welche denkend betrachtet werden sollen, leibhaftig vor den Augen stehen, so sagt sich damit, daß das

Fernstehende, die Vergangenheit, doch erst von der Gegenwart her die rechte Beleuchtung empfangen kann. Der Lehrer wird daher beim Geschichtsunterricht bald das Bedürfnis fühlen, dieses Licht aus der Gegenwart zu Hülfe zu rufen. Damit ist er denn gemahnt, so früh als thunlich an einem bekannten einfachen Vereine die fünf Hauptstücke einer Gesellschaft analysieren zu lassen und an andern Beispielen so weit geläufig zu machen, daß sie auch in den zusammengesetzten bis zum Staate hinauf erkannt werden können, — für den ersten Bedarf. Das Erkannte muß in einer einfachen Übersichts-Tabelle sich darstellen. Wenn dann in der Geschichte staatliche oder andere Gesellschaftseinrichtungen zur Sprache kommen und erläutert sein wollen, so wird diese Tabelle schnelle und treffliche Dienste leisten. Man denke z. B., daß in der biblischen Geschichte die Rede ist vom mosaischen Staatsgesetze, von „Ältesten" u. s. w., in der vaterländischen von „Reichsständen", „Reichstag" u. s. w., oder in den Städten von „Ratsherren", „Magistrat" u. s. w., in der Kirche von „Bischöfen", „Domkapitel" u. s. w. Wenn so die Gegenwart die Gesellschaftsformen der Vergangenheit hat beleuchten helfen, so wird später, wo die gegenwärtigen Gesellschaftsformen genauer und abschließend zu betrachten sind, nunmehr umgekehrt die Geschichte den Gesellschaftsformen der Gegenwart denselben Hülfsdienst leisten. Zu dem Ende muß dann im Unterricht, wo immer sich Gelegenheit bietet, an die entsprechenden Einrichtungen früherer Zeit (mit ihren abweichenden Namen) erinnert werden. Dieses vergleichende Herbeiziehen schärfst nicht bloß den Blick, sondern regt auch zum Überlegen an, welche der nebeneinander stehenden Einrichtungen die zweckmäßigere sei. Also Gewinn hüben und drüben, rechts und links!*)

Nachdem wir vorstehend die vier Abschnitte der Gesellschaftskunde einzeln besehen haben nach Inhalt, Grenze, Behandlung, wie nach ihrer Bedeutung für den Geschichtsunterricht und die Gesamtbildung, so bleibt noch ein Punkt zu berühren, der oben in der Schwebe gelassen wurde. Es betrifft die Geographie — nach ihrer Stellung im humanistischen

*) Für diejenigen Leser, welche die 2. Auflage des Repetitoriums kennen, muß ich hier eine Bemerkung beifügen. In der 1. Auflage war das vierte Hauptstück einer Gesellschaft (Anstalten) etwas anders gegriffen und bezeichnet, als jetzt in der 3. Auflage. Die damalige Fassung war praktisch nicht bequem, auch befriedigte sie mich logisch nicht ganz; ich wußte mir aber nicht zu helfen. Um wenigstens das logische Bedenken fortzuschaffen, warf ich in der 2. Auflage das dritte und vierte Hauptstück in eins zusammen — unter den allgemeineren Begriff: „gesellsch. Arbeiten," und ließ dieselben nun als Unterabteilungen auftreten (a. Vorstandsarbeiten, b. Specialarbeiten). Das erwies sich aber in der Praxis erst recht

Sachunterricht. (Hier, auf dem humanistischen Gebiete, kann es sich zunächst nur um die sog. politische Geographie handeln, da die physische begrifflich in die Naturkunde gehören würde.) Mit Absicht habe ich jene Frage oben nicht zum Austrage gebracht. Das soll jetzt geschehen.

Vergegenwärtigen wir uns zuvörderst, was bereits festgestellt war. Erstlich: beim Schullehrplan müssen in jedem der drei sachunterrichtlichen Gebiete — Religion, Menschenleben, Naturkunde — die Zweigstoffe zu einem Lehrganzen zusammengefaßt werden. Ferner: der Gegenstand des humanistischen Gebietes heißt mit seinem rechten und vollen Namen nicht „Geschichte" u. s. w., sondern Menschenleben. Weiter: wie in der Religion, so ist auch hier ein Anschauungsstoff nötig, der dann das Centralfach bildet; und dieser Anschauungsstoff kann beim Menschenleben nur die Geschichte sein, nämlich die Geschichte als Kulturgeschichte. Daraus folgt: ist die Geschichte hier das Centralfach, dann können die ebenfalls zum humanistischen Gebiete gehörenden anderen Stoffe — Gesellschaftskunde und politische Geographie — nur die Bedeutung von Begleitfächern haben. So viel war also oben über die politische Geographie bereits ausgemacht.

Aber in welchem Sinne ist sie Begleitfach? Darauf sei jetzt kurz und rund geantwortet: die politische Geographie ist, wie auch das Beiwort „politisch" andeutet, nichts mehr und nichts weniger und nichts anderes als — der V. Abschnitt der Gesellschaftskunde. Die näheren Gründe werden im Verfolg von selbst in die Augen fallen.

Freilich bestehen zwischen diesem letzten (V.) Abschnitte und den vier vorhergehenden auch mehrfache Unterschiede. Bei den letzteren (I. bis IV.) handelt es sich nur um solche Thatsachen, welche den Schülern aus Geschichte und Erfahrung bereits bekannt sind; bei der Geographie sollen dagegen neue Kenntnisse erworben werden. Dort gilt es, die Kulturfaktoren und Kulturgüter des Menschenlebens genauer zu erfassen; hier dagegen, seinen Schauplatz kennen zu lernen. (Darin liegt eben die Beziehung der Geographie zur Gesellschaftskunde.) Dort ist die Thätigkeit des Schülers ausschließlich ein Denken, da die Anschauungsvermittlung

---

unbequem. Jetzt wurde mir klar, daß mein erster Blick der richtige gewesen war, d. h. daß der Hauptstücke gerade eine Handvoll sein müssen und wirklich sind. Und da sich für das vierte Hauptstück eine Bezeichnung fand, welche praktisch bessere Dienste that, so stellte ich in der 3. Auflage an diesem Punkte die Fassung der 1. Auflage wieder her mit einigen entsprechenden Verbesserungen. Indem jetzt beim vierten Hauptstücke der Blick auf das Augenfälligste und Kennbarste, auf die äußeren Anstalten, gelenkt wird, so fallen dem Schüler die dort arbeitenden Personen und ihre Verrichtungen von selbst ein.

ohnehin geschehen muß; hier dagegen vornehmlich nur sinnliches oder phantasiemäßiges Anschauen. Dort ist das Lernen eine Leistung des Verstandes; hier fast ausschließlich eine Leistung des Gedächtnisses. Das sind, wie man sieht, zahlreiche und bedeutsame Unterschiede. Sie stellen klar, daß die politische Geographie an Bildungswert und Bildungskraft hinter den vier ersten Abschnitten der Gesellschaftskunde weit zurücksteht. — Dabei will aber auch im Auge behalten sein, was beiden Teilen gemeinsam ist. Beide haben den Zweck, zunächst dem Geschichtsunterricht zu dienen, und dann mit der Geschichte vereint das Menschenleben der Gegenwart kennen und verstehen zu lehren. Darum eben treten beide dem Centralfache (Geschichte) als dessen ergänzende Begleitstoffe zur Seite und bilden als solche zusammen die elementare Gesellschaftskunde.

Aus jenen Unterschieden und diesem Gemeinsamen beider Teile lassen sich für die unterrichtliche Behandlung der politischen Geographie mehrere beachtenswerte Leitsätze entnehmen, namentlich hinsichtlich der Stoffauswahl und des Lehrganges. (Voraus sei noch daran erinnert, daß die physische Geographie, obwohl sie begrifflich zur Naturkunde gehört, doch aus unterrichtlichen Gründen sich der politischen anzuschließen hat und mit ihr ein Ganzes bildet.)

Sprechen wir zuerst vom Lehrgange. Da im Schul-Lehrplan die Geographie kein selbständiges Fach ist, sondern nur Begleitstoff, und als solcher zunächst dem Geschichtsunterricht zu dienen hat, so muß sie ihren Lehrgang so einrichten, daß dieser Dienst auch wirklich, ganz und ohne Zeitverlust geleistet wird. Das Nähere gehört in die specielle Methodik.

Da die Geographie ferner einen Zweig der Gesellschaftskunde bildet, so ist ihre ganze Aufgabe durch den Zweck dieser Disciplin bestimmt und begrenzt. Dieser Zweck heißt: das Menschenleben der Gegenwart kennen und verstehen zu lehren, nämlich so weit, als es nötig ist, um den Schüler zu befähigen, nach seiner späteren beruflichen und socialen Stellung thätig daran teilnehmen zu können, — also nicht, um die Neugierde zu befriedigen, auch nicht, um einer über jenes Ziel hinausgehenden löblichen Wißbegierde entgegen zu kommen. Bei der Auswahl des geographischen Stoffes muß daher streng geprüft werden, was dem bezeichneten Zwecke dient und was nicht. Etwas aufzunehmen, was sich vor diesem Gesichtspunkte nicht als nötig legitimieren kann, hieße pädagogischen Luxus treiben. Leider ist das auf dem geographischen Gebiete bisher vielfach geschehen, mehr als auf irgend einem andern. Man hatte sich die Aufgabe dieses Zweigfaches der Gesellschaftskunde nicht hinreichend begrifflich klar gemacht, und da konnten denn unter dem Schutze des „bewährten Herkommens“ auch Liebhaberei und Luxus behaglich sich breit machen. Der bezeichnete Gesichtspunkt, der Zweck der Gesellschaftskunde, dringt energisch auf eine gründliche Musterung des herkömmlichen geographischen Lehrstoffes, zunächst hinsichtlich der Qualität. Das wird aber von selbst auch eine Verminderung der Quantität zur Folge haben.

Hören wir einen zweiten Leitsatz. Da die Geographie ein Zweig der Gesellschaftskunde ist neben vier andern Zweigen, so folgt daraus: das Quantum des geographischen Stoffes muß so bemessen werden, daß diese vier andern Zweige ebenfalls zu ihrem Recht kommen können, d. h. daß für sie die nötige Zeit übrig bleibt, — desgleichen für das Centralfach, die Geschichte. Waren etwa bisher der Geographie wöchentlich zwei Stunden zugewiesen, also im Schuljahr ungefähr 90 Stunden, so ergiebt sich jetzt, daß diese gesamte Stundenzahl unter die fünf Zweige der Gesellschaftskunde verteilt werden muß, und zwar derart, daß kein Zweig zu kurz kommt. Die Geographie ist gewiß nützlich und nötig, aber um kein Haar breit nützlicher und nötiger als die vier übrigen Zweige der Gesellschaftskunde. So drängt daher der zweite Leitsatz ebenfalls energisch auf eine Musterung des geographischen Lehrstoffes hin, jetzt direkt auf Verminderung der Quantität.

Noch ein dritter Leitsatz will bedacht sein. Zielen die vier ersten Zweige der Gesellschaftskunde ausschließlich auf Einsicht, während die Schulgeographie es zunächst und vorwiegend mit dem Erwerb von Kenntnissen zu thun hat; ist das Lernen dort ganz und gar eine Denkübung, hier dagegen vorwiegend eine Leistung des Gedächtnisses: so kann es keine Frage sein, welcher von diesen zweierlei Lehrstoffen am meisten Bildungswert und Bildungskraft besitzt. Wie man sieht, drängt auch dieser dritte Gesichtspunkt energisch darauf, das Quantum des geographischen Materials durchaus auf das Unentbehrliche zu beschränken. Beim Verteilen der Zeit unter die fünf Zweige der Gesellschaftskunde könnte vielleicht jemand meinen, da in der Geographie ein Neulernen stattfinde, bei den vier andern Abschnitten aber der konkrete Stoff bekannt sei, so würde jener um deswillen doch eine größere Stundenzahl gewährt werden müssen. Die beiden Thatsachen sind richtig, allein der daraus gezogene Schluß ist falsch. Es wurde übersehen, daß die Denkthätigkeit bei jenen bekannten Stoffen ebenfalls ein Neulernen ist und dazu mehr Bildungswert besitzt als bloßer Kenntniserwerb, mithin auch die gebührende Zeit im Vollmaß beanspruchen kann. Selbstverständlich soll damit nicht gesagt sein, daß die gesamte jährliche Stundenzahl einfach durch fünf dividiert werden müsse. Früher wurde ja bereits erwähnt, daß z. B. der

II. Abschnitt (Ethnographie) nur wenig Zeit bedürfe. Die Ansprüche sind eben nicht arithmetisch gleich. Das Genauere gehört in die specielle Methodik.

Alle drei Leitsätze fordern also eine strenge Revision des geographischen Lehrstoffes; der erste hinsichtlich der Qualität, die beiden andern hinsichtlich der Quantität. Wäre jemand in Sorge, woher für die vier „neuen“ Zweige der Gesellschaftskunde, d. i. für die viererlei Denkübungen, die nötige Zeit gefunden werden solle, so würde einfach zu antworten sein: wenn aus der Geographie alles das unerbittlich ausgeschieden wird, was Liebhaberei, Luxus und Gedankenlosigkeit hineingebracht haben, also nur das beibehalten wird, was die vernünftige Theorie des Lehrplans verlangt, so dürfte sich zeigen, daß jene Sorge überflüssig ist. Was der wirklich notwendige geographische Stoff an Zeit bedarf, das muß ihm werden. Über notwendig und nicht-notwendig entscheidet aber bloß der oben bezeichnete Bildungszweck der Schulgeographie, wie er durch die drei Leitsätze näher bestimmt wird. Was die künftigen Postbeamten, Offiziere, Kameralisten, Handlungsreisenden, Hausierer, Kirmesfahrer u. s. w. samt den einstigen Zeitungslesern, Geschichtsforschern u. s. w. für ihren Specialbedarf darüber hinaus wünschen, — dafür mögen sie später selber sorgen; die Schule hat damit nichts zu thun.

Zum Schluß noch einige methodische und andere Bemerkungen über die Gesellschaftskunde im ganzen. Dieselben hätten daher eigentlich in den ersten Teil dieser Abhandlung gehört, sind aber mit Absicht bis hierher verspart worden, weil sie sich jetzt ohne Gefahr eines Mißverständnisses kurz fassen lassen.

1. Die Tabellen (im Anhang), welche die lichtgebenden Begriffe jedes Abschnittes übersichtlich vorführen, dürfen den Schülern nicht von vornherein fertig dargeboten werden; denn sie bezeichnen nicht den Ausgangspunkt des Unterrichts, sondern das mittlere Ziel desselben: das übersichtliche Resultat des abstrahierenden Denkens. Die schulgerechte Lehrarbeit durchläuft bekanntlich bei jeder Einzellektion (Lehreinheit) die drei Stufen:

I. Anschauen (auffassen des konkreten Stoffes),
II. Denken (abstrahieren),
III. Anwenden der abstrahierten Begriffe.

Da die elementare Gesellschaftskunde nur bereits gekannte Stoffe ordnen will, so hat die Anschauungsoperation (I) weiter nichts zu thun, als an diejenigen bekannten Thatsachen, welche als Anschauungsbeispiele dienen sollen, zu erinnern. Die Denkoperation (II) sucht dann aus diesen Beispielen die lichtgebenden Begriffe zu entwickeln, einen nach dem andern, bis die Reihe voll ist. Das Vorschreiten zu einem neuen Begriffe darf aber nicht übereilt werden; vielmehr ist bei jedem solange zu verweilen, durch Heranziehen weiterer Beispiele, bis der Schüler denselben klar erfaßt hat. Um eine kunstgerechte Definition handelt es sich aber dabei nicht; die Klarheit soll sich daran erweisen, daß der Schüler schnell erkennt, ob irgend eine angeführte neue Thatsache unter den betreffenden Begriff fällt oder nicht. Die Übersichtstabelle muß also nach und nach an der Wandtafel entstehen, — ähnlich wie beim geographischen Unterricht die Landkarte allmählich an der Wandtafel entsteht. Die Tabelle (in ihrer einfachsten Gestalt) ist das Endergebnis der abstrahierenden Denkoperation (II). Nun kann die Anwendungsübung (III) beginnen. Sie ist die Umkehrung der vorigen Denkthätigkeit. Dort geht die Gedankenbewegung vom Besondern (Konkreten) zum Allgemeinen (Abstrakten); hier vom Allgemeinen zurück zum Besondern. Die Anwendungsübung soll das gesamte hierhergehörige Anschauungsmaterial, soweit es vom Schüler gekannt ist, mit den gewonnenen Begriffen durchleuchten.

Damit wird ein Dreifaches erzielt:

1. die Klarheit der Begriffe wird erprobt und von der noch etwa anhängenden Trübung gereinigt;
2. die Begriffe werden mobil gemacht, während sie sonst leicht erstarren und wie tot in der Seele liegen;
3. das ganze einschlägige Kenntnismaterial, das sonst durch seine Menge und Mannigfaltigkeit den Blick verwirrt, wird lichtvoll geordnet und dadurch zugleich für den Gebrauch, für das Wiedererinnern mehr bereit gemacht.

Die Anwendungsübung ist somit die fruchtbarste, die Krone der drei Lehroperationen. *)

---

*) Unter der abstrahierenden Denkoperation (II) darf man sich aber beileibe nicht eine langatmige „Kunstkatechese", wie sie weiland beliebt war, vorstellen. Die Hauptsache ist, daß die richtigen Anschauungsbeispiele gewählt werden, (sei es ähnliche, oder gegensätzliche, wie man sie gerade braucht). Dann muß mit Hülfe weniger kurzer und präciser Fragen der Abstraktionsprozeß schnell von statten gehen. Gelingt er beim ersten Anlauf nicht oder nicht nach Wunsch, so wird es meistens daher rühren, daß die Anschauungsbeispiele nicht glücklich gewählt waren. Es muß daher die Denkoperation schlichtweg noch einmal vorgenommen werden, jetzt aber an besseren Beispielen. Dann wirds wohl gelingen. Jedenfalls dürfen nicht viele Worte gemacht und nicht weite Umwege eingeschlagen werden nach der Manier der „Kunstkatechesen". Auch ist zu bedenken, daß es sich auf dieser Altersstufe in der Regel nicht um streng wissenschaftliche Begriffe handelt, sondern bloß um sogenannte

2. Oben wurde darauf aufmerksam gemacht, daß im Kapitel von den Gemeinschaften der Weg zum Verständnis der größeren Gesellschaften durch die kleineren geht. Darin liegt zugleich der specielle Rat, auch bei den größeren Gemeinschaften zur Bezeichnung der fünf Hauptstücke zunächst diejenigen Ausdrücke zu gebrauchen und festzuhalten, welche bei den kleinen Vereinen üblich und den Schülern schon von Hause aus bekannt sind. Diese müssen gleichsam als Grundnamen gelten, damit klar werde und klar bleibe, daß die zusammengesetzten Gesellschaften dasselbe im großen darstellen, was die einfachen Verbände im kleinen sind. An dieser unscheinbaren methodischen Handhabung des Verständnis-Schlüssels hängt mehr als mancher denken mag. Es ist freilich unbequem, daß unter diesen Grundnamen auch ein Fremdwort (Statut) vorkommt. Da dasselbe aber bei den kleinen Gemeinschaften bisher gerade die ständige Bezeichnung und darum den Schülern bereits geläufig ist, so leistet der fremdsprachliche Name praktisch doch immer noch bessere Dienste, als der deutsche Ausdruck „Satzung" oder „Ordnung" leisten würde. Man darf nicht vergessen, daß das Bessere (im Sinn der idealen Theorie) oft genug in der realen Praxis der Feind des Guten wird. — Im Repetitorium laufen an verschiedenen Stellen auch noch andere Fremdwörter mit unter. Sie kommen auf diesem Gebiet in der üblichen Sprache eben mit vor; darum kann der Unterricht nicht immer daran vorbeigehen und — darf es auch einstweilen nicht. Jeweilig hat dabei auch ein Nebengedanke mitgespielt. So ist z. B. § 7 Fr. 18 unnötigerweise das englische Wort „Square" erwähnt. Der Lehrer wird an der betreffenden Stelle sofort verstehen, daß hier angedeutet werden

---

psychische. — Die Anschauungsoperation (I) kann möglicherweise viel Zeit in Anspruch nehmen (z. B. in der Geschichte); ist aber diese Arbeit gethan, dann darf der Abstraktionsprozeß (II) nicht viele Umstände machen und nicht viel Zeit kosten, sonst liegt die Schuld am Lehrer. Das gilt auf allen Gebieten, auch im Religionsunterricht. Ein anderes ist die Anwendungsübung (III); dieser muß im Gegenteil wieder möglichst viel Zeit gewidmet werden — aus den oben angeführten Gründen. — Bezüglich der sog. „Kunstkatechese" sei noch darauf aufmerksam gemacht, daß diese Form der Denkübung, die damals relativ ein Fortschritt war (im Vergleich zu dem früheren vorwiegend bloß gedächtnismäßigen Lernen), ursprünglich nicht von praktischen Schulmännern auf die Bahn gebracht wurde. Es geht dies auch daraus hervor, daß sie vornehmlich im Religionsunterricht eine Rolle gespielt hat. War diese Form überhaupt berechtigt, warum hat man dann nicht auch im Rechnen und in der Physik langstilige Kunstkatechesen gehalten? Bekanntlich ist das aber niemals einem praktischen Schulmanne eingefallen. (Vgl. meine Schrift: „Beiträge zur pädagogischen Psychologie. I. Denken und Gedächtnis." 5. Auflage. — und die Abhandlung: „Die schulmäßige Entwicklung der Begriffe". (Gesammelte Schriften, 1. Bd. I. II.)

soll, wie die deutschen Städte schon vor Jahrhunderten von den englischen manches Nützliche hätten lernen können.

3. Von Rechts wegen müßte diesem Fragehefte auch ein sachliches Lehrbuch für die Hand des Lehrers zur Seite stehen. Die Vorarbeiten dazu waren schon längst begonnen; aber Mangel an Zeit und Kränklichkeit haben dieselben bisher nicht zur Vollendung kommen lassen. Hoffentlich wird das Handbuch doch bald erscheinen können. Ursprünglich war ein Lehrbuch zum gesamten Real-Repetitorium geplant; meine Invalidität hat mich jedoch genötigt, diesen größeren Plan aufzugeben und mich auf die Bearbeitung des gesellschaftskundlichen Teils zu beschränken. Das fehlende Lehrbuch habe ich einstweilen dadurch zu ersetzen gesucht, daß im Fragehefte manche erklärende Bemerkungen und verdeutlichende Einschiebsel beigefügt sind; auch die Übersichtstabellen im Anhang dienen diesem Zwecke. Wo man diese Fingerzeige beachtet, da können, wie mich dünkt, keine störenden Mißverständnisse entstehen. Sobald das Lehrbuch fertig ist, werden im Repetitorium die eingestreuten Bemerkungen und Einschiebsel meistens wegfallen dürfen, ebenso die Übersichtstabellen, da dieselben eigentlich in das Handbuch des Lehrers gehören. — Zu der Bearbeitung des Frageheftes in der jetzigen Form hat mich übrigens auch noch eine andere Erwägung veranlaßt. Wenn das Büchlein durch die Kinder in die Häuser kommt, so werden mutmaßlich auch manche Erwachsene, die in ihrer Jugend von der Gesellschaftskunde nichts gehört haben, sich dasselbe etwas näher ansehen. Diesen dürften dann die eingestreuten Einschiebsel und erklärenden Notizen samt den Übersichtstabellen recht willkommen und nützlich sein. Da dieser Zweig des humanistischen Realunterrichts leider überlange vernachlässigt worden ist, das Bedürfnis aber von Tag zu Tage brennender wird: so haben wir alle Ursache zu wünschen, daß auch die Jünglinge und Männer noch thunlichst mit den Elementen der Gesellschaftskunde bekannt werden und zwar möglichst bald.

4. Die Natur des gesellschaftskundlichen Lehrstoffes läßt es glücklicherweise zu, daß das Repetitorium sich den Schulen verschiedenster Art anbieten kann: den Volksschulen (etwa vom 11. oder 12.—14. Jahr), den Mittelschulen, den höhern Schulen (etwa in Quarta und Tertia), den Präparandenanstalten (wo dieser Unterricht aus naheliegenden Gründen besonders dringlich ist); ferner den Fortbildungsschulen und den Jünglings- (oder Gesellen-)Vereinen. Solange die Präparandenanstalten nicht vorgearbeitet haben, werden auch die Lehrerseminare im 1. Jahrgange sich mit der elementaren Gesellschaftskunde befassen müssen.

Was die Volksschulen betrifft, so werden dieselben, namentlich die bloß ein- und zweiklassigen, je nach ihrem Bedürfnis eine Auswahl aus dem hier dargebotenen Lehrstoffe zu treffen haben. Das Repetitorium ist so eingerichtet, daß dies mit aller Leichtigkeit geschehen kann, selbst für die einfachsten Schulverhältnisse, da ja überhaupt nur solche socialen Dinge und Beziehungen betrachtet werden sollen, welche den Kindern bereits bekannt sind. Der Lehrer hat daher nur nötig, die ausgewählten Fragen den Schülern kenntlich zu machen. Daß dann noch mehr Fragen in dem Büchlein stehen, wird kein Schade sein, — im Gegenteil, wie nicht näher bewiesen zu werden braucht. Was das Verständnis anbelangt, so würde um deswillen sogar bei den einfachsten Schulen keine engere Auswahl erforderlich sein,*) falls auf den unteren Stufen (in der Heimatskunde und bei den geschichtlichen Stoffen) ziemlich vorgearbeitet worden ist. Nur wegen der beschränkten Zeit, welche der Lehrer dem Durchsprechen widmen kann, wird in solchen Fällen eine entsprechende Ermäßigung des Stoffes nötig werden. Dabei muß ich aber auf einen günstigen Umstand aufmerksam machen, der gerade den einfacheren Schulverhältnissen sehr zu gute kommt.

Es giebt im gesamten Schulunterricht keinen Lehrzweig, bei welchem die Selbstthätigkeit des Schülers so viel Gelegenheit und Spielraum hat als in der elementaren Gesellschaftskunde, und zwar die Selbstthätigkeit in den bildenden Übungen des abstrahierenden und anwendenden Denkens, und dazu ohne viel vorbereitende Hülfe des Lehrers, und dazu an einem hervorragend interessanten Stoffe. Das ist eine stattliche Reihe vorteilhafter Momente. Woher stammen sie? Zuoberst daher, daß hier das Anschauungsmaterial den Kindern bereits bekannt ist, und somit das neue Lernen es lediglich mit den beiden Denkoperationen (abstrahieren und anwenden) zu thun hat. - Indem nun eigentlich bloß die abstrahierende Denkoperation die Beihülfe des Lehrers in Anspruch nimmt, dieselbe auch, wie wir früher sahen, in der Regel verhältnismäßig schnell von statten gehen kann und soll: so darf die Anwendungsübung und die Gesamtreproduktion, welche bekanntlich die meiste Zeit erfordern, so gut wie ganz der Selbstthätigkeit der Schüler zugewiesen werden, und zwar der vollen, ungegängelten Selbstthätigkeit — in der Form der schriftlichen Darstellung; denn da das Frageheft Schritt vor Schritt die Reproduktions- und Anwendungsaufgaben darbietet — ähnlich wie das Rechenheft — so wird hier der Lehrer frei, und der Schüler ganz und

*) Ausgenommen in § 1, Fr. 12—17 (Arten der Gefühle), welche auch im Repetitorium als schwieriger bezeichnet sind, und die genauere Betrachtung der bürgerlichen Gemeinde und des Staates.

gar auf die eigenen Füße gestellt. Dazu kommt noch eins. Während die geringe Schwierigkeit der geforderten Denk- und Reproduktionsübungen (falls ein Frageheft vorliegt) beim Schüler einerseits nicht das Gefühl aufkommen läßt, er könne das nicht leisten, so nehmen dieselben andrerseits doch wiederum stets seine volle Aufmerksamkeit in Anspruch, wenn kein Fehler gemacht werden soll; damit wird denn auch die Eintönigkeit fern gehalten und das Sich-gehen-lassen und die daran hängende Langeweile.

Fassen wir jetzt das Interesse ins Auge. Vorab ist schon der gesellschaftskundliche Stoff an sich interessant, da er die Lebensverhältnisse vorführt, in denen der Schüler selbst steht und um welche sich die Gespräche der Erwachsenen vornehmlich drehen. Dazu kommt, daß jedem nicht allzustumpfen Kopf die Denkbeschäftigung als solche anzieht, zumal die anwendende, falls sie seiner Fähigkeit angemessen ist. Dazu kommt drittens: durch die ausgedehnte Selbstthätigkeit wird der Schüler sich immer mehr seiner Kraft bewußt, und dieses gehobene Selbstgefühl steigert dann auch wieder das Interesse an der Lernarbeit.

Hinsichtlich dieser bedeutsamen Vorteile — großer Spielraum der Selbstthätigkeit mit dreifach belebtem Interesse — stehen selbst die Mathematik und die Physik hinter der Gesellschaftskunde zurück. Denn die Mathematik läßt zwar in der Anwendungsübung eine ausgedehnte Selbstthätigkeit zu, aber der Stoff ist wegen seines formalen Charakters monotoner und darum weniger interessant; die Physik ist zwar interessant und läßt bei der Anwendungsübung auch viel Selbstthätigkeit zu, allein sie fordert mehr Beihülfe des Lehrers. Überdies erwecken Mathematik und Physik kein sympathetisches und ethisches Gemütsinteresse, während die Gesellschaftskunde dies in einem Maße thut, worin sie nur vom Geschichtsunterricht übertroffen wird.

Da nun in solchen Volksschulen, wo der Lehrer mehr als eine Abteilung zu bedienen hat, die Schüler viel schriftlich beschäftigt werden müssen, so ist klar, daß jene Vorzüge der Gesellschaftskunde diesen Schulen in hohem Grade zu gute kommen. Hinsichtlich des Quantums des Lehrstoffes werden sie sich natürlich streng in ihren Grenzen halten; allein da das Anschauungsmaterial, soweit es der Gegenwart angehört, aus der Selbsterfahrung mitgebracht wird, so braucht die Einschränkung hier nicht so groß zu sein wie in andern Fächern. Was die vierklassige Schule betrifft, so bin ich fest überzeugt — und die Erfahrung bestätigt es — daß dieselbe in diesem Fache auch quantitativ völlig dasselbe leisten kann, was die anscheinend so begünstigte achtklassige Schule leistet. Doch nicht genug; die Hauptsache ist noch zu nennen. Nicht Kenntnisse sind das Ziel des Unterrichts, sondern Bildung, d. i. die denkende Beherrschung des Stoffes und, was noch mehr gilt, die Fähigkeit zum selbständigen Weiterlernen und, was noch höher steht, die Lust zu solchem Weiterlernen. Diese Bildung, die wahre, bemißt sich aber ganz und gar nicht nach dem Quantum der Kenntnisse, sondern hängt vornehmlich davon ab, in welchem Maße der Schüler beim Lernen selbstthätig gewesen ist.*) Da nun die Gesellschaftskunde, wenn ihr ein Frageheft zur Seite steht, der Selbstthätigkeit einen ungemein großen Spielraum gewährt, und die vierklassige Schule (wegen ihrer zweistufigen Klassen) ohnehin genötigt ist, die selbständige schriftliche Beschäftigung stark heranzuziehen, so unterliegt es keinem Zweifel, daß ihre Schüler in diesem Fache bedeutend mehr Bildung mit ins Leben nehmen, als die gegängelten Schüler der achtklassigen: sie haben den behandelten Stoff besser denkend beherrschen gelernt; sie haben das selbständige Lernen gelernt; und sie haben — was die Krone alles Lernens ist — auf diesem Wege mehr Trieb zum Weiterlernen gewonnen. Das gilt übrigens nicht bloß in diesem Lehrzweige, sondern in allen denjenigen Fächern, welche (bei geeigneten Lehrmitteln) in der Anwendungs- und Reproduktionsübung eine ausgedehnte Selbstthätigkeit des Schülers gestatten. Was hier von der vierklassigen Schule gesagt ist, trifft innerhalb ihres beschränkteren Lehrstoffes mehr oder minder auch bei den ein- bis dreiklassigen Schulen zu. Freilich, die Lehrer der mehrstufigen Klassen haben eine schwierigere und beschwerlichere Arbeit als ihre Kollegen in den einstufigen; und die Schüler dort müssen ihren Kopf mehr anstrengen als ihre gegängelten Mitschüler hier, dafür haben sie aber auch in den bezeichneten Fächern einen qualitativ bedeutend wertvolleren Lernertrag. Die einfacheren Schulen dürfen daher, falls sie ein geeignetes Frageheft besitzen, die Gesellschaftskunde freudig willkommen heißen.**)

Was sodann die höheren Schulen (Gymnasien, Realschulen u. s. w.) betrifft, so hätten dieselben eigentlich am ehesten merken und darauf aufmerksam machen sollen, daß der Geschichtsunterricht einer Ergänzung durch die elementare Gesellschaftskunde bedürfe. Da ihr Lehrplan aber ohnehin mit vielen Fächern und hohen Examen-Anforderungen belastet ist, so werden

---

*) Die hervorragendsten und einflußreichsten deutschen Pädagogen unseres Jahrhunderts — Pestalozzi, Herbart und Diesterweg — sind bei aller sonstigen Verschiedenheit doch in dieser Auffassung des Bildungsbegriffes vollkommen einig gewesen, namentlich auch darin, daß die Selbstthätigkeit der Kern- und Centralpunkt der ganzen Didaktik sei.

**) Näheres über die leider sehr vernebelte Klassenzahlfrage findet sich in meiner Schrift: „Gutachten über die vierklassige und achtklassige Schule." Gütersloh, C. Bertelsmann, 1877.

sie sich vermutlich am längsten besinnen, ob sie den „neuen“ Lehrgegenstand aufnehmen sollen oder nicht. Man kann ihnen das Besinnen nicht verdenken; schließlich werden sie doch wohl auf die eine oder die andere Weise Rat schaffen müssen. Es würde sich auch wunderlich ausnehmen, wenn die Volksschulen, selbst die einfachsten, die Gesellschaftskunde in ihren Lehrplan einordneten, und dann dieselben ihre Zöglinge mit mehr Kenntnis und Verständnis der socialen Verhältnisse ins Leben entlassen könnten, als die Gymnasien, Realschulen und höhern Mädchenschulen die ihrigen.

Wie sehr die elementare Gesellschaftskunde für die Fortbildungsschulen und namentlich für die Jünglingsvereine sich empfiehlt, braucht nicht näher dargelegt zu werden.

5. (Unterschied zwischen dem propädeutischen Kursus und dem Fach- oder Berufs-Kursus.) Was in den vier Abschnitten des Frageheftes zur Sprache kommt, das sind — wie wohl beachtet sein will — nicht Doktrinen, nicht sociale Theorien, sondern konkrete Dinge und Verhältnisse, welche sinnlich angeschaut werden können, kurz: es sind gesellschaftliche Thatsachen. Diese Thatsachen sollen gemerkt, begrifflich geordnet und auch schon ein wenig nach ihrem Zusammenhange erfaßt werden. Wir haben es eben mit der elementaren oder propädeutischen Gesellschaftskunde zu thun. In der altpestalozzischen Redeweise würde man dies vielleicht den gesellschaftskundlichen „Anschauungskursus“ genannt haben. Erst wenn ein solcher Vorkursus gut absolviert ist, wird die Reife erlangt sein, um später mit Verstand und Interesse an die Theorien der vier Gebiete herantreten zu können.

Hält sich nun die elementare Gesellschaftskunde aufs strengste fern von allem, was technische Doktrin heißt, so sind ihre Thatsachen doch nicht stumm. Auch Thatsachen haben bekanntlich eine Sprache und eine Logik. Das will in unserm Falle heißen: das einfache begriffliche Ordnen der socialen Thatsachen enthält, falls die wahre Ordnung getroffen wird, implicite zugleich schätzbare Vorblicke in die technische Theorie, oder wie man auch sagen könnte: sichere Direktive für das künftige sociale Denken, — gleichviel ob im Unterricht ausdrücklich darauf aufmerksam gemacht wird, oder nicht. Solche in den Thatsachen eingeschlossene und davon unabtrennbare Leitgedanken sind dann ein wirksamer Schutz gegen später andrängende socialistische Irrtümer. Vorblicke dieser Art, die an den begrifflich erfaßten Thatsachen haften und von selber sich melden, darf man gewiß gern mit in den Kauf nehmen. Ihren pädagogischen Wert hier noch deutlicher herauszustreichen, wird für den nachdenkenden Leser nicht nötig sein. Kräfte, die in der Stille wirken sollen, viel zu beschreien, ist auch nicht ratsam. Doch will ich ein paar Beispiele andeuten.

Die Alltagssprache, selbst die der Gebildeten in Zeitungen, Büchern, Parlamentsreden u. s. w., nennt die unselbständigen handarbeitenden Personen konsequent die „Arbeiter“, den „Arbeiterstand“. Daß durch diese Redeweise schlimme Irrtümer begünstigt, ja ausgesäet werden, liegt auf der Hand; denn es lautet so, als ob die wirtschaftlich selbständigen Leute und die, welche vorwiegend mit dem Kopfe thätig sind, allesamt bloße Müßiggänger, Schmarotzergewächse u. dgl. wären. Haben nun diese Gebildeten über sociale Dinge noch nicht einmal so viel nachgedacht, um für die vorkommenden Begriffe den richtigen Namen finden zu können? Fast scheint es so. — Ein Schüler, der das Kapitel von den sechs Arbeitsklassen gelernt hat, ist gegen jenen Irrtum ein für allemal geschützt. Er begreift, daß der Würdename „Arbeit“ nicht etwa davon abhängt, welche Leibesglieder dabei gebraucht werden, sondern lediglich davon, ob einem der sechs Bedürfnisse gedient wird.

Ein zweites Beispiel. In der Volkswirtschaft pflegt man zuweilen zu unterscheiden zwischen produktiven und nicht-produktiven Arbeiten. Dorthin gehören dann die drei ersten Unterabteilungen: Occupation, Pflege und Veredlung, welche körperliche Güter bereitstellen; hierhin die beiden letzten Unterabteilungen: Handel und Transport, welche der Verbreitung dieser Güter dienen. Diese Unterscheidung, welche bloß eine äußerlich-logische Bedeutung hat und lediglich in der Volkswirtschaft zuläßig ist, wird nun von unklaren Köpfen mitunter auch auf die übrigen Arbeitsgebiete verschleppt, um dort noch obendrein tendenziös mißbraucht zu werden. Man will die grundirrige Ansicht einschmuggeln, daß einige der sechs Arbeitsklassen nicht produktiv seien und darum weniger wertvoll. Dabei wird namentlich auf die kostspieligen kriegsdienstlichen Arbeiten gezielt; welche sonst noch gemeint sind, läßt sich leicht erraten. Der III. Abschnitt des Frageheftes macht diesem Kopfverdrehen ein Ende. Er stellt fest, daß die Güter, um welche es sich bei den sechs allgemeinen Bedürfnissen in letzter Instanz handelt (Landesschutz, Rechtsschutz, Wohlstand 2c.), überhaupt nicht körperliche Dinge, sondern Zustände sind; und daß jegliche Thätigkeit, heiße sie wie sie wolle, welche einen dieser Zustände fördert, ein Arbeiten und somit eben produktiv ist. Eine „unproduktive“ Arbeit hieße eine Arbeit, welche nicht Arbeit wäre = ein Kreis, welcher nicht rund wäre.

Ein drittes Beispiel, aus dem IV. Abschnitt. Manche Leute scheinen zu meinen, auf dem Staatsgebiete habe der Einzelne vor allem an seine Rechte zu denken, davon zu sprechen und sie womöglich zu erweitern; von den Pflichten sprechen sie desto weniger, machen sich auch mitunter kein Gewissen daraus, sich daran vorbeizudrücken, wenn es nicht an den Tag kommt (z. B. an der Militärpflicht u. s. w.). Der IV. Abschnitt bringt diese Selbstsucht und Unvernunft ans Licht. Schon in der Anfangslektion, bei der Krankenauflage, erkennt der Schüler, daß dies eine Vereinigung zu gemeinsamem Sorgen und Arbeiten ist; daß einem Mitgliede, welches die Wohlthaten des Vereins beanspruchen, aber nicht die Pflichten erfüllen wollte, sofort die Thür gewiesen werden würde; kurz, daß es innerhalb einer Gesellschaft keine „angebornen" Rechte giebt, sondern nur solche, die aus übernommenen und erfüllten Pflichten folgen; daß also nicht die Rechte, sondern die Pflichten das Erste sind.

Das seien der Beispiele genug. Ihre Zahl ließe sich leicht vermehren. In der That bietet die elementare Gesellschaftskunde solcher Vorblicke in die sociale Theorie nicht etwa nur vereinzelte, sondern in Hülle und Fülle — wie der Leser bei aufmerksamer Durchsicht des Repetitoriums bald finden wird. Ausdrücklich hervorgehoben sind sie nur selten, weil sonst auch der gegensätzliche Irrtum hätte erwähnt werden müssen; sie drängen sich aber dem Schüler von selbst auf, sobald die betreffenden Irrlehren an ihn herantreten.

Manche braven Leute, welche bisher von einer Gesellschaftskunde im Schulunterricht nichts wissen wollten, fangen in neuerer Zeit doch an, diese Frage etwas ernstlicher in Erwägung zu nehmen; selbst in angesehenen Kirchenblättern wird bereits davon gesprochen. Die Veranlassung ist bekannt. Die von der revolutionären Socialdemokratie drohende Gefahr hat ihre Gedanken in Bewegung gebracht, — wie denn auch von derselben Stelle her bewirkt worden ist, daß jene „neue" Aufgabe, welche man „praktisches Christentum" nennt, entdeckt wurde, freilich auch erst dann, als der ehrwürdige alte Kaiser Wilhelm zweimal sein Blut hatte lassen müssen. Nun, wenn jene Gefahr jetzt auch an die vernachlässigte Gesellschaftskunde denken läßt, so ist das gewiß ein Gedanke, über den man sich nur freuen kann. Zaubern kann dieser schlichte Lehrzweig freilich nicht; allein er wird doch an seinem Teile zum guten Zwecke redlich mitwirken und zwar in einer Weise, die durch nichts anderes zu ersetzen ist. Sollte übrigens die Gesellschaftskunde bloß zum Schutze gegen die Socialdemokratie in Dienst genommen und ihr pädagogischer Wert lediglich danach bemessen werden, was sie in dieser Beziehung zu leisten vermöchte und gerade unter den jetzigen Umständen: so wäre doch zu bemerken, daß dies eine höchst unzulängliche Würdigung ihres Wesens und ihrer Bedeutung sein würde. Es erinnert das an jene Überweisen, welche für ihre Person die Religion entbehren zu können glauben, aber es doch gern sähen, wenn dieselbe helfen wollte, die unzufriedenen unteren Stände zu beschwichtigen und im Zaume zu halten. Das könnte übel auslaufen (Apg. 19, 13—16)! — Der gesellschaftskundliche Unterricht ist nicht bloß für die handarbeitende Klasse nützlich und nötig, sondern für alle Stände und für alle Parteistandpunkte, wie das dermalige Parteibabel zur Genüge zeigt. Auch ist er nicht erst jetzt nützlich und nötig geworden, sondern er war es zu allen Zeiten, wenn auch weniger dringlich als heutzutage. Überdies muß daran erinnert werden, daß die Schule immer nur einer der Faktoren der Erziehung und der socialen Luftreinigung ist, allerdings ein wichtiger, — und daran, daß derselbe nur dann ganz leisten kann, was er soll, wenn auch die anderen Faktoren ihre Schuldigkeit thun. Ich will von vielem nur eins erwähnen. Angenommen, im schulpflichtigen Alter geschähe an den Kindern in Unterweisung und Erziehung alles, was man wünschen mag, und dazu mit Erfolg: läßt sich dann mit Grund erwarten, daß diese erziehliche Mitgabe der Familie und Schule lange standhalte, wenn die herangewachsene männliche Jugend aller Stände (bis zur akademischen hinauf) in der „großen Jugendwüste“ zwischen der Konfirmation und dem Ehestande das sociale Privilegium hat, sich so ungebärdig und zuchtlos zu benehmen, wie es ihr behagt falls sie sich hütet, dem Kriminalrichter in die Hände zu fallen? (Vgl. Repetitorium, S. 45. Anm. 3.) Doch lassen wir diese unerquicklichen Bilder. — Die Schule muß unter allen Umständen, gleichviel ob dieselben günstig oder ungünstig sind, ihre schuldige Arbeit thun. Zu dieser schuldigen Arbeit gehört auch, wie wir gesehen haben, die Unterweisung in der elementaren Gesellschaftskunde, da der so wichtige Geschichtsunterricht sonst nur ein halber heißen kann, und diese Ergänzung desselben für alle Stände nötig und in der Gegenwart geradezu dringlich ist.

Die Gesellschaftskunde wird aber nicht bloß beim Geschichtsunterricht sehnlich erwartet; sie bringt auch an einer andern wichtigen Stelle des Lehrplans eine bedeutsame Ergänzung. Ich möchte wissen, ob der Leser vielleicht selbst schon daran gedacht hat. Die oben erwähnten drei Beispiele hätten daran erinnern können. Jene Stelle, welche ebenfalls der Beihülfe der elementaren Gesellschaftskunde bedarf, ist keine geringere als — der Religionsunterricht und zwar gerade in seinem grundlegenden Teile, in der Sittenlehre, nämlich in ihrer Anwendung auf das sociale Leben, in der Social-Ethik. Alle gesellschaftlichen Verhältnisse, wie mannigfaltig sie sind, machen auch ethische Ansprüche. Darauf will im Unterricht aufmerksam gemacht sein. Sind aber die Schüler mit den thatsächlichen socialen Verhältnissen, in denen sie leben sollen, nicht bekannt, so ist der Unterricht in der Social-Ethik gar ratlos. Soll nun doch etwas geschehen, so muß er entweder in abstrakten Allgemeinheiten sich ergehen, die keinen deutlichen Sinn haben (1. Kor. 14, 8), oder er setzt sich der Gefahr aus, solche Detailweisungen zu geben, welche allerlei Mißverständnissen ausgesetzt sind. In letzterer Beziehung mögen ein paar Beispiele sprechen. Es giebt bekanntlich mehrere sonst ehrenhafte christliche Sekten, welche — vermeintlich auf Grund der heiligen Schrift — die Pflicht des Kriegsdienstes nicht anerkennen; und es giebt andere ernstgesinnte christliche Kreise, welche — wiederum unter Berufung auf die heilige Schrift — sich grundsätzlich an den politischen Wahlen nicht beteiligen, solange die Regierung dies nicht ausdrücklich befiehlt; indem sie sagen: der Christ habe außer seinem persönlichen Beruf sich nur um das „Reich Gottes" zu bekümmern, wozu die politischen Dinge nicht gehörten; den Staat zu regieren, sei Sache der Obrigkeit, nicht der Unterthanen. Wie es um die Anwendung der Sittenlehre auf die socialen Verhältnisse wirklich steht, namentlich hinsichtlich der Klarstellung und Begründung, zeigen die üblichen Katechismen. Ich gehe absichtlich nicht näher auf diese Frage ein; es wäre auch ein gar langes Kapitel.*) Genug, der Religionsunterricht steht gegenüber seiner social-ethischen Aufgabe beim besten Willen sehr unberaten und hülflos da, solange die elementare Gesellschaftskunde nicht vor- und mitarbeitet. Was diese Lücke an dieser wichtigen Stelle bei der dermaligen socialen Unruhe und Verwirrung zu bedeuten hat, brauche ich nicht näher auszuführen.

Noch eins darf nicht unerwähnt bleiben. Will der Leser aus der vorstehenden Abhandlung zusammenrechnen, was der gesellschaftskundliche Unterricht, wie ihn das Repetitorium fordert, zu leisten vermag — vorab für die allgemeine Bildung, sodann speciell für Kenntnis und Verständnis der socialen Verhältnisse und endlich zur Zurechtrückung des ethischen Blickes — so wird er sich gestehen müssen, daß die pädagogische Bedeutung dieses Lehrstoffes eine überraschend weitreichende ist. Diese vielseitige Wirkungsfähigkeit hängt aber davon ab, daß der Unterricht sich streng auf dem Boden der Thatsachen halte, also nicht ins technisch Theoretische hinübergreife, und daß die fünf Abschnitte vereint bleiben, damit sie mit ihrem Licht einander dienen können. Was will das hier sagen? Es will sagen: die bezeichnete vielseitige Bildungskraft der Gesellschaftskunde liegt gerade in ihrem elementaren Stoffe, nicht in den Theorien der einzelnen Zweige. Das mag manchen Freunden der Sache befremdlich klingen, ist aber buchstäblich wahr. Das Warum läßt sich nach dem früher Gesagten leicht nachweisen.

---

*) Vgl. meine Abhandlungen: „Einige Grundfragen der Ethik." Ev. Schulbl. 1887, Nr. 4 und Nr. 6.

Der Gewinn an allgemeiner Bildung rührt, wie wir oben sahen, daher, daß der Stoff der vier ersten Abschnitte eine ausgedehnte Denkthätigkeit zuläßt, namentlich, was die Hauptsache ist, ausgedehnte Anwendungsübungen. Das hängt aber eben daran, daß der Unterricht es nur mit anschaubaren Thatsachen zu thun hat.

Die Weite des Einblicks in die gesellschaftlichen Verhältnisse schreibt sich sodann daher, daß die Orientierung sich über das ganze sociale Gebiet erstreckt; und dies wird dadurch ermöglicht, daß die fünf Abschnitte vereint auftreten. Und woran hängt das? Ebenfalls wieder daran, daß lediglich die elementaren Thatsachen den Lehrstoff ausmachen.

Wie dann weiter das begriffliche Erfassen der gesellschaftlichen Verhältnisse zahlreiche Vorblicke in die Theorie gewährt; und wie diese Vorblicke und ethischen Direktive darum so schätzenswert sind, weil sie nicht angefochten werden können; und wie dies alles wiederum daran hängt, daß die elementaren Thatsachen es sind, von denen die Vorblicke und ethischen Leitgedanken ausgehen, — das werden die erwähnten drei Beispiele genügend klargestellt haben.

Will dagegen der Unterricht den Boden der elementaren Thatsachen verlassen und in einem der Zweiggebiete zum technisch Theoretischen übergehen (also, um bloß der Volkswirtschaft zu gedenken, z. B. von Kapital und Arbeit und ihrem Verhältnis zu einander reden, von Wert, Preis und Geld, von Goldwährung und Silberwährung, von Kredit, Wechsel und Banken, von Gewinn, Bodenrente, Kapitalrente, von Freihandel und Schutzzoll, vom Verhältnis zwischen Industrie, Ackerbau und Handel, von Heimatswirtschaft und Kolonialwesen u. s. w. u. s. w.) — was übrigens in der Volksschule wohl nicht leicht jemandem einfallen wird —: so häuft sich hier der Stoff alsobald dermaßen an, daß der Lehrer entweder gar nicht zu den übrigen Abschnitten gelangen kann, oder überall mit höchst unbefriedigenden Bruchstücken sich behelfen muß. Überdies wird er auf dem unbekannten Terrain so viel mit dem Neulernen des konkreten Stoffes zu thun haben, daß für das denkende Durcharbeiten (worin doch die eigentliche Bildung steckt), zumal für die wichtigen Anwendungsübungen, nur wenig Zeit übrig bleibt, — ungerechnet, daß vorläufig nicht einmal abzusehen ist, wie man auf diesen Gebieten, die noch so wenig pädagogisch durchgearbeitet sind, die Anwendungsaufgaben in der nötigen Zahl finden will.*)

*) Die populären „Leitfäden“, welche sich für diesen Unterricht anbieten, sind denn auch nichts anderes als ein „höheres“ Seitenstück zu den bekannten armseligen kompendienartigen Realien-Leitfäden; ein Gemenge von konkretem Stoff und vorgesagten trockenen Begriffserklärungen; von den Anwendungsaufgaben lassen die Verfasser wohlweislich die Finger. Bemerkenswert ist außerdem, daß diese Kom-

Kurz, der Lehrer muß bald merken, daß er sich in Lehrgebiete verirrt hat, die erst dann an die Reihe kommen können, wenn das Schullernen, das Lernen für allgemeine Bildung, absolviert ist und nun das beruflich-technische Lernen (und die Beschäftigung mit Lieblingsfächern) beginnen darf. Was endlich den ethisch-pädagogischen Gesichtspunkt betrifft, so dreht sich in der Theorie der einzelnen Gebiete die Betrachtung so sehr um das rein Sachliche, daß die ethischen Beziehungen stark in den Hintergrund treten und gewöhnlich nur dann zur Sprache kommen, wenn sie absichtlich herangezogen werden. Das wäre für die Schule schon recht ungünstig. Dazu kommt, daß die ethischen Beziehungen hier in der Regel mit Zweckmäßigkeitserwägungen verwachsen sind, weshalb die Ansichten darüber möglicherweise auseinandergehen können und somit der Disput wachgerufen wird. Dadurch entsteht dann der üble Schein, als ob auch das Ethische als solches etwas Unsicheres wäre. Das ist vollends ungünstig; denn im Jugendunterricht muß sich die Sittenlehre thunlichst in den Grenzen halten, wo das Ethische unvermischt betrachtet und darum völlig klargestellt werden kann.

Wir sehen demnach: wenn der gesellschaftskundliche Unterricht den Boden der anschaubaren Thatsachen verläßt und in die Theorie der einzelnen Zweige eingeht, so ist er zwar für den speciellen technischen Beruf gerade das Richtige, aber an pädagogischem Wert, an Bildungskraft im Sinne der Erziehungsschule, steht er nach allen Seiten hinter dem elementaren Kursus weit zurück.

Summa: die **Gesellschaftskunde** gehört gewiß in die Schule, aber gerade die **elementare** und **nur** die elementare.

* * *

Wie der Leser bei näherer Prüfung des Repetitoriums finden wird, ist hier der Weg zur Einführung in die elementare Gesellschaftskunde möglichst geebnet. Vermutlich wird man dem Büchlein nicht ansehen, welche Mühe diese Chaussierung gekostet hat, und was für „Wacken und Klötze" erst haben weggeräumt werden müssen. So will ich denn auch nichts davon reden. Nur das sei gebeichtet, daß viele verfehlte Anläufe und manche verunglückte Versuche vorhergegangen sind. Die wissenschaftlichen Werke auf diesem Gebiete (über Ethnographie, Nationalökonomie und Staats-

---

pendien nichts davon sagen, daß ein elementarer Kursus voraufgegangen sein müsse. Geht aber ein elementarer Kursus nicht voraus, wie sollen dann die Schüler diesen doktrinären Unterricht verstehen, oder auch nur einigermaßen Interesse daran haben?

wissenschaft) lassen den Schulmann gerade in dem, was er für seinen Bedarf sucht, gar sehr im Stich, namentlich hinsichtlich der Elementarbegriffe der Gesellschaftskunde. Daher kamen die Fehlversuche. Das liegt jetzt glücklich dahinten. Gleichwohl wird an dieser Arbeit, weil sie ein Erstlingswerk ist, manches gebessert werden können, — sei es durch deutlichere Darstellung, oder durch Abthun, oder durch Ergänzung. Darüber wird aber erst die Praxis sicheren Rat geben. Wer zur Besserung aus der Praxis heraus etwas beizutragen vermag, der sei angelegentlich darum gebeten.

So gehe denn das kleine Frageheft, dem Geleite Gottes befohlen, hin an seinen Dienst und helfe, was es helfen kann — zur Kenntnis und Würdigung der ererbten gesellschaftlichen Kulturgüter und zur Pflege der Vaterlandsliebe und des Gemeinsinns.